शोध : स्वरूप एवं मानक
व्यावहारिक कार्यविधि

शोध

स्वरूप एवं मानक व्यावहारिक कार्यविधि

बैजनाथ सिंहल

वाणी प्रकाशन

वाणी प्रकाशन

4695, 21-ए, दरियागंज, नयी दिल्ली 110 002

शाखा

अशोक राजपथ, पटना 800 004

फ़ोनः +91 11 23273167 फ़ैक्सः +91 11 23275710

www.vaniprakashan.in
vaniprakashan@gmail.com
sales@vaniprakashan.in

HODH : SWAROOP EVAM MANAK VYAVHARIK KARYAVIDHI
by Dr. Baijnath Singhal

ISBN : 978-81-7055-316-8
Criticism

संस्करण : 1994, 1999, 2008, 2015
आवृत्ति 2017
मूल्य : ₹ 395

सिटी प्रेस, दिल्ली-110 095 में मुद्रित

वाणी प्रकाशन का लोगो मक़बूल फ़िदा हुसेन की कूची से

प्रथम संस्करण की भूमिका

गत तीन-चार दशाब्दियों से हिंदी भाषा और साहित्य में शोध-कार्य हो रहा है। जो अच्छा शोध-कार्य हुआ है, वह शोध-चेतना और उद्‌देश्य की दृष्टि से उत्तम एवं गतिशील होते हुए भी, कार्यविधि की दृष्टि से पिछड़ा हुआ है और बुरा तो सब प्रकार से स्तरहीन है ही। हिंदी शोध के स्तर में निरंतर गिरावट की चर्चा प्रायः सुनी जाती है। विश्वविद्यालय- स्तर पर आयोजित शोध-गोष्ठियों में अधिकारी विद्वानों के द्वारा शोध-स्तर को उठाने की दिशा में पर्याप्त सुझाव भी नित्यप्रति प्रस्तुत किए जाते हैं। लेकिन इस प्रकार के सुझाव प्रायः शोध-चेतना के संबंध में ही दिए जाते हैं और यह भुला दिया जाता है कि शोध की कोई वैज्ञानिक कार्यविधि (साइंटिफिक मैथडालाजी) भी होती है। यह सही है कि 'शोध उद्‌देश्य' की तुलना में शोध की इस 'व्यावहारिक कार्यविधि' का महत्त्व गौण है, तो भी उसके निश्चित स्वरूप के निर्धारण की उपेक्षा नहीं की जा सकती। लेकिन हिंदी में यह उपेक्षा होती रही है जबकि अंग्रेजी में शोध-कार्यविधि के सर्वस्वीकृत मानक रूप पर पुस्तकें उपलब्ध हैं और शोधार्थी को इस मानक कार्यविधि का अनिवार्यतः अनुपालन करना होता है।

हिंदी में 'शोध-प्रविधि', 'शोध-प्रक्रिया', 'अनुसंधान विवेचन' इत्यादि शीर्षकों से कतिपय पुस्तकें उपलब्ध हैं; परंतु इन पुस्तकों में कुछ सार्थक प्राप्त नहीं होता। केवल शोध के स्वरूप पर ही थोड़ी-बहुत सामग्री प्राप्त होती है। परिणाम यह होता है कि प्रत्येक शोधार्थी अपनी समझ अथवा निर्देशक के सुझावों की अनुरूपता में शोध में व्यवहार्य कार्यविधि को अपनी सुविधानुसार निश्चित कर लेता है। इसी कारण हम देखते हैं कि कार्यविधि के व्यावहारिक रूप की दृष्टि से हिंदी के किन्हीं भी दो शोध-प्रबंधों में एक शैली नहीं अपनाई गई है। इसलिए हिंदी में एक निश्चित और मानक व्यावहारिक शोध-कार्यविधि की अत्यंत आवश्यकता है।

शोध के अर्थ एवं स्वरूप पर मैंने यथासंभव वस्तुनिष्ठ दृष्टि से विचार किया है। साथ ही शोध के व्यावहारिक रूप को सहेजते हुए उसे मानक रूप प्रदान करने का मेरा प्रयास रहा है। शोध के इस बाह्य स्वरूप को निश्चित करते हुए मैंने हिंदी भाषा, वर्तनी, लिपि, टंकण, मुद्रण इत्यादि को विशेष रूप से ध्यान में रखा है। 'पुस्तकालय का उपयोग' के अंतर्गत मैंने शोध और पुस्तकालय के अंतर्संबंध को ध्यान में रखते हुए अभ्यासों सहित पुस्तकालय के उत्तम और सुलभ उपयोग की कतिपय विधियों को स्पष्ट करने की चेष्टा की है।

आदरणीय गुरुवर डॉ. शशिभूषण सिंहल के प्रति अपनी कृतज्ञता ज्ञापित करता हूँ, जिन्होंने पुस्तक प्रेस में जाने से पूर्व मुझे कई मूल्यवान सुझाव दिए।

भाई डी.एस. दलाल जी से लेकर गुरुवर डॉ. एच.सी. वर्मा जी से होते हुए मित्रवर डॉ. आर. एस. सिंह तक सभी का मुझ पर उपकार रहा है। गुरुवर वर्मा जी ने इस पुस्तक की

भूमिका लिखकर अपने उपकार को और अधिक विस्तार दे दिया है। मैं उक्त सभी महानुभावों के प्रति हार्दिक कृतज्ञता ज्ञापित करता हूँ।

इस पुस्तक को लिखते समय मुझे जीवनसंगिनी वीणा रानी का बहुत अधिक सहयोग प्राप्त हुआ है। अतः उनके प्रति आभार प्रकट न करना मेरी कृपणता होगी।

इस पुस्तक के लेखन में जिन ग्रंथों से सहायता ली गई है, उन सबके लेखकों के प्रति हार्दिक आभार ज्ञापित करना, मैं अपना नैतिक दायित्व समझता हूँ।

आशा करता हूँ कि भावी शोधार्थी और निर्देशक इसे अपनाएँगे और मुझे पुस्तक की कमियों से अवगत कराएँगे।

–बैजनाथ सिंहल

अनुक्रम

शोध : अर्थ एवं स्वरूप

1.0 सामान्य परिचय—मानव मन में स्वभावतः नई-नई जिज्ञासाओं का उदय होता रहता है। तर्कशील और विवेकसंयुत प्राणी होने के कारण मनुष्य अपनी जिज्ञासाओं से संबद्ध क्षेत्रों में नए-नए प्रयोगों के द्वारा नए-नए अन्वेषणों में प्रवृत्त रहता है। ऐसे नए अन्वेषणों की प्रवृत्ति के पीछे मनुष्य का मूल उद्‌देश्य जीवन को अधिक सुखमय, सुंदर, उदात्त, विराट और सांस्कृतिक बनाना होता है। मनुष्य की सभी अन्वेषण उपलब्धियों को हम मोटे तौर पर दो भागों में बाँट सकते हैं—भौतिक और भौतिकेतर। यहाँ यह ध्यातव्य है कि भौतिकेतर अन्वेषण से अभिप्राय किसी अतिमानवीय अलौकिक-क्षेत्रीय स्थापनाओं से नहीं है प्रत्युत् मानव-जीवन के ऊर्ध्वतर क्षेत्रों में किन्हीं नए तथ्यों के अन्वेषण अथवा पारंपरिक तथ्यों के नवीनीकरण से है, जिनका संबंध अनिवार्यतः मानव-जीवन से ही होता है। दूसरे शब्दों में भौतिकेतर-क्षेत्र में अन्वेषण से अभिप्राय सांस्कृतिक क्षेत्र के अन्वेषण से है। जहाँ तक भौतिकेतर शब्द में अंतर्भुक्त अलौकिक तत्त्व का संबंध है, तद्विषयक अन्वेषण का अधिग्रहण हम दर्शन में कर लेते हैं। दर्शन का संबंध भी अंततः मानव-जीवन के सांस्कृतिक पक्ष से ही होता है। अतः इस दिशा का अन्वेषण कहीं भी जीवन से कटा हुआ नहीं होता बल्कि जीवन के गहनतर अर्थों से जुड़ा हुआ होता है। निष्कर्षतः, जीवन के ऊर्ध्व पक्षों के अन्वेषक का कार्य सांस्कृतिक होता है क्योंकि उद्‌देश्य रूप में वह संस्कृति की साज-सज्जा, रक्षण, पोषण, संवर्द्धन और उन्नयन से बँधकर चलता है।

ज्ञान-विज्ञान के विविध-क्षेत्रीय इस अन्वेषण को आधुनिक शब्दावली में 'शोध' संज्ञा से अभिहित किया जाता है। किसी भी संस्कृति में जन्मे और जी रहे समाज के लिए अपनी संस्कृति के समुचित विकास के लिए ज्ञान-विज्ञान के—विज्ञान, दर्शन और साहित्य—क्षेत्रों में शोध मूलभूत अनिवार्यता है। जीवन और संस्कृति की गति और नियति के उक्त क्षेत्रों में शोध के अभाव में प्रगति के अवरुद्ध होने की आशंका को निर्मूल नहीं कहा जा सकता। संस्कृति के शाश्वत प्रतिमानों की पुष्टि और नवीन व्याख्या, नए मूल्यों और तथ्यों की खोज, विवादास्पद क्षेत्रों एवं विकल्पों के समाधान हेतु साहित्य के क्षेत्र में शोध का महत्त्व अपेक्षाकृत अधिक हो जाता है क्योंकि साहित्य ही कदाचित् जीवन और संस्कृति के प्रति सबसे पहले उत्तरदायी होता है। इसका प्रमुख कारण यह है कि साहित्य ही ज्ञान-विज्ञान के सभी क्षेत्रों का सर्वाधिक समाहारकर्ता है। अस्तु, किसी भी भाषा तथा उसके साहित्य को लेकर किया गया शोध, उस भाषा तथा साहित्य की जनक संस्कृति की पौराणिकता, इतिहास, समसामयिकता तथा भावी संभावनाओं के महत्त्व का दिग्दर्शन करता है।

शोध के अर्थ एवं स्वरूप को समझने के लिए हमें शोध के पर्यायवाची रूप में प्रयुक्त होनेवाले शब्दों की समीक्षा करनी होगी।

1.1 अन्वेषण—सतही तौर पर 'अन्वेषण' शब्द 'शोध' के पर्यायवाची होने का आभास देता है, लेकिन गहराई से देखने पर यह शब्द साहित्यिक शोध के निहितार्थ और ध्वन्यार्थ के समकक्ष सिद्ध नहीं होता। अन्वेषण शब्द की व्युत्पत्ति 'अनु' उपसर्गपूर्वक 'इष्' धातु के

साथ ल्युट् (अन्) के प्रत्यय के संयोजन से होती है। अन्विष का अर्थ है—ढूँढ़ना, खोजना, अभीष्ट की खोज आदि-आदि। इस प्रकार अन्वेष या अन्वेषण का अर्थ हुआ—खोज या अभीष्ट की जाँच-पड़ताल। लेकिन जैसेकि 'खोज' शब्द से भौतिक अथवा स्थूल वस्तु की अभीष्ट वस्तु के रूप में प्राप्ति की चेष्टा का बोध ध्वनित होता है, कुछ-कुछ वैसा ही आभास अन्वेषण शब्द भी देता है। अस्तु, भौतिक एवं स्थूल की खोज के पर्याय रूप में अर्थध्वनन के कारण अन्वेषण शब्द शोध का स्थानापन्न अथवा पर्यायवाची नहीं हो सकता। अंग्रेजी में अन्वेषण के लिए 'डिस्कवरी' और इनवेंशन शब्द व्यवहृत होते हैं। इनमें, प्रथम भौगोलिक खोज का सूचक है, जैसे—कोलम्बस ने अमरीका की खोज की और दूसरा विज्ञान-क्षेत्रीय खोजों का सूचक है, जैसे—जेम्स वाट ने रेलवे इंजन की खोज या आविष्कार किया। इस रूप में अन्वेषण विज्ञान-क्षेत्रीय, सभी शाखाओं-प्रशाखाओं (चिकित्सा सहित) में होनेवाली खोज को द्योतित करता है।

साहित्यिक क्षेत्र में जिस तात्त्विक खोज की बात निहित रहती है, वह अन्वेषण शब्द में समाहित नहीं हो पाती। अन्वेषण शब्द को शोध के पर्याय रूप में उसके साथ 'तत्त्व' शब्द जोड़कर ही (तत्त्वान्वेषण के रूप में) स्वीकृति दी जा सकती है। हमारे यहाँ ऋषियों को तत्त्वदर्शी कहा गया है। तत्त्वद्रष्टा बनने से पूर्व की इन ऋषियों की साधना तत्त्वान्वेषण की ही साधना रही है; फिर चाहे वह दर्शन, साहित्य अथवा इनसे संबद्ध विषयों एवं क्षेत्रों में से किसी भी क्षेत्र में की गई हो। हमारे प्राचीन शास्त्रों एवं ग्रंथों में जहाँ भी इस रूप में यह शब्द व्यवहृत हुआ है, वहाँ इसके साथ या तो 'तत्त्व' शब्द या क्षेत्र-विशेष का शब्द यथा 'ब्रह्म', 'ब्राह्मण' इत्यादि में से कोई-न-कोई शब्द पूर्वगामी शब्द के रूप में प्रयुक्त हुआ है यथा—

1. 'वयं तत्त्वान्वेषान्मधुकरहतास्त्वं खलु कृती।'[1]
2. 'ते ह्येते ब्रह्मपरा ब्रह्मनिष्ठा परं ब्रह्मान्वेषमाणा।'[2]
3. 'एष वाव जिज्ञासितव्योऽन्वेष्टयः।'[3]

ये सभी उद्धरण तत्त्वान्वेषण के सूचक हैं। 'खोज' के अर्थ में प्रयुक्त अन्वेषण के उदाहरण भी देखे जा सकते हैं, जो इस प्रकार हैं—

'अन्वेष्टव्यो यदसि भुवने भूतनाथः शरण्यः।'[4]
'किं वृथा तर्केण अन्विष्यते।'[5]
'न रत्नमन्विष्यति मृगयते हि तत्।'[6]

इन उद्धरणों से सिद्ध हो जाता है कि अन्वेषण शब्द में इस रूप में 'शोध' की ध्वनि नहीं निकलती। फिर, शोध के लिए 'तत्त्वान्वेषण' का प्रयोग भी खींचतान ही प्रतीत होगा। यही नहीं, तत्त्वान्वेषण में शोध के लिए अपरिहार्य वैज्ञानिक तकनीक के अनिवार्य ग्रहण का संकेत भी नहीं मिलता। इससे भी आगे शोध की तथ्य और सत्य (दे. 9.0) की अवलंबता का आभास तत्त्वान्वेषण में नहीं है। तत्त्वान्वेषण तो स्वयं शोध-प्रबंध में भी किया जा सकता है। निष्कर्ष यही है कि अन्वेषण अथवा तत्त्वान्वेषण, शोध के समान अर्थच्छवि समान चेतना तथा समान व्यवहार के पर्याय शब्द नहीं हो सकते। हाँ, तत्त्वान्वेषण शब्द उपाधिपरक शोध से भिन्न स्वतंत्र प्रकार के शोध के स्थानापन्न रूप में प्रयुक्त हो सकता है।

1.2 गवेषणा—'गवेषणा' शब्द का प्रयोग भी 'शोध' के पर्याय रूप में किया जाता रहा है और अब भी किया जाता है। 'गवेषणा' शीर्षक से एक पत्रिका का प्रकाशन भी होता रहा

है। व्युत्पत्ति की दृष्टि से गवेषणा 'गो' शब्द के साथ 'इष्' (इच्छा तथा गति करना) धातु से 'ल्युट्' (अन्) प्रत्यय के द्वारा निष्पन्न होता है। अपने मूल रूप में यह शब्द वैदिक है। 'ऋग्वेद' में इंद्र के विशेषण के रूप में इस शब्द का एकाधिक बार प्रयोग हुआ है। इन प्रयोगों में सायण ने इसका अर्थ—'गायों तथा उदक को चाहनेवाला या ढूँढ़नेवाला' किया है।[7] 'ऋग्वेद' में ही अन्यत्र सेनानी के विशेषण रूप में प्रयुक्त 'गवेषण' का अर्थ भी सायण ने 'गायों के अन्वेष्टा' रूप में ही किया है।[8] 'अथर्ववेद'[9] में इस शब्द का प्रयोग रथ एवं योद्धा के विशेषण रूप में हुआ है। ये सभी प्रयोग इस शब्द के व्युत्पत्यर्थ के ही सूचक हैं। 'गायों की इच्छा करना' अथवा 'गायों की खोज' के अर्थवाहक रूप में गवेषणा शब्द का प्रचलन सही था। वैदिक काल और उसके बहुत बाद तक गो-धन जन-साधारण से लेकर राजाओं तक की संपत्ति का मापदंड था। अस्तु, अधिकाधिक गायों की इच्छा का सबमें होना स्वाभाविक था। प्रत्येक व्यक्ति अपनी प्रभुता चाहता था। दूसरी ओर कालगत परिप्रेक्ष्य में वे युग बीहड़ जंगलोंवाले युग थे। अतः गायों का जंगलों में चरने जाना तो नैसर्गिक आवश्यकता थी। अब जंगलों का स्थान खेतों ने ले लिया है और गायें खेतों में चरने जाती हैं। जंगल में चरते हुए गायों का भटक जाना, खो जाना अथवा चरवाहे की दृष्टि से ओझल हो जाना कोई आश्चर्य की बात नहीं थी। ऐसी स्थिति में चरवाहे गायों को ढूँढ़ते या खोजते होंगे।

कालांतर में भाषा के विकास और उसमें अर्थ-परिवर्तन के कारण 'गवेषणा' शब्द के 'गो' अंश का अर्थ लुप्तप्राय हो गया, जबकि यह शब्द पूर्ववत् ही प्रयुक्त होता रहा। 'गो' शब्द के गवेषणा में संपृक्त रहने पर और अर्थ की दृष्टि से कट जाने पर यह शब्द 'ढूँढ़ने' अथवा 'खोजने' के अर्थ में रूढ़ हो गया। वेदों में 'गो' के अर्थलोप की दृष्टि से कुछ अन्य उदाहरण भी उपलब्ध होते हैं, यथा—'गोपतिः'। इस शब्द का अर्थ गायों का स्वामी न होकर केवल स्वामी रह गया। इसी कारण 'ऋग्वेद' में 'गवां गोपतिः' जैसे प्रयोग मिलते हैं।

भाषा में अर्थ-परिवर्तन और अर्थ-विस्तार होता रहता है। समय के साथ गवेषणा का 'ढूँढ़ना' और 'खोजना' जैसे अर्थों में विस्तार हुआ और इस शब्द के भिन्न अर्थ लक्षित होने लगे, जैसे उत्कट इच्छा अभीष्ट की प्राप्ति के लिए श्रमसाध्य अथवा खोजपूर्ण प्रयास—'भैंस-समूह जल की गवेषणा करता हुआ।'[10] इसके पश्चात् यह शब्द विचारणा अथवा छानबीन के अर्थ में प्रयुक्त होने लगा, जैसाकि 'नैषधीयचरितम्' से पता चलता है—'मेरे प्रति उस अनर्थमयी की बात में अर्थ-गवेषणा से क्या लाभ।'[11] कुछ और समय पश्चात् इस शब्द को अन्वेषण का पर्यायवाची मान लिया गया, जैसे—'पर्येषणा परिशिष्टश्चान्वेषणा च गवेषणा।'[12]

संस्कृतकाल में गवेषणा, अन्वेषण के पर्यायवाची रूप में व्यवहृत हुआ; लेकिन वर्तमान में दोनों में अर्थगत अंतर है। अन्वेषण शब्द साहित्य में शोध से इतर तात्त्विक खोज के लिए प्रयुक्त हो सकता है। वैसे अन्वेषण का संबंध भौतिक क्षेत्रीय खोज से है।

'गवेषणा' शब्द भी साहित्यिक शोध का पर्यायवाची नहीं हो सकता। इस शब्द का मूल संबंध पुरातत्त्व खोज, शिलालेख, आलेख अथवा प्राचीन लुप्त और अनुपलब्ध ग्रंथों और संदर्भों की खोज से है, जिनसे साहित्य पर प्रकाश पड़ता है और उसमें कुछ नया जुड़ता है। इस रूप में यह शब्द अन्वेषण का पर्यायवाची अथवा समानार्थक भी नहीं है। जिस 'गवेषणा' पत्रिका का पीछे संकेत दिया गया है, वह भी कोई शोध-पत्रिका अथवा साहित्यिक तत्त्वान्वेषी

पत्रिका नहीं रही है, प्रत्युत् ऐसी सामग्री पर ही प्रकाश डालती रही है, जो अभी तक अनुपलब्ध अथवा अप्रकाशित थी।

यहाँ गोष्ठी शब्द की विवेचना भी अपेक्षित है। गोष्ठी, 'गो' के साथ 'स्था' धातु से 'क' (अ) प्रत्यय द्वारा निष्पन्न है। गायों के एक साथ रहने के स्थान को 'गोष्ठ', इसी आधार पर कहा जाता था। 'गोष्ठी', गोष्ठ का स्त्रीलिंग है जोकि बाद में 'सभा', 'परिषत्', विशेषकर 'विद्वत्परिषत्' आदि के अर्थ में रूढ़ एवं प्रचलित हो गया। इस रूप में गोष्ठी के 'गो' अंश का अर्थ 'वाक्' किया गया।[13] वैदिककाल से ही 'गो' शब्द ज्ञान, वाणी, इंद्रिय तथा प्रकाश इत्यादि के प्रतीक रूप में व्यवहृत होता आया है। आजकल गोष्ठी शब्द का किसी भी विचारार्थ सम्मेलन (मीटिंग) के अर्थ में प्रयुक्त होता है जिसका क्षेत्र साहित्यिक गोष्ठी से बाहर भी प्रसारित है। निष्कर्ष यह कि 'गवेषणा' शब्द साहित्यिक शोध का पर्यायवाची नहीं है। अन्वेषण की ही भाँति गवेषणा शब्द में सतत और सूक्ष्म चिंतन का अभाव तो है ही, साथ ही शोधपरक लक्ष्य की अभिव्यंजना में भी यह शब्द असमर्थ है। यह शब्द साहित्यिक शोध की दिशा में कतिपय विशिष्ट विषयों में सामग्री के तथ्यपरक निराकरण के लिए तो प्रयुक्त हो सकता है; लेकिन शोध शब्द का स्थानापन्न नहीं हो सकता।

1.3 अनुशीलन-परिशीलन–'अनुशीलन' और 'परिशीलन' शब्दों का प्रयोग प्रायः 'समीक्षा' या 'आलोचना' के समानार्थक अथवा स्थानापन्न शब्दों के रूप में किया जाता है। 'शील' शब्द इन दोनों में समान है, जिसका अर्थ है–ध्यान, अभ्यास, चिंतन-मनन अथवा अध्ययन। इन शब्दों के साथ संपृक्त 'अनु' और 'परि' उपसर्ग चिंतन-मनन अथवा अध्ययन को समग्र किंतु सुलझे और सहेजे हुए रूप में देखने के सूचक हैं। इस प्रकार अनुशीलन का जो अर्थ निर्गत होता है वह है–किसी विषय के संबंध में सतत किंतु सम्यक विचार करना, जैसाकि 'किरातार्जुनीय' से स्पष्ट हो जाता है– 'विज्ञातसारान्यनुशीलनेन।'[14] परिशीलन का प्रारंभिक अर्थ स्पर्श अथवा संपर्क है। बाद में उसे अनुशीलन का पर्यायवाची मान लिया गया और उसे अध्ययन, मनन, चिंतन, विश्लेषण इत्यादि अर्थों में ग्रहण किया जाने लगा। परंतु ये दोनों शब्द शोध के पर्यायवाची नहीं हो सकते। इनमें व्याख्यान अथवा अध्ययन के समानांतर, तथ्यों के स्पष्टीकरण पर बल अथवा आग्रह रहता है, शोध की दृष्टि पर नहीं। ये शब्द शोध-पद्धति के अंग-विशेष के सूचक हो सकते हैं; उसमें भी वैज्ञानिकता के नहीं। शोध में जब शोधकर्ता सामग्री (मैटर) और तथ्यों (फैक्ट्स) का संकलन करता है तब अपने प्रबंध में उनके विनियोजन से पूर्व विषयगत उपादेयता की दृष्टि से उनका अनुशीलन अथवा परिशीलन करता है। इस प्रकार अनुशीलन अथवा परिशीलन चयन की गई सामग्री के मूल्यांकन के लिए व्यवहार शब्द है। इस रूप में ये शब्द शोध के अंग हैं। इन्हीं अंगों-उपांगों में से एक स्तर-विशेष के सूचक 'अनुशीलन' और 'परिशीलन' हैं।

1.4 समीक्षा–'समीक्षा' शब्द का प्रयोग 'समालोचना' अथवा 'आलोचना' के पर्यायवाची रूप में होता है और आलोचना तथा शोध में (सतही तौर पर) प्रायः अभिन्नत्व माना जाता है। लेकिन गहराई से देखने पर समीक्षा और आलोचना में अर्थ के स्तरों पर अंतर दिखाई पड़ता है। इस अंतर का संकेत आगे 'आलोचना' शब्द की व्याख्या में किया गया है। मोटे तौर पर समीक्षा अपने प्रारंभिक रूप में अनुशीलन और परिशीलन का लगभग पर्याय है, लेकिन इस शब्द में उनसे व्यापकता किंचित् अधिक है। समीक्षा (सम+ईक्ष+आ) से निष्पन्न

हुआ शब्द है, जिसका मूल अर्थ 'देखना' है। 'यजुर्वेद' में इसी अभिप्रेत अर्थ में इसका प्रयोग हुआ है—'मित्रस्य मा चक्षुषा सर्वाणि भूतानि समीक्षन्ताम्'[15] कालांतर में इस शब्द का प्रयोग 'विचार करना' अथवा परीक्षण करना आदि अर्थों से होने लगा। इस रूप में इस शब्द के प्रयोग के उदाहरण 'हमें वैदिक विधि-विधानों के मीमांसक, मीमांसाशास्त्र तथा पुरुष-प्रकृति के विवेचक 'सांख्यशास्त्र' के 'समीक्षा' नाम में मिल जाते हैं।' 'भागवत्' में वस्तु-तत्त्व के पारमार्थिक स्वरूप की ज्ञानदात्री अध्यात्म-विद्या के लिए भी 'समीक्षा' शब्द प्रयुक्त हुआ है—'एवं समीक्षा निपुणा सती मे हन्यात्तमिस्रं पुरुषस्य बुद्धेः।'[16]

'समीक्षा' शब्द में 'परि' एवं 'अनु' जैसे उपसर्गों के योग से निष्पन्न 'परीक्षण' 'अन्वीक्षण' जैसे शब्द बौद्धिक विवेचन को इंगित करते हैं। 'निरुक्त' में 'उप', उपसर्ग के योग से 'उपेक्षेत' (उप उपसर्ग+ईक्ष) का प्रयोग 'अनर्थ का हि मात्राः। तदेतेनोपेक्षितव्यम्'[17] किया गया है। यहाँ इसका अर्थ उपेक्षा न होकर विषय का 'गंभीर विवेचन' है। संस्कृत में 'उपेक्ष्' का अर्थ भी विषय की तह में पैठकर उसका गंभीर विवेचन करना होता है।

इस प्रकार 'समीक्षा' अथवा इसमें अनुस्यूत मूल धातु से जितने भी शब्द निष्पन्न होते हैं, वे सभी विषय के विवेचन पर ही बल देते हैं। शोध में भी यथा-अपेक्षा विषय का विवेचन किया जाता है, लेकिन वह केवल विषय का विवेचन नहीं है। अस्तु, 'अनुशीलन', 'परिशीलन' की भाँति 'समीक्षा' भी शोध के लिए अधीत सामग्री की उपादेयता की जाँच-पड़ताल का ही सूचक शब्द है, लेकिन इसका क्षेत्र व्यापकतर है। जहाँ 'अनुशीलन' और 'परिशीलन' तथ्यों की ग्राह्यता का निर्णय करते हैं, वहाँ 'समीक्षा' उनकी व्यावहारिकता के लिए तर्क प्रदान करती है।

1.5 आलोचना—हिंदी में आलोचक और शोधकर्ता को प्रायः अभिन्न रूप में प्रयुक्त किया जाता है, जबकि 'आलोचना' और 'शोध', दोनों अन्योन्याश्रित और परस्पर पूरक होते हुए भी समानार्थक अथवा एक-दूसरे के स्थानापन्न नहीं हैं। शोध से 'आलोचना' की प्रधानता नहीं होती, जबकि स्वतंत्र रूप में 'आलोचना' में आलोचना का ही महत्त्व होता है। शोध में 'आलोचना'—दो प्रकार से व्यवहृत होती है। पहले रूप में वह 'अनुशीलन' अथवा 'परिशीलन' के अर्थ में प्रयोग में आती है, जबकि तथ्यों के संकलन के उपरांत उनका वर्गीकरण, विवेचन, विश्लेषण इत्यादि किया जाता है। दूसरे रूप में 'आलोचना' 'समीक्षा' के अर्थ में व्यवहृत होती है। इस रूप में तथ्यों के विवेचन-विश्लेषण के उपरांत उनकी पुनर्व्याख्या या मूल्यांकन द्वारा उनकी व्यावहारिकता की परख की जाती है। इसी रूप में यथास्थल शोधार्थी विषय की अनुरूपता में अपने मत अथवा पारंपरिक मतों या अन्य विद्वानों के मतों की आलोचनापूर्ण अवधारणा भी करता है। इस प्रकार 'शोध' में 'आलोचना' का प्रयोग स्वतंत्र आलोचना की भाँति न होकर शोध-पद्धति के एक अंग-विशेष के रूप में होता है। जहाँ इस रूप में 'आलोचना' शोध का एक पहलू है, वहीं पर 'शोध' को स्वतंत्र आलोचना की पृष्ठभूमि भी कहा जा सकता है। इससे स्पष्ट हो जाता है कि साहित्य के प्रति व्यापक दृष्टि के अधीन ये दोनों अन्योन्याश्रित एवं परस्पर पूरक भी हैं। 'आलोचना' एवं 'शोध' के साम्य-वैषम्य को आगे स्पष्ट किया गया है (दे. 5.6, 5.7)।

'आलोचना' के पर्यायवाची रूप में समीक्षा से इतर 'समालोचना' तथा 'पर्यायवाची' शब्दों को भी प्रयुक्त किया जाता है। इन सभी शब्दों में अर्थ की दृष्टि से कोई तात्त्विक भेद

नहीं है। समालोचना 'लोचृ' धातु 'आ', 'सम' उपसर्गों के योग से तथा पर्यालोचना 'आ', 'परि' उपसर्गों के नियोजन से बनते हैं। आलोचना में 'आ' उपसर्ग अनिवार्यतः रहता है। इस प्रकार 'लोचृ' से निष्पन्न सामान्य अर्थ 'देखना', आलोचना, समालोचना या पर्यालोचना का भी अर्थ नहीं है। इन शब्दों का सामान्य अर्थ आँखों से देखना नहीं रह जाता बल्कि 'बुद्धि की आँखों' से देखना हो जाता है। संस्कृत में 'लोचृ' (लोच्) तथा 'लोकृ' (लोक्)—ये दोनों धातुएँ समानार्थक हैं, परंतु इनके साथ उपसर्गों के नियोजन पर ये भिन्नार्थ सूचक हो जाती हैं। 'आलोक', 'आलोकन' तथा 'अवलोकन' का अर्थ आँखों से देखना है, जैसे—'आलोके ते निपतति पुरा सा बलिव्याकुला वा।'[18] इसके विपरीत 'आलोचन' का अर्थ बुद्धि या विवेक से देखना, मनन करना अथवा विचार करना है, जैसे—'आलोचनमात्रम् इष्यते वृत्तिः।' तथा 'अस्ति ह्यालोचनं ज्ञानं प्रथमं निर्विकल्पकम्।'[19]

आलोचना और शोध में अन्योन्याश्रिता के रहते हुए भी व्यापक और गंभीर भेद हैं। यह अंतर्विषय से लेकर उसके प्रतिपादन के प्रत्येक स्तर तक परिव्याप्त है। शोध-पद्धति अनिवार्यतः वैज्ञानिक होती है जबकि आलोचना में शोध की-सी वैज्ञानिकता अनिवार्यता नहीं होती। आलोचना (क्रिटिसिज्म) और शोध (रिसर्च) में दृष्टिगत मूल भेद है।

1.6 खोज—खोज की व्युत्पत्ति प्राकृत के 'खोज्ज' शब्द से हुई है जिसका अर्थ है—पदचिह्न। अर्थ-विस्तार की दृष्टि से यह शब्द 'चिह्न', 'निशान', 'तलाश', 'गवेषणा', 'अनुसंधान' इत्यादि के अर्थ में भी प्रयुक्त होता रहा है, लेकिन सदैव ही यह शब्द भौतिक क्षेत्र तक सीमित रहा है। इस रूप में यह शब्द अन्वेषण (डिस्कवरी या इनवेंशन) का सूचक बना रहा। आमतौर पर अन्वेषण की अपेक्षा 'खोज' का अधिक प्रयोग होता है। विज्ञान-क्षेत्र के अन्वेषण भी 'खोज' रूप में ही अधिकतर कहे-सुने जाते हैं। खोज में निष्पन्न 'खोजी' शब्द का प्रयोग चोरी इत्यादि का पता लगानेवाले के अर्थ में किया जाता है। 'खोजी व्यक्ति' अथवा 'खोजी कुत्ते' पदचिह्नों से चोरों के गंतव्य तक पहुँच पाते हैं। इस रूप में यह शब्द गवेषणा के मूल अर्थ के निकट है क्योंकि जंगल में भटकी गायों की गवेषणा (खोज) भी उनके खुरों के चिह्न देखकर ही की जाती थी। इस प्रकार 'खोज' पहले से विद्यमान किंतु वर्तमान में खोई गई वस्तु के लिए ही प्रयुक्त होनेवाला एक शब्द है। 'रामचरितमानस' में कई स्थलों पर इस अर्थ में खोज शब्द प्रयुक्त हुआ है, जैसे—

खोज मारि रथ हांकेड़ ताता[20]
रथ कर खोज कतहूं नहिं पावहिं।[21]
सो सीता कर खोज कराइहि।[22]

शोध-संदर्भ में इस शब्द का प्रयोग बोलचाल के स्तर पर उतना नहीं खटकता। उदाहरणार्थ हम प्रायः कहते हैं कि अपने 'शोध-प्रबंध' में आपने कौन-सी नई खोज की है, इत्यादि। लेकिन, खोज शब्द शोध का तो क्या अनुसंधान का भी पर्यायवाची नहीं है। यह स्थूल का सूचक है और बोलचाल का (कोलिकुअल) शब्द है।

1.7 अनुसंधान—अब तक शोध के पर्याय रूप में जितने भी शब्दों को समझा गया है, उन सबसे अधिक शोध के स्थानापन्न रूप में व्यवहृत होनेवाला शब्द कदाचित् 'अनुसंधान' ही है। यहाँ नहीं बहुत-से विद्वान तो 'अनुसंधान' को 'शोध' की तुलना में अधिक संगत और सार्थक शब्द मानते हैं। कई विश्वविद्यालयों में 'अनुसंधान परिषदें' तथा 'अनुसंधान गोष्ठियाँ'

गठित की गई हैं। वहाँ पर 'रिसर्च बाडी' को 'अनुसंधान समिति' और 'रिसर्च' को 'अनुसंधाता' कहा जाता है। कई शोध-पद्धति संबंधी पुस्तकों को अनुसंधान शीर्षक से लिखा गया है। तात्पर्य यह कि अनुसंधान का (रिसर्च के अर्थ में) प्रचलन, शोध की तुलना में अपेक्षाकृत अधिक रहा है।

साहित्यिक क्षेत्र में निस्संदेह 'अनुसंधान' शब्द का अपना अर्थ एवं महत्त्व है, लेकिन उपाधिपरक शोध के लिए अनुसंधान शब्द कुछ खटकता है। इसका निर्णय 'अनुसंधान' और शोध शब्दों की अभिव्यंजना द्वारा ही संभव हो सकता है। अनुसंधान शब्द की गरिमा को नकारा नहीं जा सकता। साहित्य में दो प्रकार से अनुसंधान किया जाता है—(1) तथ्यपरक, (2) तत्त्वपरक। इन दोनों प्रकार के अनुसंधानों में विषय, दृष्टि, विषय-प्रतिपादन और प्रतिपादन-पद्धति की दृष्टि से पर्याप्त अंतर है। इसलिए इन दोनों वर्गों के अनुसंधान के लिए एक ही शब्द का प्रयोग निश्चय ही संदेह को जन्म देगा। तथ्यपरक अनुसंधान मोटे तौर पर अब उपाधिपरक अनुसंधान की संज्ञा से ही अभिहित किया जाता है। इसके विपरीत तत्त्वपरक अनुसंधान उपाधि-निरपेक्ष होता है। यही नहीं अनुसंधान शब्द के व्युत्पत्यर्थ, इसके लागू होने के अनुक्रम और उसमें उपाधिपरक अनुसंधान से बहुत भिन्नता है। इसलिए यदि तथ्यपरक या उपाधिपरक अनुसंधान के लिए हमारे पास इस अनुसंधान की समस्त पद्धति और अन्य अंगों-उपांगों को सहेजनेवाला एक शब्द 'शोध' है, तो फिर उसके उपयोग में आपत्ति क्या और क्यों ?

अब 'अनुसंधान' के व्युत्पत्यर्थ को देख लेना अपेक्षित है। अनुसंधान शब्द निष्पत्ति 'धा' धातु के साथ 'अनु' तथा 'सम' उपसर्गपूर्वक 'ल्यूट्' (अन्) प्रत्यय से होती है। 'धा' का अर्थ है 'रखना', 'स्थिर करना'। इस प्रकार इसका लक्षणा और व्यंजनागत अर्थ हुआ—दृष्टि को किसी वस्तु अथवा विषय पर रखना या मन को किसी विषय पर केंद्रित करना और इसी से अनुसंधान शब्द खोज, सोच-विचार, पूछताछ, परीक्षण इत्यादि रूपों में प्रयुक्त हुआ, जैसे—'यस्तर्केणानुसन्धते स धर्मं वेद नेतरः।'[23] आगे चलकर अध्ययन-क्षेत्र में खोज के अर्थ में अनुसंधान का प्रयोग और प्रचलन हुआ।

अनुसंधान शब्द का विश्लेषण 'संधान' और 'अनुसंधा' के आधार पर भी किया जा सकता है। संधान का अर्थ है—'लक्ष्य स्थिर करना' और (सामान्य रूप में) 'निशाना लगाना'। अध्ययन-क्षेत्र में संधान का पहला अर्थ ही ग्राह्य है।[24] दूसरा अर्थ शिकार इत्यादि का सूचक है। अनुसंधा का अर्थ है—लक्ष्य के पीछे लगना, सोच-विचार करना, दिशा-विशेष का निरीक्षण-परीक्षण और प्रमाणोल्लेखन करना। इस आधार पर यह शब्द शोध के आधुनिक अर्थ को अधिक व्यंजित करता है। अनुसंधा से ही—अनुसंधातृ, अनुसंधानिन्, अनुसंधायिन् (अनुसंधान करनेवाला) तथा अनुसंधातव्य अथवा अनुसंधेय (अनुसंधान का विषय), जैसे शब्द बनते हैं। अनुसंधा का मूल अर्थ है—'टूटे-बिखरे सूत्रों को जोड़ना'। इस अर्थ को ध्यान से रखने से अनुसंधा से बने शब्दों के अर्थ साहित्यिक अध्ययन की दिशा को रूपायित करते हैं। इस आधार पर अनुसंधान का अर्थ हुआ—तथ्यों का संगतिकरण। शोध में तथ्यों के संगतिकरण की अपेक्षा रहती है। लेकिन शोध केवल तथ्यों के संगतिकरण का नाम नहीं है। डॉ. उदय भानुसिंह ने 'अनुसंधान' शब्द को 'रिसर्च' के निकटतम पर्याय के रूप में सिद्ध करते हुए लिखा है, 'रिसर्च के पर्यायवाची 'अनुसंधान' का परिनिष्ठित अर्थ है—किसी महत्त्वपूर्ण

सुनिश्चित विषय का तत्त्वाभिनिवेषी वैज्ञानिक अध्ययन; तत्संबंधी तथ्यों का व्यवस्थित ढंग से अन्वेषण, निरीक्षण-परीक्षण तथा वर्गीकरण-विश्लेषण और उनके आधार पर प्रस्थापनयोग्य निष्कर्षों का प्रमाण निर्देशपूर्वक तर्कसंगत उपस्थापन।'[25] कहना न होगा कि डॉ. सिंह ने शोध-पद्धति के सभी अंगों-उपांगों को अनुसंधान शब्द में पूर्णतया खोज और पा लिया है, लेकिन प्रश्न यह उठ खड़ा होता है कि क्या 'अनुसंधान' शब्द इन सभी अपेक्षाओं का वाहक शब्द है ? अनुसंधान को व्युत्पत्ति और अर्थ-विस्तार की दृष्टि से हम देख चुके हैं और इसका अधिकतम अर्थ 'तथ्यों के पर्यालोचन द्वारा सत्यासत्य का निर्धारण' करना है। फिर इससे शोध के लिए आधारभूत वैज्ञानिक पद्धति, निरीक्षण-परीक्षण, प्रमाणीकरण कहाँ से आ गए।

स्वयं डॉ. सिंह आगे लिखते हैं, "अपने व्यापक अर्थ में 'अनुसंधान' डाक्टरेट से अविनाभावेन संबद्ध नहीं है।"[26] डॉ. सिंह द्वारा प्रतिपादित उपर्युक्त अर्थगत व्यापकता से भी अधिक अनुसंधान की अर्थगत व्यापकता और क्या हो सकती है ? परंतु जब हमारे पास डाक्टरेट के उपाधि-कार्य से संबद्ध एक अन्य शब्द 'शोध' है तब हम उसी को क्यों न ग्रहण करें ? अनुसंधान शब्द की अर्थगत व्याख्या के संदर्भ में गिनवाई गईं सभी विशेषताएँ 'शोध' शब्द में निहित हैं। 'रिसर्च' में अंतर्भूत आवश्यकताएँ और विशेषताएँ, इनमें से जिस शब्द में अधिकाधिक सुलभ होंगी अथवा जो शब्द उनका अधिकतम वाहक होगा, वही वरेण्य होना चाहिए। कहना न होगा, उस दृष्टि से 'शोध' शब्द ही अधिक संगत प्रतीत होता है जिसका रिसर्च के पर्यायवाची और समानार्थक शब्द के रूप में आगे विवरण दिया जा रहा है।

यों भी साहित्यिक क्षेत्र में तीन प्रकार से अनुसंधान किया जाता है—(1) तत्त्वपरक अनुसंधान, (2) उपाधिपरक अनुसंधान और (3) स्वतंत्र आलोचना। इनके पृथक्करण और संदेहरहित तथा स्वतंत्र स्वरूप के लिए (जैसाकि लगभग रूढ़ भी हो चला है), हमें मानना चाहिए कि अब उपाधि-निरपेक्ष अनुसंधान को केवल 'अनुसंधान' कहा जाना चाहिए उपाधिपरक अनुसंधान को केवल 'शोध' और स्वतंत्र आलोचना को केवल 'आलोचना'। इस प्रकार अनुसंधान और 'शोध' शब्दों को एक-दूसरे पर नहीं थोपना चाहिए। निष्कर्ष यह कि अनुसंधान और 'शोध' न होकर तत्त्वपरक, उपाधि-निरपेक्ष अनुसंधान ही है। कम-से-कम इन शब्दों के परस्पर प्रयोगगत उलझाव से उतरने के लिए हमें अब इस अंतर को अंतिम रूप से स्वीकार कर लेना चाहिए।

1.8 शोध : अब तक हम 'शोध' शब्द के पर्यायवाची और समानार्थक रूप में प्रयुक्त होनेवाले कई शब्दों का विश्लेषण करने पर इस निष्कर्ष पर पहुँचे हैं कि वे शब्द अर्थ, प्रक्रिया गति, उपलब्धि और उद्देश्य की दृष्टि से 'शोध' व्यंजक या शोध के समकक्ष व्यंजक शब्द नहीं हैं। उन सबका प्रयोग मोटे तौर पर 'शोध' के लिए किया जाता रहा है। दूसरी ओर मोटे तौर पर ही यदि देखें तो पता चलता है कि हम इस दिशा में लिखे गए प्रबंध को केवल 'शोध-प्रबंध' संज्ञा से अभिहित करते हैं, न कि 'अनुसंधान-प्रबंध', 'खोज-प्रबंध', 'गवेषणा-प्रबंध', 'आलोचना या समीक्षा-प्रबंध' अथवा 'अनुशीलन या परिशीलन-प्रबंध' इत्यादि संज्ञाओं में से किसी एक से। प्रबंध के साथ 'शोध' शब्द का प्रयोग इस बात का सूचक है कि शोध शब्द ही उपाधिपरक अनुसंधान के लिए एकमात्र सही शब्द है। यही शब्द क्यों सही है—यह जानने के लिए अब इस शब्द का विश्लेषण कर लेना आवश्यक है।

'शोध' शब्द 'शुध' धातु से 'घञ्' (अ) प्रत्यय द्वारा निष्पन्न होता है, जिसका अर्थ

है–संस्कार या शुद्धि अथवा शोधन-प्रक्रिया। 'मनुस्मृति' में इस शब्द का प्रयोग स्पष्ट करने अथवा संदेह दूर करने के अर्थ में हुआ है–'मिट्टी से (पात्र आदि) शुद्ध होते हैं, नदी वेगवती रहकर ही शुद्ध होती है। स्नानादि से शरीर शुद्ध होता है और मन सत्य से शुद्ध होता है।'[27] स्पष्ट है कि यह मन का संस्कारात्मक शोधन है।

आयुर्वेद में द्रव्यों तथा धातुओं की शुद्धि के लिए 'शोधन' शब्द का प्रयोग हुआ है। अध्ययन-क्षेत्र में अब 'शोध' शब्द का प्रयोग स्वतः ही समाज अथवा जीवन-संबंधी सत्य की खोज और इस खोज में व्यवहार्य वैज्ञानिक कार्यविधि के व्यंजक शब्द के रूप में होता है। सत्य की यह खोज सामाजिक तथ्यों के माध्यम से की जाती है। इन सामाजिक तथ्यों की तुलना हम शोधन से पूर्व के द्रव्यों और धातुओं से कर सकते हैं। जिस प्रकार द्रव्यों और धातुओं के शुद्धीकरण में एक निश्चित वैज्ञानिक प्रक्रिया अपनाई जाती है, उसी प्रकार तथ्यों के शुद्धीकरण में भी एक निश्चित वैज्ञानिक दृष्टिकोण काम करता है। जिस प्रकार विशुद्ध बने द्रव्य और धातुएँ जीवन के लिए उपयोगी होते हैं, ठीक उसी प्रकार सामाजिक तथ्यों के शुद्धीकरणोपरांत उपलब्ध सत्य भी जीवन-सापेक्ष होता है। अस्तु, समस्त प्रक्रिया, कार्यविधि और सिद्ध 'अत' की दृष्टि से शोध शब्द साहित्य क्षेत्रीय अनुसंधान के लिए उपयुक्त शब्द है।

अब शोध की चेतना अथवा उद्देश्य तथा प्रक्रिया एवं स्वरूप को समझ लेने से 'शोध' शब्द का अर्थ और अधिक स्पष्ट हो जाएगा। अंग्रेजी में 'शोध' के लिए 'रिसर्च' शब्द का प्रयोग किया जाता है। शोध पूर्ण कर लेने पर प्राप्त निष्कर्षों की स्थापना को 'थीसिस' की संज्ञा दी जाती है। इस शब्द का प्रयोग हिंदी में और अंग्रेजी में 'शोध-प्रबंध' के लिए भी किया जाता है। 'थीसिस' की परीक्षा पर मिलनेवाली उपाधि को डॉक्टरेट संज्ञा से अभिहित किया जाता है। इसीलिए इस प्रकार के शोध को सोपाधिक शोध कहा जाता है। अब इस क्षेत्र के शोध के स्वरूप को समझने के लिए पहले 'डॉक्टरेट' और 'थीसिस' शब्दों के अर्थ को समझ लेने से सहायता मिलेगी।

किसी विषय पर श्रमपूर्वक तत्त्वाभिनिवेशी अध्ययन करके लिखे गए प्रबंध पर मिलनेवाली उपाधि को पी-एच. डी. उपाधि (डॉक्टर ऑफ फिलॉसफी) की संज्ञा दी जाती है जिसे हिंदी में हम 'दर्शनाचार्य' कहते हैं। दर्शनाचार्य का शाब्दिक अर्थ है–'दर्शन का विशेषज्ञ, ज्ञाता'। व्यापक स्तर पर दर्शनाचार्य का अर्थ हुआ–किसी भी क्षेत्र में शोध करते हुए ऐसी स्थापना की निष्पत्ति करनेवाला जो जीवन-संदर्भ में दार्शनिकता की झलक दे। इसका कारण यह है कि शोध अनिवार्यतः तत्त्वपरक होता है और तत्त्व शब्द दार्शनिक चेतना के क्षेत्र का शब्द है। शोधार्थी की भेदक मनीषा और गहन चिंतन में दार्शनिकता के सूत्र या दार्शनिक परिप्रेक्ष्य का निर्वाह रहता है। भाव यह है कि शोध में शोधार्थी की दृष्टि दार्शनिक की-सी दृष्टि होनी चाहिए।

1.8.1 डॉक्टर–'डॉक्टर' की उपाधि पहले उस व्यक्ति को दी जाती थी जो व्यक्ति धार्मिक विचारों का वहन करते हुए अध्यात्मशास्त्र के क्षेत्र में नई व्याख्याओं के द्वारा नई स्थापनाएँ करके तत्त्वदर्शी प्रमाणित हो जाता था। पाश्चात्य जगत में ऐसे व्यक्ति को यह उपाधि बहुत पहले से मिलती रही है। शेक्सपियर से पहले मार्लो नामक नाटककार एक ऐसे ही व्यक्ति 'डॉक्टर फास्टस' पर एक नाटक लिख चुके थे जबकि डॉक्टर फास्टस एक प्रकार

से तब पौराणिक पात्र के रूप में प्रतिष्ठित हो चुके थे। इससे यह अनुमान लगाया जा सकता है कि यह उपाधि पश्चिमी देशों में बहुत पहले से दी जाती रही है। बाद में शिक्षा के प्रसार और अनेक विद्या-शाखाओं में की गई नई खोजों को ध्यान में रखते हुए तत्त्वपरक शोध करनेवाले किसी भी व्यक्ति को यह उपाधि दी जाने लगी। 'डॉक्टर ऑफ फिलॉसफी' से पूर्व इस उपाधि को 'डॉक्टर ऑफ डिविनिटी' कहा जाता था। हिंदी में इस प्रकार के 'शोध' उपाधि का विकास और प्रचलन अंग्रेजी प्रभाव के अधीन शुरू हुआ। वास्तविकता यह है कि हिंदी साहित्य पर सर्वप्रथम 'डॉक्टर ऑफ डिविनिटी' नामक उपाधि जे. एन. कार्पेटर नामक विद्वान द्वारा लिखे शोध-प्रबंध 'थियोलाजी ऑफ तुलसीदास' (तुलसीदास का धर्मदर्शन) पर मिली। यह उपाधि 1918 में मिली थी। इसके बाद तो देशी-विदेशी विश्वविद्यालयों से अनेक विद्वानों ने पी-एच. डी. और डी. लिट्. उपाधियाँ प्राप्त कीं। अब तक हिंदी में लगभग 4000 व्यक्ति डॉक्टरेट की उपाधि प्राप्त कर चुके हैं और हजार के लगभग अब शोधरत हैं।

डॉक्टरेट शब्द से हमें पता चलता है कि शोध में शोधार्थी की दृष्टि तत्त्वान्वेषी दार्शनिक की-सी होनी चाहिए। इसका अर्थ यह हुआ कि शोध, अध्ययन-मनन एवं लेखन का कोई सामान्य क्षेत्र नहीं है। शोध में समीक्षा, आलोचना और अन्वेषण की तुलना में अधिक गंभीरता का होना अनिवार्य है, बल्कि ये सभी शोध में आनुषंगिक रूप में रह सकते हैं; उसके पर्याय नहीं हो सकते।

'डॉक्टर' शब्द के प्रारंभिक प्रयोग से लेकर अद्यतन अर्थ को देख लेने से शोध- चेतना का और अधिक स्पष्ट रूप में पता चल सकेगा। 'वेब्स्टर थर्ड न्यू इंटरनेशनल डिक्शनरी ऑफ दि इंगलिश लैंग्वेज' में ये अर्थ इस प्रकार दिए गए हैं।[28]

डॉक्टर—1. एक ऐसा धार्मिक विद्वान जो आध्यात्मिक शिक्षा और वैयक्तिक पवित्रता के लिए सुप्रसिद्ध है और संस्थापित धर्मनीति का विस्तारक और समर्थक हो।

2. एक ऐसा व्यक्ति जो अपने पांडित्य और ज्ञान के कारण साधिकार किसी विषय अथवा ज्ञान-क्षेत्र के शिक्षण अथवा विस्तारण में सक्षम हो।
3. एक ऐसा व्यक्ति जिसने किसी विशिष्ट क्षेत्र में कई वर्षों की साधना द्वारा अध्ययन करके मान्य लघु शोधबंध लेखन द्वारा तथा कई श्रमसाध्य परीक्षाएँ उत्तीर्ण करके किसी विश्वविद्यालय द्वारा उच्चतम शैक्षणिक उपाधियों में से एक (यथा पी-एच. डी.) अर्जित की हो।
4. एक ऐसा व्यक्ति जिसे किसी कॉलिज अथवा विश्वविद्यालय के द्वारा मानद डॉक्टरेट (यथा एल.एल.डी. या डी.लिट्.) प्रदान की गई हो।

1.8.2 शोध-प्रबंध (थीसिस)—अब इसी प्रकार 'शोध-प्रबंध' (थीसिस) के अर्थ की जानकारी भी 'शोध' के अर्थ को समझने में सहायक होगी, जो इस प्रकार है—

1. एक ऐसी स्थापना जिसे विशेषकर आक्षेपों से मुक्त स्तर पर प्रमाणित करने हेतु प्रस्तुत किया गया हो। (रेंडम हाउस डिक्शनरी)
2. मान्यताप्राप्ति हेतु प्रस्तुत की गई स्थापना अथवा ऐसा प्रबंध जो विशेषकर किसी प्रत्याशी द्वारा उपाधि हेतु प्रस्तुत किया गया हो। (ऑक्सफोर्ड डिक्शनरी)
3. एक ऐसी स्थापना, जिसे कोई व्यक्ति (शैक्षणिक सम्मान हेतु) प्रस्तुत करता है

या प्रमाणित करता है अथवा तर्क द्वारा प्रमाणित करता है।

(वेब्स्टर्स थर्ड न्यू डिक्शनरी)

इन कोशगत अर्थों के आधार पर 'थीसिस' शब्द को यदि शोध के परिप्रेक्ष्य में देखा जाए तो उसका अर्थ होगा–शोधार्थी की मौलिक 'स्थापना' अथवा 'मान्यता' जो तर्कसंगत आधार पर दार्शनिक दृष्टि से अनुस्यूत हो। थीसिस शोधार्थी की वह दृष्टि है जो विषय-विशेष में तथ्यों के आकलन, विश्लेषण और संश्लेषण के उपरांत निष्कर्ष रूप में प्रतिष्ठित की गई हो। चूँकि यह स्थापना विषय के व्यापक प्रतिपादन के बाद निष्कर्ष रूप में उपलब्ध होती है, इसलिए प्रतिपादित सामग्री के संग्रह (प्रबंध) को भी 'थीसिस' ही कह दिया जाता है। इससे यही पता चलता है कि शोध में निश्चय ही तत्त्वपरक, सार्थक और मौलिक देन का होना जरूरी है। थीसिस के इस अर्थ को समझ लेने से 'शोध' शब्द का उसके अन्य पर्यायवाची रूप में प्रयुक्त होनेवाले शब्दों से अंतर स्पष्ट हो जाता है।

अब 'शोध' और 'रिसर्च' शब्दों के अर्थ को समझ लेने से शोध का स्वरूप पूर्णतया स्पष्ट हो जाएगा। हमारे यहाँ इस शब्द का प्रयोग निर्मल, निश्शंक होने[29], प्रमाणीकृत एवं दोष निवारण करने[30], अन्वेषण[31], विचारणा[32] एवं सूक्ष्म छानबीनवाली अवधारणा[33] के अर्थों में होता रहा है। इन अर्थों में वह शब्द आधुनिक शोध की चेतना का स्पष्ट आभास देता है जोकि 'रिसर्च' में निहित है। अंतर केवल इतना है कि प्राचीन काल में भारत में शोध का स्वरूप और निर्वाह आज की भाँति नहीं होता। लेकिन विद्वान लोग शोध में निहित दार्शनिक एवं तत्त्वपरक दृष्टि से अवगत थे।

पहले संकेत दिया जा चुका है कि यहाँ वर्तमान रूप में शोध का विकास अंग्रेजी शब्द 'रिसर्च' और उसके आयामों की अनुरूपता में हुआ है। 'रिसर्च' शब्द अनासक्त एवं वस्तुपरक वैज्ञानिक अध्ययन-निष्ठा का सूचक है। इस शब्द में 'रि' उपसर्ग 'पुनः प्रवृत्त' होने के भाव का व्यंजक है। पुनः प्रवृत्ति शोध-कार्य की अखंडता, अनंतता एवं सातत्य की सूचक है, ठीक उसी प्रकार जिस प्रकार काव्यशास्त्र में बहुत पहले 'पुनः-पुनः अनुसंधानात्मा' को सही निष्कर्षों के लिए अनिवार्य माना गया था। 'रिसर्च' में अज्ञात की पुनः-पुनः खोज और ज्ञात एवं खोजी हुई सामग्री का तर्कसंगत पुनर्विवेचन एवं पुनर्मूल्यांकन अभीष्ट रहता है। इस प्रकार रिसर्च में खोजे हुए तथ्यों के पर्यालोचन तथा पुनराख्यान के साथ-साथ नए तथ्यों की खोज और उनके द्वारा नए सत्य की स्थापना का भाव निहित है। इसी बात को आचार्य हजारीप्रसाद द्विवेदी के शब्दों में हम यों समझ सकते हैं, "स्थूल अर्थों में वह (रिसर्च) नवीन और विस्मृत तत्त्वों का अनुसंधान है जिसको अंग्रेजी में 'डिस्कवरी ऑफ फैक्ट्स' कहते हैं। और 'सूक्ष्म' अर्थ में वह ज्ञात साहित्य के पुनर्मूल्यांकन और नई व्याख्याओं का सूचक है।"[34]

शोध की इन्हीं अपेक्षाओं को ध्यान में रखते हुए शोध-विषयक नियमावली में विभिन्न विश्वविद्यालयों में शोधार्थी के लिए तथ्यों की खोज, 'तथ्यों की नवीन व्याख्या', 'आलोचनात्मक क्षमता' और 'मौलिक स्थापना' इत्यादि को अनिवार्य माना गया है। विभिन्न विश्वविद्यालयों की नियमावली में ये अपेक्षाएँ सार-रूप में इस प्रकार मिलती हैं; जिन्हें समझने पर शोध का मर्म स्वतः उद्घाटित हो जाता है[35] :

1. यह शोधकृति का अंश हो।
2. इसमें नए तथ्यों का उद्घाटन और तथ्यों तथा सिद्धांतों की व्याख्या के लिए नई

दृष्टि स्पष्ट दिखाई पड़नी चाहिए।

3. इससे शोधार्थी की समालोचनात्मक दृष्टि और मूल्यांकन की क्षमता प्रकट होनी चाहिए।
4. साहित्यिक प्रस्तुतीकरण की दृष्टि से इसे संतोषजनक होना चाहिए।
5. शोधार्थी को यह संकेतित करना चाहिए कि उसके प्रबंध में उसके अपने शोध और दृष्टि के निर्णय कहाँ तक अनुस्यूत हैं और उसका शोध, शोध-विषय की दिशा में अध्ययन के लिए उसकी दृष्टि में किन संभावनाओं को प्रकट करता है।

विश्वविद्यालयीय नियमावली की इन सारभूत शर्तों की परीक्षा करने से शोध-चेतना पूर्णतया उद्‌घाटित हो जाती है। वास्तव में ये नियम 'शोध क्या है' और 'क्या होना चाहिए'—को ही ध्यान में रखकर बनाए गए हैं। शोध क्या है ? मोटे तौर पर उत्तर होगा—'ज्ञान का विस्तार।' और शोध में 'क्या होना चाहिए' इसका उत्तर होगा—'ज्ञान- सीमा' का विस्तार होना चाहिए। अब प्रश्न होगा, ज्ञान क्या है ? ज्ञान सार्थक जीवन की समझ का नाम है। इस प्रकार ज्ञान-विस्तार का अर्थ होगा—सार्थक जीवन की इस समझ का समय-समय पर पुनर्मूल्यांकन, नवीनीकरण और इसमें कुछ नया जोड़ना। इस समस्त कार्य-व्यापार का नाम है 'शोध'। सार्थक जीवन की समझ कोई सामान्य समझ नहीं होती। इसीलिए इसे तात्त्विक या दार्शनिक समझ या चेतना की संज्ञा दी जाती है और इसीलिए शोधार्थी में तात्त्विक या दार्शनिक समझ का होना अनिवार्य माना जाता है। इसी समझ के सहारे वह नए तथ्यों का उद्‌घाटन (डिस्कवरी ऑफ न्यू फैक्ट्स) कर सकता है तथा ज्ञात या स्वीकृत सिद्धांतों की कोई नई व्याख्या कर सकता है। इस खोज और नई व्याख्या से निष्कर्ष रूप में प्राप्त उसकी 'स्थापना' ही उसकी मौलिकता कहलाती है। रिसर्च स्वयं में बहुत व्यापक शब्द है और शोधार्थी चूँकि एक विषय-विशेष में शोध करके ज्ञान के एक पहलू-विशेष को समृद्ध बनाता है इसीलिए उसकी रिसर्च को 'पीस ऑफ रिसर्च' कहा जाता है। इसमें तथ्यों का उद्‌घाटन या सिद्धांतों का पुनराख्यान अत्यंत तर्कसंगत एवं सुष्ठु होना चाहिए। इसीलिए शोधार्थी में समालोचनात्मक प्रतिभा और साहित्यिक शैली में प्रतिपादन करने की क्षमता होनी चाहिए।

1.8.3 रिसर्च—अब अंग्रेजी शब्द 'रिसर्च' के कोशगत अर्थ को भी शोध के स्वरूप के स्पष्टीकरण हेतु देख लेना आवश्यक है, जो इस प्रकार है :

1. सावधानीपूर्वक अथवा श्रमसाध्य अन्वेषण : एक गहन खोज।
2. ऐसी अध्ययनगत खोज या मूल्यांकन, जो विशेषकर समीक्षात्मक और व्यापक अनुसंधान अथवा प्रयोग पर आश्रित हो, जिसका उद्‌देश्य नए तथ्यों का उद्‌घाटन और उनकी सही व्याख्या करना हो तथा मान्य निष्कर्षों, सिद्धांतों एवं नियमों का पुनरुद्धार करना हो।
3. शोध-विशेष से प्राप्त निष्कर्षों से संयुत प्रस्तुतीकरण (जो एक लेख अथवा पुस्तक के रूप में हो)।

1.9 परिपृच्छा-सिद्धांत—यदि रिसर्च की इन परिभाषाओं की व्याख्या की जाए तो 'शोध' के संबंध में वही तत्त्व हाथ लगेंगे जिनका विवेचन पीछे किया जा चुका है। इन्हीं तत्त्वों को ध्यान में रखते हुए जॉन ड्युई ने अपने 'परिपृच्छा-सिद्धांत' (थ्यौरी ऑफ इन्क्वायरी) की शोध परिप्रेक्ष्य में स्थापना की है। शोध के मूल में परिपृच्छा का भाव रहता है जिसके अधीन

प्रारंभिक खोजबीन का काम किया जाता है। इसके अनंतर 'इन्क्वायरी' के क्षेत्र में नए तथ्यों की खोज, गहन अध्ययन एवं नए-नए प्रश्नों के माध्यम से स्पष्टीकरण इत्यादि 'इन्वेस्टिगेशन' के अंतर्गत आते हैं जिसे ड्यूई 'इन्क्वायरी ऑफ इंटेलिजेंस' की संज्ञा देता है।

ड्यूई के अनुसार परिपृच्छा (इन्क्वायरी) वह जिज्ञासा है जो किसी अनिश्चित स्थिति या समस्या से उत्पन्न होती है। इसके पश्चात् उस समस्या की कई विकल्पों और अनुमानों में से गुजरते हुए, स्थापनागत परिकल्पना (हाइपोथेटिकल थीसिस) का रूप निश्चित किया जाता है। परिकल्पना के निर्धारण के पूर्व की समस्त प्रक्रिया को ड्यूई ने 'रीजनिंग आर एग्जामिनेशन ऑफ हाइपोथीसिस' की संज्ञा दी है। इस परिकल्पना (हाइपोथीसिस) का ही दूसरा नाम 'प्रोपोजीशन' है। परिकल्पना के निर्धारण में ड्यूइ के अनुसार संगति, सामर्थ्य एवं लाघव (रेलेवेंसी, एफिसियंसी, इकोनमी) के गुणों का होना आवश्यक है। इस परिपृच्छा के द्वारा ही शोधार्थी अपनी मूल समस्या को सही-सही समझ सकता है। समस्या के निश्चय के बाद शोधार्थी अपनी परिकल्पना को स्थापना में बदलने के लिए अनुमान के आधार पर आगे बढ़ता है, लेकिन यह अनुमान ग्रंथों की ख़ोज तक ही सीमित रहता है। इसके पश्चात् तथ्याकलन, विश्लेषण और संश्लेषण में उसे पुनः परिपृच्छा-सिद्धांत का ही सहारा लेना पड़ता है। इस प्रकार 'इन्क्वायरी' रिसर्च के लिए एक महत्त्वपूर्ण आधार है। वह शोधार्थी की दार्शनिक चेतना की जिज्ञासावृत्ति है। इसी वृत्ति के द्वारा शोधार्थी शोध के सभी हेतुओं का अर्थ समझकर सही अर्थों में शोध कर सकता है।

इस प्रकार शोध के लिए अपेक्षित दार्शनिक चेतना अथवा अंतर्दृष्टि को बनाए रखने में सूक्ष्म प्रतिभा वैज्ञानिक दृष्टि के साथ-साथ बाह्य रूप में भी शोध को एक निश्चित वैज्ञानिक कार्यविधि में बँधकर चलना होता है। लेकिन जो शोधार्थी, शोध के लिए अपेक्षित अंतर्दृष्टि से शून्य होकर केवल बाह्य वैज्ञानिक तकनीक का पालन कर लेने को शोध मानते हैं, वे वास्तव में शोध के अर्थ से अनभिज्ञ ही कहे जाएँगे। 'एन्साइक्लोपीडिया ब्रिटैनिका' में इस संबंध में अत्यंत सुंदर टिप्पणी की गई है जो इस प्रकार है :

> ...यदि कोई यह समझे कि वैज्ञानिक पद्धति एक ऐसा नियम या नियम-समूह है जिसका अनुसरण करते हुए एक साधारण बुद्धि-मानव यथा-इच्छा प्रकृति के क्षेत्र में शोध कर सकता है तो हमें मानना होगा कि वैज्ञानिक पद्धति होती ही नहीं। क्योंकि वैज्ञानिक शोध के लिए सर्वाधिक महत्त्वपूर्ण बात एक ऐसे सिद्धांत की परिकल्पना है जो परीक्षा में पूर्ण उतर सके। इसे (परिकल्पना को) नियमबद्ध नहीं किया जा सकता है।[36]

यह टिप्पणी भौतिक विज्ञान क्षेत्र के शोध के संबंध में की गई है। सहज अनुमान लगाया जा सकता है कि साहित्यिक शोध के क्षेत्र में वैज्ञानिक पद्धति को प्रमुख और शोध की अंतर्दृष्टि को गौण मानने पर शोध कैसे हो सकता है ?

जो लोग शोध को साहित्यिक चोरी मानते हुए यह नारा लगाते हैं, 'साहित्यिक चोरी एक लेखक की रचना को अपनाना है तो शोध अनेक लेखकों की रचनाओं का', ऐसे ही लोग शोध को गोंद-कैंची का कार्य मानते हैं, वे कभी भी शोध का अर्थ नहीं जान सकते। कुछ लोग शोध को व्यवसाय मानते हैं। वस्तुतः शोध कोई व्यवसाय नहीं है। वह तो मानव-जीवन को समृद्ध और सुंदर बनाने की दिशा में किया गया एक महत् कार्य होता है।

संदर्भ

1. शाकुंतल, 1.23
2. प्रश्नोपनिषत्, 1
3. मैत्रायणी, 6.8
4. उत्तररामचरित, 2.3
5. शाकुंतल, 1.23
6. कुमारसंभव, 5.45
7. 1. 132.3
8. 7.205
9. 5.20 तथा 20.12.3
10. 'गवेषमाणं महिषीकुलं जलं।' ऋतुसंहार, 1.21
11. 'सखि किमर्थ गवेषणया गिरं किरति सेयमनर्थमयीं मयि', 4.107
12. अमरकोश, 27.32
13. दे. वाचस्पत्यम् संस्कृतकोश
14. 16.28
15. 36.18
16. 11.28
17. 1.15
18. मेघदूत, 78
19. सांख्यकारिका, 28
20. 2.854
21. 2.861
22. 44.2
23. मनुस्मृति, 12.106
24. 'पुरावृत्तकथानुसन्धेया', कुमारसंभव, 121
25. अनुसंधान का विवेचन, पृ. 13
26. वही।
27. 'मृत्तोयैः शुध्यते शोध्यं नदी वेगेन शुध्यति
    अद्भिर्गात्राणि शुध्यन्ति मनः सत्येन शुध्यति।।' 5.108-9
28. वेब्स्टर्स थर्ड न्यू इंटरनेशनल डिक्शनरी ऑफ दि इंगलिश लैंग्वेज, 1966, पृ. 666
29. 'अद्भिर्गात्राणि शुध्यन्ति मनः सत्येन शुध्यति।'—मनुस्मृति, 5/108
30. 'तिखितषत्रादेः प्रमाणीकरणम्। लेख्यशोंधनमाह कात्यायनः'—'वाल्मीकि रामायण,' 795.6
31. 'मंदिर-मंदिर प्रति करि सोधा।' रामचरितमानस, 5/5/3
32. 'सोधि स्मृति सब वेद पुराना।' वही, 2.1703
33. 'तात धरम मतु तुम्ह सब सोधा।'—वही, 2/95/1
34. डॉ. हजारीप्रसाद द्विवेदी : 'शोध सामग्री' 'अनुसंधान की प्रक्रिया', संपा. सावित्री सिन्हा, विजयेंद्र स्नातक, पृ. 86
35. 'वेब्स्टर्स थर्ड न्यू इंटरनेशनल डिक्शनरी ऑफ दि इंगलिश लैंग्वेज', 1966 पृ. 1930
36. साइंटिफिक मैथड, पृ. 128

शोध : विभिन्न पद्धतियाँ

2.0 सामान्य परिचय–प्रत्येक भाषा में दो स्तरों पर शोध होता रहा है–(1) भाषा के क्षेत्र में भाषाविज्ञान और पाठनानुसंधान की दृष्टि से शोध किया जाता है, और (2) भाषा-विशेष में लिखित साहित्य के क्षेत्र में। हिंदी में इन दोनों ही स्तरों पर शोध होता रहा है और हो रहा है। इनमें भाषा के क्षेत्र में, हिंदी में अभी शोध के लिए पर्याप्त क्षेत्र पड़ा है क्योंकि उपभाषाओं और बोलियों की दृष्टि से हिंदी अत्यंत समृद्ध भाषा है। हिंदी में भाषा के क्षेत्र में पर्याप्त शोध न हो सकने का कारण हमारे शोध-साधनों की सीमितता है। भाषाविज्ञान के क्षेत्र में पाश्चात्य जगत में बहुत-सी नई प्रणालियों एवं अत्याधुनिक यांत्रिकी का विकास हुआ है जिसके प्रयोग के लिए वहाँ कुशल शोध-निर्देशक पहले शोधार्थियों को प्रशिक्षण देते हैं। हमारे यहाँ इस दिशा में अब विकास किया जा रहा है जिससे शोध की संभावनाएँ बढ़ी हैं।

दोनों ही क्षेत्रों में कई शोध-पद्धतियाँ अपनाई जाती हैं जिनका संक्षिप्त परिचय यहाँ प्रस्तुत है। शोधार्थी अपने विषय की अनुरूपता में स्वयं यह निर्णय कर सकता है कि उसके लिए कौन-सी पद्धति उपयुक्त होगी।

2.1 सर्वेक्षण पद्धति–इस पद्धति का अनुसरण, साहित्य के किसी कालखंड, अंग, विधा, आंदोलन अथवा प्रवृत्ति का क्रमबद्ध विवरण उपस्थित करने में किया जाता है। यह पद्धति शोध के लिए सूक्ष्म एवं गहन अध्ययन की पृष्ठभूमि तैयार करती है।

2.2 आलोचनात्मक पद्धति–सर्वेक्षण पद्धति की तुलना में यह पद्धति अधिक गंभीर है। वास्तव में जिसे शोध की दार्शनिक चेतना कहा जाता है, वह इसी पद्धति के द्वारा उद्घाटित होती है। आलोचनात्मक शब्द से यह भ्रम नहीं होना चाहिए कि इस पद्धति के अंतर्गत शोध में शोधार्थी के लिए आत्मपरकता की छूट है। शोधार्थी को चलना तो विषय से वस्तुनिष्ठ रूप में बँधकर ही होता है, लेकिन निष्कर्षों को आलोचनात्मक (तर्कसंगत) रूप में प्रस्तुत करना होता है। इस पद्धति के अधीन अध्ययन के कई प्रकार हो सकते हैं, जैसे–

2.2.1 काव्यशास्त्रीय पद्धति–इसमें रचना के काव्य-पक्ष के विविध अंगों में काव्य- रूप, अभिव्यंजना-शिल्प, भाषा-शैली, भावतत्त्व तथा प्रभाव इत्यादि का प्रामाणिक विवेचन रहता है।

2.2.2 समाजशास्त्रीय अध्ययन पद्धति–इसमें साहित्य का सामाजिक तत्त्वों, सामाजिक परिवेश के साथ नैतिक और दार्शनिक तत्त्वों का अध्ययन रहता है। व्यापक रूप में इसे ऐतिहासिक पद्धति भी कहा जाता है।

2.2.3 भाषावैज्ञानिक, शैलीवैज्ञानिक पद्धतियाँ–ये दोनों पद्धतियाँ एक प्रकार से शास्त्रीय पद्धतियाँ हैं। इन शैलियों के अधीन भाषा और शैली की संरचना का अध्ययन एवं विश्लेषण किया जाता है। इनमें से शैलीगत अध्ययन को काव्यशास्त्रीय और भाषावैज्ञानिक अध्ययन के मध्यवर्ती रूप में स्थान दिया जा सकता है।

2.2.4 मनोवैज्ञानिक पद्धति–इस पद्धति में रचनाकार और रचनागत पात्रों की अंतर्चेतना का मनोवैज्ञानिक अध्ययन किया जाता है। इस पद्धति में रचना को चैतन्य मानकर चला जाता

है। यह रचनागत चैतन्य व्यक्ति और समाज के अंतर्संबंधों और प्रभावों की दृष्टि से ही माना जाता है।

2.3 समस्यामूलक पद्धति–इस प्रकार के शोध में शोधार्थी की दृष्टि का लक्ष्य साहित्य का सांगोपांग अध्ययन न होकर समस्या-विशेष की दृष्टि से शोध करना होता है। इसलिए इस प्रकार के शोध में केंद्रीकरण की प्रवृत्ति अधिक रहती है। शोधार्थी किसी मौलिक समस्या से बँधकर शोध में प्रवृत्त होता है।

2.4 तुलनात्मक पद्धति–इसमें एक ही भाषा अथवा दो या अधिक भिन्न भाषाओं के समान कवियों, कृतियों अथवा प्रवृत्तियों का सत्र और विषम तत्त्वों की दृष्टि से अध्ययन किया जाता है।

2.5 वर्गीय अध्ययन पद्धति–इसमें शोधार्थी के शोध का क्षेत्र कवि, लेखक या विषय-विशेष न होकर बल्कि उनका वर्ग-विशेष होता है क्योंकि कई बार लेखक अपनी मौलिकता को रखते हुए भी वर्ग-विशेष के रूप में साहित्य-साधना करते हैं। ऐसे वर्गीय साहित्यकार किन्हीं एक समान सिद्धांतों या लक्ष्य को लेकर चलते हैं। ऐसे वर्गीय साहित्यकारों में हम 'लेक पोयट्स', 'सप्तकीय कवि' इत्यादि को गिन सकते हैं। आंदोलन-विशेष के कवि भी, इसमें ही गिने जाएँगे जैसे 'मार्क्सवादी लेखक या कवि', 'छायावादी कवि' इत्यादि।

2.6 क्षेत्रीय अध्ययन पद्धति–इसमें किसी क्षेत्र-विशेष के साहित्यकारों की रचनाओं के माध्यम से उनकी सामान्य साहित्यिक प्रवृत्तियों का उद्‌घाटन किया जाता है। एक विशेष परिवेश के संदर्भ में भी साहित्य का क्षेत्रीय अध्ययन इसी पद्धति के अंतर्गत आता है। हिंदी में 'राजस्थानी', 'बुंदेली', 'हरियाणवी', 'छत्तीसगढ़ी' इत्यादि बोलियों के 'लोकगीतों', 'वीरगीतों' पर किए गए शोध इसके उदाहरण हैं।

2.7 आगमन-निगमन पद्धतियाँ–ये पद्धतियाँ उपर्युक्त प्रकारों की तरह की पद्धतियाँ नहीं हैं। ये तो अध्ययन के सभी प्रकारों में दृष्टि (अप्रोच) रूप में विद्यमान रहती हैं। शास्त्रीय अध्ययन इन दोनों पद्धतियों से हो सकता है, लेकिन शोध में सामान्यतः निगमनात्मक पद्धति ही अपनाई जाती है।

शोध के प्रकार

3.0 लोकतात्त्विक शोध–लोकतात्त्विक शोध से अभिप्राय ऐसे साहित्य के शोध से है जो लोकतत्त्व से अनुप्राणित रहता है। इस प्रकार के साहित्य को हम दो भागों में बाँट सकते हैं–(1) ऐसे साहित्य का संकलन और शोध जो लोकक्षेत्र में मौखिक रूप में सुरक्षित रहता है और (2) अन्य लिखित साहित्य में निहित लोकतत्त्व का उद्घाटन और अध्ययन। ऐसे साहित्य को हम लोकवार्ता कह सकते हैं।

उपर्युक्त दोनों प्रकार के साहित्य में से प्रथम के अंतर्गत क्षेत्रीय अनुसंधान द्वारा सामग्री एकत्रित करके उस पर शोध किया जाता है। उदाहरण के लिए हम 'हरियाणवी', 'कश्मीरी', 'भोजपुरी', 'गढ़वाली' इत्यादि की लोकोक्तियों-मुहावरों या लोकसाहित्य के संकलन और शोध को ले सकते हैं। दूसरे प्रकार के अंतर्गत लोकवार्ता के रूप में उपलब्ध साहित्य का लोकतत्त्व, स्वरूप, प्रवृत्ति इत्यादि की दृष्टि से शोध किया जाता है। दोनों ही स्थितियों में शोधार्थी को लोकतत्त्व से अवगत होना चाहिए। इन दोनों प्रकारों में से जैसाकि पहले बताया जा चुका है, प्रथम प्रकार का साहित्य पूर्णतया 'मुखस्थ या कंठस्थ' होता है। दूसरे प्रकार के लोकसाहित्य में 'लोकवार्ता' के अंतर्गत हम 'लोकमानस' की सभी संभावित अभिव्यक्ति विधाओं को परिगणित कर सकते हैं, यथा :

1. लोककथाएँ	:	पंचतंत्र, हितोपदेश आदि।
2. लोकगीत	:	ये मौखिक रहते हैं, लेकिन एक बार संकलित किए जाने पर लोकवार्ता का अंग बन जाते हैं।
3. लोकनाट्य	:	स्वाँग, रास इत्यादि।
4. पहेली (बुझावल)	:	मंच, लोकचित्र, लोकक्रीड़ाएँ, लोकरीतियाँ, जादू-टोना इत्यादि।
5. लोकोक्तियाँ-मुहावरे	:	ये भी मौखिक रहते हैं, परंतु संकलनोपरांत लोकवार्ता में गिने जाते हैं।

लोकतात्त्विक शोध के उद्देश्य और प्रक्रिया को जानने से पूर्व 'लोक' शब्द के अर्थ और उसमें निहित ध्वनि को समझ लेना आवश्यक है।

3.1 लोक–लोक से अभिप्राय विशिष्ट वर्गों और व्यक्तियों से इतर जनों की उस सामूहिक चेतना और संस्कृति से है, जिसे सामूहिक मानस युग-युगों से चली आती परंपराओं के रूप में सँजोता और विकसित करता है, और जिसमें उस समाज की आदिम चेतना के अवशेष लगातार सक्रिय रहते हैं, लोकसाहित्य में व्यक्तित्व का अहं चैतन्य नहीं होता। इस प्रकार इस आदिम तत्त्व से युक्त लोकमानस की जो भी अभिव्यक्ति हो सकती है वही लोकतत्त्व है। यह अलिखित एवं परंपरा से प्राप्त मौखिक अभिव्यक्ति का आधार होता है।

3.1.1 लोकमानस–मनुष्य की प्रत्येक अभिव्यक्ति उसके मानस और मानसिकता से ही उद्भूत होती है, फलतः साहित्य भी। इस मानस को अभी तक 'चेतन' मानस ही समझा जाता था। फ्रायड और बाद में युंग जैसे मनोवैज्ञानिकों ने 'मनोविश्लेषण' और 'विश्लेषणात्मक मनोविज्ञान' की स्थापना की। इस प्रकार मानस के 'चेतन' से इतर 'अवचेतन' स्वरूप का

भी पता चला। अवचेतन से भी आगे सामूहिक अवचेतन (कलेक्टिव कांशसनेस) का भी पता लगाया गया। इसी सामूहिक अवचेतन से ही आदिम अवशेष और सार्वभौमिकता के संबंध को जुड़ा पाया गया। अतः सामूहिक अवचेतन में आदिम अवशेषों की सार्वभौमिकता होने के कारण, इससे लोकमानस की निर्मिति का पता चला। यह मानस का गहनतम अवचेतन रूप होता है। इसकी अभिव्यक्ति लोकमानस की अभिव्यक्ति होती है। ऐसी अभिव्यक्ति में लोकतत्त्व सन्निहित रहता है। यह लोकतत्त्व लोकमानस की किसी भी अभिव्यक्ति के गहन स्तरीय शोध द्वारा उद्घाटित किया जा सकता है। अस्तु, लोकतात्त्विक शोध की अनिवार्यता स्वतः सिद्ध है।

3.1.2 लोकसाहित्य और परिनिष्ठित-साहित्य में अंतर–लोकसाहित्य सामूहिक अवचेतन से उद्भूत होता है जिसमें अहं-चैतन्य का स्थान नहीं होता। अहं-चैतन्यजन्य साहित्य को 'परिनिष्ठित-साहित्य' कहा जाता है। यह सर्वमान्य है कि कवि में अहं-चैतन्य अपनी परिपूर्णता में रहता है। अतः उसके समग्र अहं-चैतन्य से उद्भूत साहित्य परिनिष्ठित-साहित्य कहलाएगा क्योंकि लोकसाहित्य में अहं-चैतन्य नहीं होता। अहं-चैतन्य से उत्पन्न होने के कारण ही परिनिष्ठित-साहित्य के कृतिकार के साथ कर्ता का नाम और व्यक्तित्व जुड़े रहते हैं। इसके विपरीत सामूहिक अवचेतन से उत्पन्न लोकसाहित्य के साथ किसी व्यक्ति-विशेष का नाम और व्यक्तित्व जुड़े नहीं रहते। इस प्रकार हम यह कह सकते हैं कि जितनी मात्रा में अहं-चैतन्य कम होता जाता है उतनी ही मात्रा में लोकमानस उभरने लगता है। चैतन्य-मानस उतना सहज नहीं होता जितना कि लोकमानस। इसलिए लोकसाहित्य परिनिष्ठित-साहित्य की तुलना में अधिक सहज, स्वच्छंद अभिव्यक्ति होता है। परिनिष्ठित-साहित्य उस पूर्ण अहं-चैतन्य मन की अभिव्यक्ति होता है जो कुलीन और विशिष्ट बन जाने के कारण प्रांजल-शैली और परिनिष्ठित-भाषा का प्रयोग करता है। परिनिष्ठित-साहित्य विशिष्ट संस्कृत मन की आत्म-अभिव्यक्ति होता है। व्यक्ति-चेतना का सर्वोत्कृष्ट प्रकाशन होने के कारण, परिनिष्ठित-साहित्य के साहित्यकार की शैली भी अपनी निजी होती है।

3.1.3 लोकसाहित्य और परिनिष्ठित-साहित्य में संबंध–उपर्युक्त विवेचन से ऐसा प्रतीत होता है कि लोकसाहित्य और परिनिष्ठित-साहित्य में कहीं दूर का भी संबंध नहीं है। प्रायः ऐसा माना भी जाता रहा है। लेकिन दोनों में धरातलगत अंतर होते हुए भी ये दोनों सर्वथा भिन्न नहीं हैं। साहित्य में 'प्रतीक' की मनोविश्लेषणात्मक व्याख्या के संदर्भ में नई मनोवैज्ञानिक धारणाएँ सामने आईं। मलार्मे ने यह सिद्ध कर दिया कि पूर्ण अहं-चैतन्य की स्थिति में भी लोकमानस सामूहिक अवचेतन की पृष्ठभूमि के साथ विद्यमान रहता है और इसका पूर्ण अहं-चैतन्य से संपर्क रहता है। इस लोकतत्त्व की पहचान परिनिष्ठित-साहित्य में प्राप्त उस 'मिथकीय-तत्त्व' में होती है जिसमें भाषा का रूप अर्ध-विस्मृत (हाफ फार्गटिन) तथा अर्ध-जीवंत (हाफ लिविंग) दिखाई पड़ता है। वास्तव में मनुष्य में आदिम-भाषा के अवशेष के रहने और उसके परिनिष्ठित अभिव्यक्ति में दिखाई पड़ने से ही 'मिथ' का अस्तित्व खोजा गया है। इस प्रकार परिनिष्ठित-साहित्य में भी लोकतत्त्व किसी-न-किसी रूप में रहता ही है। यह लोकतत्त्व परिनिष्ठित-साहित्य को जीवन-शक्ति प्रदान करता है। 'सूर' और 'जायसी' के साहित्य की जीवंतता का आधार कदाचित् यह लोकतत्त्व ही है। अस्तु, निष्कर्ष यही निकलता है कि परिनिष्ठित- साहित्य के कलाकार को लोकजीवन से किसी-न-किसी स्तर पर जुड़े रहना

चाहिए। ऐसा न होने पर कवि की अभिव्यक्ति में नैसर्गिकता का अभाव स्पष्ट दिखाई पड़ने लगता है, जैसे–'केशव' की कविता इसीलिए आलोचना का शिकार बनी हुई है।

अब हम यह कह सकते हैं कि लोकतात्त्विक शोध का क्षेत्र केवल लोकसाहित्य तक ही सीमित नहीं है बल्कि वह परिनिष्ठित-साहित्य तक प्रसृत है।

3.1.4 शोध-प्रक्रिया और क्षेत्र–लोकतात्त्विक शोध की प्रक्रिया सामान्य शोध जैसी ही होती है। यह शोध अंतर्विद्यावर्ती, सांस्कृतिक अथवा अन्य किसी भी दृष्टि से किया जा सकता है। यह शोध किसी भी दृष्टि से क्यों न किया जाए, तात्त्विक उपलब्धि के लिए इसमें 'शब्द' या 'भाषा के स्वरूप' को अनिवार्यतः समझना होता है। काव्य में गणों का निर्माण वर्ण और मात्रायोग से होता है जिन्हें शुभ और अशुभ भी माना जाता है। इनमें कुछ का प्रयोग कविता के आरंभ में निषिद्ध है। देवी-देवताओं के नाम भी शब्द ही हैं जिनसे लोकमानस गहन स्तर पर संपृक्त रहता है। भाषाविज्ञान की दृष्टि से भाषा कभी मृत नहीं हो सकती। इससे सिद्ध होता है कि भाषा केवल रूपांतरित होती है और इस रूपांतरण में पारंपरिक लोकमानस की छाया अनवरत रूप में बनी रहती है। इसी रूप में परिनिष्ठित-साहित्य में मिथ-तत्त्व उभरकर आता है। भक्तिपरक साहित्य में लोकतात्त्विकता का यह स्वर अधिक मुखर होता है। इस पर लोकसाहित्यिक शोध में जहाँ-जहाँ भी सांस्कृतिक पक्ष पर शोध किया जाएगा या अन्य दृष्टियों से शोध में जहाँ भी परंपरा और संस्कृति की छाया दिखाई पड़ेगी वहाँ पर लोकतत्त्व का विश्लेषण अनिवार्यतः करना पड़ेगा। शेष प्रक्रिया, जैसाकि बताया जा चुका है, सामान्य शोध जैसी ही रहेगी।

3.1.5 क्षेत्रीय कठिनाइयाँ–लोकतात्त्विक शोध का क्षेत्र विशुद्ध लोकसाहित्य और परिनिष्ठित-साहित्य–दोनों तक परिव्याप्त है।

लोकतात्त्विक शोध में मुख्यतः घूम-फिरकर (फील्ड वर्क) करने का कार्य अधिक होता है। अतः शोधार्थी के लिए क्षेत्र में जाना अनिवार्य है। मुखस्थ-कंठस्थ साहित्य गाँवों में जाकर प्राप्त किया जा सकता है। गाँवों में प्राप्त लोकगीतों में पाठभेद मिलता है, जिसकी प्रामाणिकता संबद्ध लोकभाषा की जानकारी के बिना नहीं जाँची जा सकती। इस सामग्री के संकलन के लिए शोधार्थी के पास वाहन, टेप-रिकॉर्डर, कैमरा, ध्वनि-मापक यंत्र इत्यादि उपकरण होने चाहिए। इस प्रकार इस शोध की कठिनाइयाँ स्वतः स्पष्ट हैं। इन पर अत्यंत लगन, श्रम, धैर्य और दृढ़ निश्चय के द्वारा ही विजय प्राप्त की जा सकती है।

3.2 तुलनात्मक शोध–'तुलनात्मक शोध' जैसाकि इस शब्द से ही पता चलता है किन्हीं दो रचनाओं, लेखकों, काव्यांदोलनों या किन्हीं अन्य साहित्यिक पक्षों को लेकर एक ही भाषा अथवा दो भाषाओं के स्तर पर किया जानेवाला शोध है। अंग्रेजी में इसे 'कंपरेटिव रिसर्च' कहा जाता है। सामान्यतः संसार की प्रत्येक दो वस्तुएँ भिन्नता लिये हुए होती हैं। प्रत्येक दो व्यक्तियों में भी न केवल आकृति के आधार पर अंतर लक्षित होता है बल्कि उनकी प्रकृति, विचारधारा और चिंतन-मनन में भी यह अंतर स्थूल से लेकर सूक्ष्म स्तर तक दिखाई पड़ता है। यह अंतर भावगत भी होता है। साहित्य भी मानव की भाव और विचारगत एक विशिष्ट अभिव्यक्ति है। इसलिए किन्हीं भी दो साहित्यकारों का साहित्य सर्वथा एक जैसा नहीं हो सकता। इससे भी आगे अलग-अलग संस्कृतियों, परिवेशों और भाषाओं तथा भिन्न कालों के लेखकों में तो ऐसा होना संभव ही नहीं। परंतु सूक्ष्म स्तर पर समानता फिर भी मिलती है।

प्रायोगिक दृष्टि से देखने पर पता चलेगा कि इस संसार में वस्तुओं, चिंतन-मनन

इत्यादि के संबंध में एक प्रकार का सापेक्षतावाद कार्य करता है। इसी सापेक्षता के आधार पर साहित्यिक स्तर पर तुलना की जा सकती है और इस प्रकार का शोध तुलनात्मक शोध ही कहलाएगा। तुलनात्मक स्तर पर मौलिक दृष्टि से साहित्यकारों में वैषम्य ही दिखाई पड़ता है, लेकिन इस वैषम्य में आंशिक सत्य के रूप में साम्य भी दिखाई पड़ता है। तुलनात्मक शोध का उद्देश्य इसी साम्य और वैषम्य का विवेचन और विश्लेषण होता है। जैसाकि संस्कृत की इस उक्ति से पता चलता है। 'अविभक्तम् विभक्तेषु'।

3.2.1 तुलना का स्वरूप, इतिहास और क्षेत्र–तुलनात्मक शोध अंततः सैद्धांतिक शोध में परिवर्तित हो जाता है। यदि हम दो वस्तुओं की तुलना करेंगे तो तुलना का आधार सैद्धांतिक ही होगा। यदि हम किन्हीं दो कृतियों की तुलना करते हैं तो यह तुलना कृतियों के शास्त्रीय आधार (तत्त्व) पर ही की जाएगी। इस प्रकार तुलनात्मक अध्ययन व्यावहारिक रूप में एक प्रकार से सैद्धांतिक तात्त्विक अध्ययन हो जाता है।

तुलनात्मक अध्ययन में इस प्रकार किन्हीं दो कृतियों, कवियों, आंदोलनों इत्यादि का तात्त्विक आधार पर अध्ययन किया जाता है। विषमता बतलाने के लिए साम्य की खोज और साम्य बतलाने के लिए विषमता का शोध, इस प्रकार के शोध को गति प्रदान करता है। इस प्रकार तुलनात्मक अध्ययन कृतियों के तत्त्वों का युगपद (साइमल्टेनियस) अध्ययन होता है।

भारतीय दृष्टि के विशिष्टतापरक होने के कारण हमारे यहाँ तुलनात्मक अध्ययन बहुत कम हुआ है। केवल टीका-ग्रंथों में इस प्रकार के अध्ययन के छिटपुट उदाहरण मिलते हैं। वास्तव में 18वीं-19वीं शती में पाश्चात्य जगत में तुलनात्मक अध्ययन व्यवस्थित रूप में प्राप्त होता है। संस्कृत-ग्रंथों के अध्ययन के साथ वहाँ पुनराख्यान, तुलनात्मक धर्मशास्त्र, तुलनात्मक भाषाविज्ञान, इन तीनों का एक साथ विकास हुआ। इस प्रकार का अध्ययन अत्यंत महत्त्वपूर्ण एवं मूल्यवान सिद्ध हुआ। पाश्चात्य व भारतीय भाषाओं में साम्यगत खोज की गई। इनकी एक ही जननी भाषा 'भारोपीय भाषा' को खोजा गया। इस अध्ययन के द्वारा मानवीय एकता सशक्त रूप में स्थापित हुई।

हिंदी में यह कार्य अभी प्रारंभिक स्थिति में है। इस दिशा में शोध की अभी बहुत संभावनाएँ और व्यापक क्षेत्र पड़े हैं। इसके अंतर्गत अन्य क्षेत्रों व साहित्य के अध्ययन के क्षेत्र में तुलना की बहुत गुंजायश है। अंग्रेजी और हिंदी के छायावादी कवियों का व्यापक तुलनात्मक अध्ययन हो सकता है। इसी प्रकार हिंदी साहित्य के विभिन्न कालों और कवियों में भी तुलनात्मक साम्य-वैषम्य को लेकर शोध किया जा सकता है।

3.2.2 प्रक्रिया–तुलनात्मक शोध में तुलनीय ग्रंथों के सभी तत्त्वों को अलग-अलग करना होता है। कथावस्तु, पात्र, दर्शन, धर्म और मनोविज्ञान आदि तत्त्वों को अलग-अलग लेकर साम्य व वैषम्य की तुलना करनी चाहिए। एक ग्रंथ से दूसरे ग्रंथ के अध्ययन के द्वारा आद्योपांत निष्कर्ष प्रस्तुत किए जाने चाहिए। यह तो रही तुलनात्मक अध्ययन की सामान्य प्रक्रिया। यह अध्ययन किसी विशिष्ट पहलू या क्षेत्र-विशेष को लेकर भी किया जाता है। धर्म, दर्शन, मनोविज्ञान, सौंदर्यशास्त्र, संस्कृति इत्यादि क्षेत्रों में से किसी एक के आधार पर जब तुलनात्मक अध्ययन किया जाता है तो इसकी सीमाएँ अंतर्विद्यावर्ती शोध का स्पर्श करके चलने लगती हैं। सिद्धांत-पक्ष के स्वरूप-निर्धारण के लिए संबद्ध विद्या-शाखा का अध्ययन करना होता है। यह अध्ययन रचना में संभावित रूप में प्राप्य दृष्टि को रखकर ही किया जाता है।

तुलनात्मक अध्ययन की प्रक्रिया में शोधार्थी को कई बार अरुचि भी होने लगती है क्योंकि इस प्रकार का अध्ययन एक प्रकार से यांत्रिक बनकर रह जाता है। तुलना के सतही होने का खतरा बराबर बना रहता है। इस अध्ययन में निष्पक्षता बनाए रखना पर्याप्त श्रमसाध्य कार्य होता है। एक ग्रंथ दूसरे के लिए बाधा भी बन जाता है। इसलिए सावधानी, गहन अध्ययन और निष्पक्षता की आवश्यकता होती है।

तुलनात्मक अध्ययन इस प्रकार, एक प्रकार से स्वतंत्र शोध प्रकार है।

3.3 पाठानुसंधान या पाठशोध–पाठानुसंधान 'पाठ' और 'अनुसंधान' मिलकर बनता है, जिसका अर्थ है–रचना के मूल पाठ (टेक्स्ट) के सहीपन का अनुसंधान। अंग्रेजी में इसे 'टेक्सच्युल क्रिटिसिज्म' कहा जाता है। हम पाठानुसंधान के लिए पाठशोध का प्रयोग करेंगे क्योंकि वह अधिक संगत प्रतीत होता है। यों भी हम इस पुस्तक के प्रारंभ में ही देख चुके हैं कि 'रिसर्च' के लिए कदाचित् 'शोध' शब्द ही सर्वाधिक प्रामाणिक शब्द है।

'पाठशोध' जैसाकि इन शब्दों से पता चलता है कि किसी रचना के पाठ के शोधन को कहेंगे। इस प्रकार के शोध्र का उद्देश्य 'रचना का मूल लेखक कौन था, यह जानना न होकर बल्कि, यह जानना होता है कि 'रचना' का मूलस्वरूप क्या था ?' इस प्रकार पाठशोधक का कार्य मूल लेखक के वास्तविक पाठ का निर्धारण अथवा सहीपन की दृष्टि से पाठ का पुनर्निर्धारण करना होता है। दूसरे शब्दों में यह कार्य पाठ के संपादन का कार्य है जिसमें रचना के रूप शब्दावली, वर्तनी के मूलरूप (छंद, तुकांतता) की प्रतिष्ठा की जाती है और उसमें हुए प्रक्षेपों को निकाल दिया जाता है।

3.3.1 आवश्यकता और पाठशोध सामग्री–पाठशोध की आवश्यकता निश्चय ही प्राचीन-ग्रंथों को लेकर होती है। प्राचीन काल में मुद्रण के अभाव में कृतियाँ पट्टियों, भोजपत्रों तथा वस्त्रों पर लिखी जाती थीं। ये सभी कृतियाँ हस्तलिखित हैं। ऐसी रचनाएँ बहुधा खंडित, प्रक्षिप्त, एकाधिक संस्करणों के रूप में मिलती हैं। इस प्रकार की रचनाओं को यदि आज मुद्रण कराया जाए तो उससे पूर्व उनका पाठशोध होना अत्यंत आवश्यक है। ऐसी रचनाओं में पाठ वैभिन्न्य, प्रक्षेपण, अथवा एकाधिक संस्करणों के होने के कारण हो सकते हैं। प्राचीन काल में रचनाओं के प्रचार-प्रसार के लिए उनकी बहुत-सी प्रतिलिपियाँ की जाती थीं। राजदरबारों में बहुत-से प्रतिलिपिक रहते थे। तनिक-सी असावधानी या देखने-सुनने के अंतर से पाठांतर का हो जाना कोई बड़ी बात नहीं थी। टीकाओं में भी ऐसे पाठांतर सहज ही होते रहे हैं। कालांतर में एकाधिक संस्करणों और प्रक्षिप्त अंशों का रचनाओं में बढ़ जाना भी कोई आश्चर्य की बात नहीं कही जा सकती। इसलिए ऐसे प्राचीन मूल्यवान ग्रंथों का पाठशोध साहित्यिक अनिवार्यता और जिम्मेदारी है। पाठशोध में बहुत-सी बातों पर ध्यान अपेक्षित रहता है जिन्हें इस प्रकार गिना जा सकता है : छूटे हुए वर्णों, शब्दों, मात्राओं और वाक्यों पर ध्यान देना शब्द-लोप और शब्द-परिवर्तन तथा वर्तनी-परिवर्तन पर ध्यान देना, वर्ण-विपर्यय, आगम और प्रक्षेप की जाँच करना इत्यादि।

पाठशोध सामग्री की प्राप्ति के दो स्रोत हो सकते हैं–(1) मूल लेखक का पाठ और (2) लेखकेतर व्यक्ति या व्यक्तियों के द्वारा किया हुआ पाठ। पाठ-संबंधी अशुद्धियाँ इन दोनों स्रोतों से प्राप्त सामग्री में हो सकती हैं क्योंकि लेखक द्वारा भी ध्यान न दिए जाने की अवस्था में भूल हो सकती है और प्रतिलिपिक द्वारा तो सुनने या अन्य प्रकार की असावधानी के कारण

इस प्रकार की भूल हो ही सकती है। पाठशोध सामग्री, रचना की मूल प्रतियों तथा टीकाओं, अनुवाद और संकलनों इत्यादि के रूपों में मिल सकती है। मूलप्रति की उपलब्धि की दशा में उसी का महत्त्व अधिक होता है अन्यथा गौण सामग्री का महत्त्व बढ़ जाता है।

3.3.2 **पाठशोध प्रक्रिया**–पाठशोध के लिए शोधार्थी को शोध्य रचना की यथासंभव अधिकतम हस्तलिखित प्रतियाँ उपलब्ध करने का प्रयास करना चाहिए। जब ऐसी प्रतिलिपियों में समय एवं स्थानगत अंतर हो अथवा प्रतिलिपियाँ शाखाओं-प्रशाखाओं में उपलब्ध हों तब उनका सावधानीपूर्वक निरीक्षण-परीक्षण करना चाहिए। तर्कसम्मत ढंग से प्रतिलिपियों के कथनों, वाक्यों, शब्द-प्रयोगों तथा ध्वनियों का तुलनात्मक विश्लेषण करते हुए संगति बिठानी चाहिए। मूलपाठ का प्रतिलिपि में साम्य न मिलने पर शोधार्थी कल्पना का भी तर्कसम्मत सहारा ले सकता है।

किसी रचना के रचना-काल के निर्णय हेतु शोधार्थी को अंतर्बाह्य साक्ष्यों पर निर्भर करना चाहिए। अंतर्साक्ष्यों में घटना निश्चय हेतु इतिहास-साक्ष्य प्रामाणिक होता है। बहिर्साक्ष्य में तुलनात्मक पद्धति का सहारा लिया जा सकता है। कृति-लेखक के निश्चय के लिए अतिरिक्त प्रयास की आवश्यकता रहती है।

3.4 **साहित्येतिहास का शोध**–साहित्यिक शोध के सैद्धांतिक और व्यावहारिक रूपों से इतर साहित्य के इतिहास विषयक शोध का अपना विशिष्ट महत्त्व है। साहित्य के ऐतिहासिक शोध को अन्य दोनों क्षेत्रों के शोध की तुलना में अभी पिछड़ा हुआ ही कहा जाएगा। इसका मुख्य कारण कदाचित् यह है कि 'साहित्यालोचन' और 'साहित्यानुसंधान' के क्षेत्रों में साहित्य के ऐतिहासिक अध्ययन-संबंधी दृष्टि को व्यवस्थित रूप प्राप्त नहीं हो सका है। इसी कारण अलग-अलग साहित्य-इतिहासकारों की दृष्टि में वैभिन्नय मिलता है। फलतः अब तक के साहित्य के इतिहास या तो सभ्यता के इतिहास बनकर रह गए हैं या फिर आलोचनात्मक टिप्पणियों के संग्रहमात्र, जिनमें राजनीतिक इतिहास की गंध तो आती है परंतु कला के इतिहास का अभाव है। दूसरी ओर, अब यह माना जाने लगा है कि राजनीतिक इतिहास भी घटनाओं से, निरपेक्ष और स्वतंत्र (कंपार्टमेंटलाइजेशन) रूप में नहीं लिखा जा सकता। घटनाक्रम में एक से दूसरे तक विकास-स्तर पर पूर्वापर प्रभावों और उनके प्रतिफलन को देखना अनिवार्यता है। इस दृष्टि से साहित्य के इतिहास-लेखन के लिए तो यह दृष्टि और भी अपरिहार्य है क्योंकि वह साहित्य के रूप में कला का इतिहास है जिसमें सांस्कृतिक तत्त्व की अविरल धारा अविच्छिन्न रूप में प्रवाहित रहती है।

अस्तु, अब यह मान्यता रूप में स्थापित हो गया है कि साहित्य-इतिहास में शोध का अर्थ साहित्य की आलोचना और मूल्यांकन नहीं, बल्कि उसमें अंतर्निहित तत्त्वों के आधार पर उसके विकास की प्रक्रिया को स्पष्ट करना होता है। इस स्पष्टीकरण में आलोचना और मूल्यांकन आनुषंगिक रूप में ग्रहण करने होते हैं। इस प्रकार शोधार्थी को अब 'इतिहास' का अर्थ घटनाक्रम का संकलन-मात्र न मानकर, विकास मानना चाहिए। इस विकास को सांस्कृतिक विकास के समानांतर देखना चाहिए और तदनुसार आंतरिक एवं बाह्य स्रोतों, साधनों एवं प्रमाणों को आधार बनाकर प्रतिपादन की दिशा में आगे बढ़ना चाहिए। उदाहरण के लिए नई कविता और उसके बाद की आधुनिकता के परिप्रेक्ष्य में यदि साहित्य का इतिहास खंड लिखना है तो इस आधुनिकता के स्रोतों की हमें भारतेंदुकाल से ही खोज करते हुए आगे बढ़ना होगा। यह

आधुनिकता कोई ऐसी स्थिति नहीं है जो एकाएक उत्पन्न हो गई हो। इसी प्रकार भक्ति के उद्‌भव और विकास के सूत्र भी हमें पूर्ववर्ती-काल में खोजने होंगे। इस प्रकार विकासवादी दृष्टि से अभिप्राय इस खोज़ से है, जिसके लिए वर्तमान से अतीत की ओर जाना होता है।

3.5 विकासवादी सिद्धांत और शोध-प्रक्रिया–विकासवादी दृष्टि के प्रणयन और संश्लेषण में जीवविज्ञान, राजनीतिक-चिंतन और इतिहास-क्षेत्र के विचारकों का योगदान रहा है। इन विद्वानों में हम डारविन, स्पेंसर और काम्टे, बर्गसाँ, कार्ल मार्क्स और आर्नल्ड टायन्बी को गिन सकते हैं। इन विद्वानों ने क्रमशः जीवविज्ञान, भौतिक विज्ञान, अर्थशास्त्र, मनोविज्ञान, इतिहास और संस्कृति के संदर्भ में विकास-प्रक्रिया की अपने-अपने ढंग से व्याख्या की है। बाद में इन सबके सिद्धांतों के तुलनात्मक एवं समन्वयात्मक अध्ययन के आधार पर विकास का एक सर्वमान्य सिद्धांत स्थापित हुआ, जिसके अनुसार विकास-प्रक्रिया में ये पाँच तत्त्व सक्रिय रहते हैं : (1) सृजन शक्ति, (2) परंपरा, (3) वातावरण, (4) द्वंद्व और (5) संतुलन। इन तत्त्वों के आधार पर विकास की प्रक्रिया को अब इस रूप में समझा जा सकता है : प्रत्येक क्रिया किसी सृजन शक्ति से उद्‌भूत होती है। यह सृजन शक्ति पारंपरिक तत्त्वों और सामयिक वातावरण के द्वंद्व से प्रेरित होती है। संतुलन स्थापित होने तक, यह शक्ति विकास में योगदान देती रहती है।

इसी प्रक्रिया को ध्यान में रखकर साहित्येतिहास के शोध में विभिन्न धाराओं एवं प्रवृत्तियों के उद्‌भव और विकास को देखा जाना चाहिए। इतिहास विषयक शोध में सृजन शक्ति में साहित्यकार की रचना शक्ति, रुचि, प्रवृत्ति, योग्यता आदि को लिया जा सकता है। परंपरा के रूप में वे सभी जातीय, सांस्कृतिक व साहित्यिक तत्त्व आएँगे जिनका साहित्यकार पर प्रत्यक्ष-अप्रत्यक्ष प्रभाव पड़ता है। इसी प्रकार युगीन प्रवृत्तियों में साहित्यकार को प्रभावित करनेवाली परिस्थितियों-प्रवृत्तियों एवं अन्य युगीन प्रेरणाओं को परिगणित किया जा सकता है। द्वंद्व में साहित्यकार की सृजन शक्ति को प्रभावित करनेवाली राजनीतिक, धार्मिक, सांस्कृतिक, मानसिक इत्यादि क्षेत्रों की परस्पर-विरोधी स्थितियों को लिया जा सकता है। यह साहित्यकार की सृजन शक्ति पर निर्भर करता है कि वह किन-किन स्थितियों के द्वंद्व से प्रभावित होती है क्योंकि प्रत्येक साहित्यकार का व्यक्तित्व और मानसिक संरचना भिन्न होते हैं।

3.6 रूपात्मक और प्रवृत्यात्मक शोध–इतिहास विषयक विकास-प्रक्रिया का अध्ययन रूपात्मक और प्रवृत्यात्मक आधारों पर भी किया जा सकता है। रूपात्मक लक्षणों के आधार पर इतिहास विषयक शोध के लिए निम्न आधार अपनाए जा सकते हैं :

(1) विषय-वस्तु से संबद्ध तत्त्वों की विविधता एवं केंद्रीयता, (2) भावात्मक प्रवृत्तियों की सुसंबद्धता, (3) विधाओं या रूप-भेदों का निश्चय और विस्तार, (4) शैलीगत नव्यता, (5) साहित्यादर्शों एवं मानदंडों की व्यवस्था।

प्रवृत्यात्मक अध्ययन साहित्यगत अंतश्चेतना के आधार पर निम्नांकित तीन रूपों में किया जा सकता है : (1) आदर्शमूलक, (2) स्वच्छंदतामूलक, (3) यथार्थपरक।

इनमें से प्रथम के अंतर्गत धार्मिक, नैतिक, दार्शनिक इत्यादि तत्त्वों की प्रधानता रहती है। द्वितीय के अंतर्गत शृंगारिक एवं स्वच्छंद आत्मानुभूतियों का प्राधान्य रहता है। यथार्थपरक दृष्टि से किए जानेवाले शोध का आधार ऐंद्रिय, तत्त्व-प्रधान साहित्य होता है।

इस प्रकार साहित्येतिहास विषयक शोध के लिए विकासवादी दृष्टि ही अब सम्यक दृष्टि मानी जाती है। हिंदी में इस दृष्टि से साहित्येतिहास का शोध अभी नहीं हुआ है, लेकिन जो प्रयास हो रहे हैं, वे सराहनीय हैं।

अंतर्विद्यावर्ती शोध

4.0 अर्थ–हिंदी में 'अंतर्विद्यावर्ती' शब्द का प्रयोग अंग्रेजी के 'इंटर-डिसिप्लिनरी' शब्द के पर्याय रूप में होने लगा है। हिंदी में अंतर्विद्यावर्ती के लिए 'अंतर-अनुशासनिक' का प्रयोग भी होता है, लेकिन 'अनुशासन' की तुलना में 'डिसिप्लिन' के लिए 'विद्या', शब्द का प्रयोग अधिक संगत प्रतीत होता है। अंतर्विद्यावर्ती का सामान्य अर्थ है–एकाधिक विद्या-शाखाओं का पारस्परिक प्रभाव और संबद्ध विद्या-शाखा के नियमों एवं सिद्धांतों के आधार पर इस प्रभाव की पहचान। इसको समझने के लिए साहित्य ही सर्वोत्तम उदाहरण हो सकता है। साहित्य समग्र ज्ञान, अनुभूति और दर्शन का पूँजीगत समवाय होता है। अतः स्वाभाविक है कि साहित्य का अध्ययन, साहित्यशास्त्रीय सिद्धांतों से इतर ज्ञान के अन्य कोणों (विद्याओं) के आधार पर भी हो क्योंकि उसमें वे संचरित रहते हैं। यह अध्ययन ऐसी अन्य विद्याओं में मनोविज्ञान, सौंदर्यशास्त्र, समाजशास्त्र इत्यादि में से किसी भी विद्या के आधार पर हो सकता है। ऐसे अध्ययन को अंतर्विद्यावर्ती अध्ययन कहा जाता है क्योंकि यह अध्ययन साहित्येतर विद्या के आधार पर किया जा रहा है। जब इसी प्रकार साहित्येतर विद्या के आधार पर साहित्यिक शोध किया जाता है, तब उसे अंतर्विद्यावर्ती शोध की संज्ञा दी जाती है।

4.1 स्वरूप–साहित्य में अनुभूति और उसके सभी वाहक तत्त्व अनिवार्यतः अनुस्यूत रहते हैं। समालोचक इसी अनुभूति और इसके वाहक तत्त्वों का विश्लेषण और उनकी परख करता है। परंतु यह अनुभूति कोई ऐसी चीज नहीं है जिसे नितांत भावुकता का पुलिंदा कहा जा सके। इसमें आद्यत विचार तत्त्व प्रवहमान रहता है। भावसंचार के भीतर ज्ञान-संचरण नैसर्गिक और अपरिहार्य है क्योंकि मानव-चेतना का विचार-पक्ष ही घनीभूत रूप से भाव अथवा अनुभूति का रूप धारण करता है। अस्तु, साहित्यगत विचार-पक्ष के विश्लेषण के अभाव में किसी भी साहित्य का मूल्यांकन अधूरा ही कहा जाएगा। शोध, जिसमें किसी कृति के तंत्र का उद्‌घाटन रहता है, और कुछ नहीं है, केवल उस दृष्टि अथवा विचार का उद्‌घाटन है जिसे कोई कृति उद्‌देश्य रूप में लेकर चलती है। विचार तत्त्व की अनेकरूपकता में ही मानव ने कई विद्या-शाखाओं के स्वरूप को संस्थित किया है। इसलिए विचार तत्त्व के जिस पहलू-विशेष से संबंधित विद्या के आधार पर साहित्य का शोध किया जाएगा, वह शोध साहित्यशास्त्रीय नियमों से निरपेक्ष होने के कारण अंतर्विद्यावर्ती शोध कहलाएगा। कारण स्पष्ट है कि ऐसा शोध साहित्येतर विद्या-स्तर पर किया जा रहा है। इस प्रकार अंतर्विद्यावर्ती शोध शोध्य-कृति में समाहित बोध के सभी पक्षों का उद्‌घाटन करता है।

अंतर्विद्यावर्ती शोध के अंतर्गत शोधार्थी जिस विद्या-शाखा के आधार पर शोध करना चाहता है, उसके लिए पहले अध्ययन-भूमि या सिद्धांत-पक्ष की तैयारी के रूप में उस विद्या-शाखा का अध्ययन करता है। उदाहरण के लिए यदि कोई शोधार्थी 'कामायनी का मनोवैज्ञानिक अध्ययन' करना चाहता है तो उसे पहले 'मनोविज्ञान' विषय का अध्ययन करना होगा। इस अध्ययन की भी शोध्य-कृतिगत शर्तें होती हैं। कहने का तात्पर्य यह है कि शोधार्थी को मनोविज्ञान के जिस रूप की 'कामायनी' में निर्वहन की जानकारी है और वह समझता

है कि उस दिशा में शोध किया जा सकता है तो उसे मनोविज्ञान का अध्ययन उसी आधार पर करना होगा। ऐसा विषयगत अध्ययन रचनागत बोध की अनुरूपता में किया जाता है जिसके आधार पर शोध का सिद्धांत-पक्ष निर्मित होता है। इसी सिद्धांत-पक्ष को हम अध्ययन का ढाँचा या साँचा कह सकते हैं जोकि कृति पर लागू होता है।

4.2 औचित्य–अंतर्विद्यावर्ती शोध आधुनिक युग की आवश्यकता है। इसका कारण यह है कि ज्ञान अखंड भले ही हो, लेकिन उसकी प्रतीति और प्राप्ति के मार्ग अनेक हैं। इन मार्गों को ही हम विविध विधाओं के रूप में जानते हैं। प्राचीन काल में ज्ञान को ब्रह्म के समान समग्र एवं अखंड माना जाता था और उसका स्वरूप संश्लिष्ट था। वेद इसका प्रमाण है। ज्ञान का विभाजन दर्शन, विज्ञान आदि संकायों में नहीं किया जाता था। कौटिल्य के 'अर्थशास्त्र' में हमें राजनीतिक और सामाजिक पहलू संश्लिष्ट रूप में ही प्राप्त होते हैं। गैलिलियो से पूर्व दर्शन और विज्ञान को एक ही समझा जाता था। उस समय दर्शन को मीमांसा-दर्शन (स्पेकुलेटिव फिलॉसफी) और विज्ञान को व्यावहारिक दर्शन (प्रैक्टिकल फिलॉसफी) के नामों से जाना जाता था। प्लेटो के ग्रंथ 'रिपब्लिक' में भी ज्ञान की अखंडता का ही प्रतिपादन किया गया है। इसके पश्चात् विशेषज्ञता का युग आया और ज्ञान बँट गया। आधुनिक युग तक आकर ज्ञान का रूप विश्लिष्ट हो गया है। इसी विश्लिष्ट रूप के अधीन दर्शन, साहित्य और विज्ञान तथा इनकी अनेक विद्या-शाखाएँ और प्रशाखाएँ विकसित हुईं। ये विद्या-शाखाएँ स्वतंत्र होते हुए भी परस्पर पूर्णतया निरपेक्ष नहीं हैं क्योंकि ज्ञान का आत्यंतिक विभाजन नहीं किया जा सकता। प्रत्येक विद्या-शाखा चूँकि जीवन को समझने का एक मार्ग प्रदान करती है इसलिए साहित्य का अंतर्विद्यावर्ती शोध-स्तर पर अध्ययन भी अनिवार्य है क्योंकि साहित्य भी जीवन और ज्ञान की अखंडता का वाहक है।

4.3 सौंदर्यशास्त्रीय शोध–पीछे बताया जा चुका है कि आधुनिक युग में ज्ञान के विश्लिष्ट होने पर ज्ञान की कतिपय नई शाखाओं का विद्या-रूपों में उदय हुआ है। इन नई विद्याओं के परिप्रेक्ष्य में किया गया साहित्यिक शोध अंतर्विद्यावर्ती शोध कहलाता है। सौंदर्यशास्त्र भी एक आधुनिक विद्याशास्त्र है। इस शास्त्र के आधार पर किया साहित्यिक शोध, सौंदर्यशास्त्रीय शोध कहलाएगा। हिंदी में इस प्रकार का शोध हुआ है और हो रहा है। 'छायावादी काव्य में सौंदर्यदर्शन' इसका उदाहरण है।

सौंदर्यशास्त्र, जैसाकि नाम से ही स्पष्ट है, सौंदर्य का अध्ययनकर्ता शास्त्र है। साहित्य में सौंदर्य, साहित्यिक कृति के प्राण अथवा चेतना रूप में रहता है। यदि क्रोचे के मतानुसार 'सौंदर्यशास्त्र को ललित-कलाओं का दर्शन'[1] मानें तो भी सौंदर्यशास्त्रीय अध्ययन आवश्यक हो जाता है क्योंकि साहित्य सर्वश्रेष्ठ कला है। इसी कारण सौंदर्यशास्त्र को 'कला विज्ञान' या 'कलाशास्त्र' भी कहा जाता है।

'सौंदर्यशास्त्र', शब्द हिंदी में अंग्रेजी के 'एस्थेटिक्स' के पर्यायवाची रूप में व्यवहृत होता है। सौंदर्यशास्त्र के अंतर्गत किए जानेवाले अध्ययन अथवा शोध का विभिन्न विद्वानों ने विभिन्न प्रकार से समझने और पहचानने के प्रयास किए हैं। जेम्स ड्रेवर के अनुसार, 'यह सुंदर और असुंदर का वैज्ञानिक तथा दार्शनिक अध्ययन है'।[2] क्रोचे इसे 'अभिव्यक्ति की क्रियाओं का विज्ञान'[3] मानते हैं। बोसांके के मतानुसार, 'सौंदर्यशास्त्र का विषय जीवन में सौंदर्यवृत्ति की मीमांसा है, तथा यह सौंदर्यानुभव अन्य भौतिक अनुभवों से कितना भिन्न है

और जीवन में इसका क्या मूल्य है, इसका विवेचन करता है।'[4] डॉ. रमेशकुंतल मेघ के अनुसार, 'कला, कलारचना और कलाकृति के दर्शन, मीमांसा, इतिहास और आशंसा को संयोजित करनेवाली विद्या और विज्ञान को सौंदर्यबोधशास्त्र (एस्थेटिक्स) कहा जा सकता है'।[5]

4.3.1 क्षेत्र–इन परिभाषाओं से सौंदर्य-अध्ययन के क्षेत्र का आभास मिल जाता है, लेकिन सौंदर्य की सत्ता को सीमाबद्ध नहीं किया जा सकता। प्रकृति और मानव-जीवन तथा मानव के सभी सृजनात्मक क्रिया-व्यापारों में सौंदर्य दूर-दूर तक प्रसारित है। अस्तु, इस सौंदर्य के अभाव में कलात्मक सौंदर्य की समग्र व्याख्या असंभव ही कही जाएगी। इसलिए सौंदर्यशास्त्र का विषय उस समग्र सौंदर्य की व्याख्या है जो प्रकृति मानव-जीवन और तदनुसार कलाओं में अभिव्यक्ति प्राप्त करता है। अस्तु, साहित्य के सौंदर्यशास्त्रीय शोध में अनुभूतिगत और अभिव्यक्तिगत सौंदर्य का अध्ययन किया जाता है। इस प्रकार सौंदर्यशास्त्रीय शोध के अंतर्गत हम 'अपनी अनुभूति, प्रत्यक्ष स्मृति, कल्पना आदि द्वारा आनंद को उत्पन्न करनेवाली वस्तु के गुण'[6], 'प्रकृति, मानव-जीवन तथा ललित कलाओं के आनंददायक गुण'[7] अथवा 'स्थूल या सूक्ष्म जगत में आत्मा की अभिव्यक्ति'[8] का अध्ययन करते हैं। इसे प्रसाद ने 'चेतना का उज्ज्वल वरदान' कहा है और पंत ने इस प्रकार अभिव्यक्त किया है–

वही प्रज्ञा का सत्ता रूप
हृदय में बनता प्रणय अपार;
लोचनों में लावण्य अनूप,
लोक सेवा में शिव अविकार।[9]

इस प्रकार सौंदर्यशास्त्रीय शोध का क्षेत्र व्यापक है। इसमें जीवन के सभी मानवीय, आध्यात्मिक, नैतिक और प्राकृतिक पक्ष आ जाते हैं जो कविता अथवा साहित्य में विचार, भाव, कल्पना और अभिव्यक्ति-तत्त्वों के सामंजस्य में उजागर होते हैं। काडवेल ने इसीलिए 'कविता को मानवमन का प्राथमिक सौंदर्यव्यापार मानते हुए इतिहास, धर्म, जादू-टोना और विधि को भी उसके अंतर्गत अधिगृहीत माना है।'[10] यह सभी इसीलिए संभव है क्योंकि कवि की दृष्टि सौंदर्य की ओर अनिवार्यतः जाती है, चाहे वह वस्तुओं के रंग-रूप में हो अथवा मनुष्यों के मन, वचन और कर्म में।[11] इस प्रकार के भाव के सौंदर्य से दीप्त शब्द-अर्थ का सौंदर्य कविता बन जाती है।[12] अनुभूतिगत सौंदर्य में भाव और कल्पना का विवेचन आता है और अभिव्यक्ति में अलंकार, बिंब-प्रतीक छंद और भाषागत सौंदर्य आता है। इसके साथ ही मानव और प्रकृति का आलंबन रूप-सौंदर्य भी अतः और बाह्य आधारों पर सौंदर्यशास्त्रीय अध्ययन में ग्रहण किया जाता है। बाह्य सौंदर्य में शारीरिक गठन, वर्ण, मुद्राओं का सौंदर्य दिखाई पड़ता है और आंतरिक में जीवन को औदात्त्य प्रदान करनेवाले गुणों का सौंदर्य देखा जाता है।

इस प्रकार अंतर्विद्यावर्ती शोध के अंतर्गत सौंदर्यशास्त्रीय दृष्टि से साहित्य पर शोध का होना अत्यंत आवश्यक है। उदाहरण के लिए 'रामचरितमानस' और 'कामायनी' ऐसे अमूल्य ग्रंथ हैं जिनका सौंदर्यशास्त्रीय दृष्टि से अध्ययन बहुत उत्तम कोटि का अध्ययन बन पड़ेगा।

जैसाकि बताया जा चुका है, सौंदर्यशास्त्रीय शोध हो अथवा अंतर्विद्यावर्ती स्तर का कोई भी अन्य शोध, उसमें सिद्धांत-पक्ष के लिए पहले शोध्य रचना में उपलब्ध बोध पर ध्यान

देना होगा।

4.4. मनोवैज्ञानिक शोध—मनोविज्ञान अंग्रेजी के 'साइकोलॉजी' शब्द का हिंदी रूपांतर है। इस शब्द की व्युत्पत्ति ग्रीक भाषा के 'साइके', (साइ) अर्थात् 'मन' और 'लोगोस' अर्थात् 'नियम' शब्दों से मिलकर होती है। इस प्रकार 'साइकोलॉजी' अर्थात् मनोविज्ञान मन, मन की संरचना, क्रिया और व्यवहार का अध्येता विज्ञान है। इस अध्ययन के अंतर्गत मनुष्य के व्यवहार को समझना, उसके भावी रूप का पता लगाना और उस पर नियंत्रण करना ही प्रमुख ध्यातव्य बातें हैं। प्राचीन काल में इस सारे अध्ययन को तत्त्वज्ञान के अंतर्गत गिना जाता था। परंतु अब इस मनोवैज्ञानिक अध्ययन को नीतिशास्त्र की भाँति आदर्शवादी नहीं माना जा सकता क्योंकि वस्तुनिष्ठता और प्रायोगिक-पद्धति से बँधा होने के कारण इसे विज्ञान की संज्ञा प्राप्त हो चुकी है।

'साइकोलॉजी' शब्द का सर्वप्रथम प्रयोग सत्रहवीं शती में देखने को मिलता है, लेकिन इसका यह अभिप्राय कदापि नहीं कि इससे पूर्व मानव ने अपने मानसिक क्रिया-व्यापारों अथवा व्यवहार पर कभी विचार किया ही नहीं था। यदि हम भारतीय वाङ्मय का अध्ययन करें तो पता चलता है कि 'ऋग्वेद' में भी मानस[13] और 'हृद'[14] (हृदय) शब्दों का प्रयोग मिलता है। वैदिक ऋषि इस तथ्य से अवगत थे कि मनःस्थितियों के विभिन्न धरातलों से विभिन्न प्रकार की कविता का जन्म होता है। डॉ. हरिश्चंद्र वर्मा की खोज के अनुसार, 'फ्रायड द्वारा प्रवर्तित आधुनिक मनोविश्लेषणशास्त्र में जिस कामकुंठा का विवेचन है, उसके व्यावहारिक उदाहरण 'ऋग्वेद' में सुलभ हैं।'[15] इससे पता चलता है साहित्य पर मनोविज्ञान के प्रभाव का पता बहुत पहले से रहा है।

भारतीय दर्शनों में सांख्य, न्याय वैशेषिक और वेदांत दर्शन में मनोवैज्ञानिक प्रश्नों पर गहराई से विचार किया गया है। सांख्य में मन का अध्ययन वैज्ञानिक दृष्टि से हुआ है। हरिश्चंद्र वर्मा के अनुसार, 'मुंडकोपनिषद में 'हृदय ग्रंथि' और 'गुहा ग्रंथि' शब्दों का प्रयोग हुआ है जो आधुनिक मनोविज्ञान के 'कांपलेक्स' के पर्याय न होते हुए भी उससे बहुत भिन्न नहीं हैं। गीता में तो मन, बुद्धि, अहंकार, चित्त, राग, द्वेष, गुण, श्रद्धा, हृदय-दौर्बल्य, द्वंद्व द्वंद्वातीत, हृदयग्रंथि, काम, क्रोध, मोह, अहंकार आदि प्रचुर मनोवैज्ञानिक शब्दावली का प्रयोग हुआ है।'[16] यहाँ पर भारतीय मनोवैज्ञानिक चिंतन के इतिहास की खोज करना हमारा उद्देश्य नहीं है, बल्कि केवल इतना बताना है कि मानवीय मन का सूक्ष्म अध्ययन बहुत पहले से होता चला आ रहा है और साहित्य के संदर्भ में उसकी जानकारी विद्वानों को पहले भी प्राप्त थी। आधुनिक काल में जो नए विषय और शास्त्र प्रकाश में आए हैं, मनोविज्ञान भी उनमें से एक है। यह एक ऐसी विद्या-शाखा है जिसका साहित्य से बहुत घनिष्ठ संबंध है क्योंकि साहित्य मानवीय मन और कार्यकलाप का चित्रण करता है और मनोविज्ञान उसका विश्लेषण करता है। अस्तु, मनोवैज्ञानिक स्तर पर अंतर्विद्यावती शोध एक अनिवार्यता है।

4.4.1 क्षेत्र एवं प्रक्रिया—मनोविज्ञान की कई शाखाएँ और संप्रदाय विकसित हुए हैं, यथा—बाल मनोविज्ञान, मनोविकृति या असामान्य मनोविज्ञान, चिकित्सा मनोविज्ञान, औद्योगिक मनोविज्ञान तथा फ्रायड का मनोविश्लेषण संप्रदाय, गेस्टाल्ट मनोविज्ञान और प्रेरणावादी मनोविज्ञान। लेकिन साहित्यिक शोध इन संप्रदायों अथवा शाखाओं के अधीन उतना अपेक्षित नहीं है जितना कि मनोविज्ञान के समवेत रूप से है। साहित्य में भावों और मनोवेगों का

चित्रण रहता है और भावों तथा मनोवेगों का अध्ययन मनोविज्ञान का केंद्र-बिंदु है। इसलिए मानवीय व्यवहार के यथार्थ स्वरूप की पहचान के लिए साहित्य का मनोवैज्ञानिक दृष्टि से शोध अनिवार्य है। हर्बर्ट रीड के अनुसार, मनोवैज्ञानिक (मानसिक) प्रक्रिया तक पहुँचने के लिए रचना का विश्लेषण करता है : इस दृष्टि से कला उतनी ही[17] महत्त्वपूर्ण है जितनी महत्त्वपूर्ण अन्य कोई भी मानसिक अभिव्यक्ति। इस प्रकार मनोवैज्ञानिक शोध साहित्यशास्त्रीय सिद्धांतों में भी कुछ-न-कुछ नया जोड़ने की क्षमता रखता है।

साहित्य के मनोवैज्ञानिक शोध के कई प्रकार और आधार हो सकते हैं। साहित्य में प्रतीकों का बहुत महत्त्व रहता है। मनोविज्ञान प्रतीकों के मूल उद्‌गम तक जाकर उनका विश्लेषण करता है। इस प्रकार साहित्य, मनोविश्लेषण के लिए जीवनप्रवाह में से मूल बिंबों और सहज अनुभवों में, बाह्य यथार्थ में समाजपरक व्याख्या के आधार जुटाता है। मनोविज्ञान काव्यप्रेरणा (पोयटिक) की भी व्याख्या करता है। मनोविज्ञान के अनुसार प्रेरणा के संदर्भ में कलाकार एक स्तर पर अपने चेतन नियंत्रण से मुक्त होकर आद्यमानस (अवचेतन) में प्रवेश करता है जहाँ उसे नई तात्त्विक शक्ति प्राप्त होती है जो असंबद्ध अतिकल्पना होते हुए भी समृद्ध होती है। इस प्रकार मनोविज्ञान कलाकार के मन के रोमांटिसिज्म और क्लासिसिज्म के द्वंद्व की भी व्याख्या करता है। इसी प्रकार मनोविज्ञान मिथकीय विश्लेषण द्वारा मिथकीय आलोचना के निर्धारण में भी योगदान देता है। मनोविज्ञान ही एक ऐसी विद्या-शाखा है जो भक्ति, रहस्यवाद, धर्म, दर्शन, आध्यात्मिकता और सौंदर्यशास्त्रीय व्याख्या के क्षेत्रों में भी उपादेय है। निष्कर्ष यह ही मनोवैज्ञानिक शोध के आयाम अंतर्विद्यावर्ती शोध-स्तर पर अपेक्षाकृत अधिक व्यापक हैं।

4.5 समाजशास्त्रीय शोध–जब भी किसी क्षेत्र-विशेष के अध्ययन के लिए कुछ सिद्धांत निश्चित हो जाते हैं, तब इस प्रकार की सिद्धांतावली को उस क्षेत्र के 'शास्त्र' की संज्ञा दे दी जाती है। अतः 'समाजशास्त्र' से स्वतः ही यह अर्थ ध्वनित होता है कि यह वह शास्त्र है जिसमें ऐसी सिद्धांतावली रहती है जिसके आधार पर समाज का अध्ययन किया जा सकता है। शास्त्रीय अध्ययन सदैव ही वैज्ञानिक अध्ययन होता है। अस्तु, समाजशास्त्रीय अध्ययन भी समाज का वैज्ञानिक अध्ययन ही होगा।

हिंदी का 'समाजशास्त्र' शब्द अंग्रेजी के (सोशलॉजी) का हिंदी रूपांतरण है। 'सोशलॉजी' शब्द की व्युत्पत्ति लैटिन के 'सोशियस' और ग्रीक भाषा के 'लागस' शब्दों से मिलकर हुई है; जिनका क्रमशः अर्थ है : 'समाज' और 'अध्ययन' अथवा विज्ञान। अतः समाजशास्त्र सोशलॉजी के पर्याय रूप में अत्यंत संगत शब्द है। समाजशास्त्र की विभिन्न विद्वानों ने विभिन्न परिभाषाएँ दी हैं। फिर भी सभी परिभाषाओं में इतना तो अवश्य मिलेगा कि समाजशास्त्र वह शास्त्र है जिसमें समाज की मूल संरचना तथा समाज को दुर्बल या संगठित करनेवाले सभी तत्त्वों का अध्ययन किया जाता है। अब देखना यह है कि सामाजिक संबंधों अथवा समाज को प्रभावित करनेवाले तत्त्वों का थोड़ा-बहुत अध्ययन तो अर्थशास्त्र, मनोविज्ञान अथवा अन्य समाजविज्ञानों में भी होता है, तो क्या समाजशास्त्र उनकी शाखा मात्र है ? उत्तर होगा, नहीं। समाजशास्त्र एक सर्वथा स्वतंत्र विज्ञान अथवा शास्त्र है। यही नहीं, बल्कि समाज से संबद्ध सभी शास्त्र किसी-न-किसी रूप में समाजशास्त्र के ऋणी रहते हैं।

4.5.1 क्षेत्र–संसार की सभी भौतिक-अभौतिक वस्तुओं का एक स्वरूप होता है और

इस स्वरूप के निर्माण में अनेक अंतर्वस्तुओं (कंटेंट्स) का योगदान रहता है। समाज के संदर्भ में जहाँ प्रतिस्पर्द्धा, सहयोग, अधीनता, श्रमविभाजन आदि सामाजिक संबंधों के कुछ स्वरूप हैं, वहीं राजनीति, धर्म, अर्थ, दर्शन आदि अंतर्वस्तुएँ इन स्वरूपों के निर्माण में अमूर्त रूप से सक्रिय रहती हैं। अन्य समाज विज्ञानों का संबंध इन अंतर्वस्तुओं तक सीमित रहता है ज़बकि समाजशास्त्र में सामाजिक संबंधों के स्वरूपों का भी अध्ययन किया जाता है, प्रत्युत् यही अध्ययन प्रमुख होता है। समाजशास्त्र की इस अध्ययन-प्रणाली को उसके 'यथारूप संप्रदाय' (फार्मूल स्कूल) के अंतर्गत ग्रहण किया जाता है।

समाजशास्त्र का दूसरा संप्रदाय समन्वयात्मक संप्रदाय (सिंथेटिक स्कूल) है। इसमें अन्य समाजविज्ञानों में अध्ययन की जानेवाली अंतर्वस्तुओं के अतिरिक्त ऐसी अधिक सामान्य कही जानेवाली परिस्थितियों का भी अध्ययन किया जाता है जिनका अध्ययन अन्य समाजविज्ञान नहीं करते। समन्वयात्मक संप्रदाय के अध्ययन क्षेत्र में आने वाली अध्ययन-सामग्री को इन तीन भागों में बाँटा जा सकता है : (1) सामाजिक संरचनाशास्त्र, (2) सामाजिक दैहिकी, (3) सामान्य समाजशास्त्र।

इनमें से प्रथम के अंतर्गत सामाजिक संगठनों को प्रभावित करनेवाले विभिन्न प्रकार के भौगोलिक आधारों का अध्ययन किया जाता है।

सामाजिक दैहिकी के अंतर्गत धर्म, दर्शन, राजनीति आदि को समाज के विविध अंग् मानकर उनका अध्ययन किया जाता है।

सामान्य समाजशास्त्र पक्ष के अंतर्गत समाज के विभिन्न अंगों में व्याप्त सामान्य तथ्यों को खोजकर उनका अध्ययन किया जाता है।

अब हम समाजशास्त्रीय परिधि में आनेवाले अध्ययन को निम्न भागों में बाँट सकते हैं :

1. समाजशास्त्रीय विश्लेषण	:	मानव-संस्कृति और समाज।
2. सामाजिक जीवन की प्रथम इकाइयाँ	:	सामाजिक संबंध व्यक्तित्व, समूह समुदाय, समितियाँ आदि।
3. आधारभूत सामाजिक संस्थाएँ	:	परिवार तथा आर्थिक राजनीतिक, धार्मिक, शैक्षणिक संस्थाएँ।
4. मौलिक सामाजिक प्रक्रियाएँ	:	विभेदीकरण, सहयोग समायोजन, सामाजिक संघर्ष, समाजीकरण, संचार, सामाजिक परिवर्तन आदि।

4.5.2 प्रक्रिया–समाजशास्त्र के स्वरूप और अध्ययन-क्षेत्र को समझ लेने पर यह स्पष्ट हो जाता है कि साहित्य का समाजशास्त्रीय शोध एक अनिवार्यता है। साहित्य व्यक्ति, समुदाय, परिवार, संस्थाओं और मूल्यों के ह्रास-विघटन तथा सांस्कृतिक प्रभावों को लेकर चलता है। सामाजिक परिवर्तन जहाँ सामाजिक संरचना में परिवर्तन और उसका नवगठन करते हैं, वहीं पर साहित्य अपने दायित्व रूप में इस वस्तु-स्थिति का भावात्मक चित्रण करता है।

समाजशास्त्रीय शोध की प्रक्रिया अंतर्विद्यावर्ती शोध के अंतर्गत आनेवाली किसी भी शोध-दृष्टि के समान ही व्यवहार्य होती है। यह शोध भी तथ्याश्रित होता है। शोधार्थी को

पहले शोध्य रचनाओं में संभाव्य तत्त्वों के प्रकाश में समाजशास्त्र का अध्ययन करते हुए अपने शोध के सिद्धांत-पक्ष को तैयार करना होता है। इसके लिए उसका अध्ययन अत्यंत सूक्ष्म और पैना होना चाहिए क्योंकि इसी के आधार पर आगे चलकर उसे अपनी शोध-स्थापना प्रस्तुत करनी होती है। हिंदी में समाजशास्त्रीय अध्ययन हो रहा है, लेकिन संभावनाओं की अनुरूपता में अभी यह शोध बहुत कम हुआ है। वास्तव में अंतर्विद्यावर्ती शोध का हिंदी में अभी सूत्रपात ही हुआ है। शोधार्थियों का ध्यान इधर जा रहा है और भविष्य में इस दिशा में पर्याप्त प्रामाणिक और उत्तम शोध की आशा की जा सकती है।

4.6 भाषावैज्ञानिक शोध–भाषाविज्ञान, भाषा की संरचना और उसके स्वरूप का विश्लेषक विज्ञान है। कवि अथवा लेखक की भाषा की संरचना का विश्लेषण उसकी मानसिक संरचना का पता देता है। साहित्यकार की भाषा में शब्द एवं अर्थ परस्पर संपृक्त रहते हैं। साहित्य में प्रयुक्त भाषा में निहित इन अर्थों के जानने के लिए साहित्य का भाषावैज्ञानिक अध्ययन अपेक्षित रहता है।

शोध की दृष्टि से हम साहित्य को मोटे तौर पर दो भागों में बाँट सकते हैं : (1) भाषा और (2) अभिव्यक्त विषय। इन दोनों की अन्योन्याश्रितता को देखते हुए इस विभाजन को आत्यंतिक नहीं कहा जा सकता। यह तो केवल साहित्य को समझने के लिए सुगमता की दृष्टि से किया गया विभाजन है। फिर भी, इन दोनों वर्गों को पृथक् रूप में प्रधानता देते हुए साहित्य का अध्ययन करने पर हमें जो विशिष्ट जानकारी प्राप्त होती है, उसका महत्त्व भी अक्षुण्ण है। अभिव्यक्त विषय या अर्थ को प्रधान मानकर किए गए अध्ययन अथवा शोध में हमें साहित्य की प्रवृत्तियों, विचार-धाराओं, भाव-भंगिमाओं का पता चलता है। इसी प्रकार भाषा या शब्द को प्रधान बनाकर ही हमें कवि-विशेष की मानसिक संरचना और उसके अभिव्यक्ति-पक्ष की सूक्ष्मातिसूक्ष्म अर्थ-छायाओं का पता चलता है। इस प्रकार के अध्ययन अथवा शोध को 'साहित्य का भाषावैज्ञानिक शोध' कहा जाता है।

4.6.1 क्षेत्र–भाषाविज्ञान एक स्वतंत्र विषय है। इसके अध्ययन-क्षेत्र को हम तीन भागों में विभाजित कर सकते हैं :

1. बोली, विभाषा, भाषा तथा भाषाओं का अध्ययन,
2. लोकसाहित्य का अध्ययन,
3. साहित्य का अध्ययन।

इनमें से प्रथम भाग के अंतर्गत किए जानेवाले अध्ययन की दिशा में, भाषाविज्ञान के द्वारा भाषा के ऐतिहासिक (उद्‌भव-विकास) अध्ययन के अतिरिक्त, उसे दो प्रकार के अध्ययन का क्षेत्र माना जा सकता है :

(क) वर्णनात्मक या संरचनात्मक–इस क्षेत्र के अंतर्गत शास्त्रीय दृष्टि से भाषा की संरचना में सहायक सभी शाखाओं को आधार बनाकर अध्ययन किया जाता है। ये शाखाएँ हैं : (1) स्वन विज्ञान, (2) स्वनिम विज्ञान, (3) रूपिम विज्ञान, (4) शब्द-रूप प्रक्रिया और (5) वाक्य विज्ञान।

(ख) व्यावहारिक–इसमें भाषा को व्यावहारिक रूप देनेवाली भाषाविज्ञान की सभी शाखाओं-प्रशाखाओं को स्थान मिलता है, यथा : अर्थविज्ञान, लेखविज्ञान, शब्दार्थविज्ञान, शब्दकोशविज्ञान, भाषा, भूगोल, समाज भाषाविज्ञान, भाषाशिक्षण, अनुवाद, 'स्पीच थैरेपी',

शैलीविज्ञान, पाठालोचन आदि। इनमें से शैलीविज्ञान और पाठालोचन अब अध्ययन के पृथक् शास्त्र बन चुके हैं।

भाषा के इस प्रकार के भाषावैज्ञानिक अध्ययन की चार पद्धतियाँ हैं : (1) वर्णनात्मक, (2) ऐतिहासिक, (3) तुलनात्मक और (4) प्रायोगिक। वर्णनात्मक पद्धति के अंतर्गत भाषा की रचना-प्रक्रिया का समकालिक विश्लेषणात्मक विवेचन किया जाता है। ऐतिहासिक पद्धति के अंतर्गत किसी भाषा के विकास की शृंखला का अन्वेषण किया जाता है। तुलनात्मक पद्धति में किसी एक भाषा का समकालिक भाषा या भाषाओं के साथ संरचनागत विशेषताओं का तुलनात्मक आधार पर विश्लेषण किया जाता है। प्रयोगात्मक पद्धति में भाषा के अन्यत्र उपयोग जैसे यांत्रिक उपकरणों, शब्दकोश निर्माण, लिपि सुधार इत्यादि पर विचार किया जाता है।

भाषाविज्ञान के इस प्रकार के अध्ययन को उसका स्वतंत्र क्षेत्रीय अध्ययन ही कहा जाएगा। यह अध्ययन जिस भाषा को लेकर किया जाएगा, इसे उस भाषा-विशेष का अध्ययन भी कहा जाएगा। लेकिन, शोध के स्तर पर भाषा का इस प्रकार का अध्ययन जब साहित्य को आधार बनाकर किया जाता है तब उसमें पर्याप्त अंतर आ जाता है। अध्ययन-प्रणाली में कुछ अंशों में समानता होते हुए भी, उस समय अध्ययन का लक्ष्य प्रत्यक्षतः भाषा का अध्ययन न होकर कवि अथवा कृति का अध्ययन होता है, या लोकसाहित्य के अंग-विशेष का अध्ययन होता है। इस प्रकार के अध्ययन द्वारा भाषा का विश्लेषण अभिव्यक्त विषय की अर्थ-छवियों का उद्‌घाटन होता है जिसके द्वारा कवि की मानसिक संरचना का पता लगाया जाता है। लोकसाहित्य के संदर्भ में इस प्रकार का पता सामूहिक आदिम लोकमानस की संरचना के बारे में लगाया जाता है। इस प्रकार भाषावैज्ञानिक शोध के इस (साहित्यिक विश्लेषण) रूप के द्वारा सांस्कृतिक और सामाजिक तथा मनोवैज्ञानिक रूपों का उद्‌घाटन होता है। हिंदी में इस दृष्टि से कबीर, केशव, जायसी, बिहारी इत्यादि पर पर्याप्त शोध हुआ है और आगे भी कई कवियों पर कार्य किया जा रहा है। इस प्रकार के भाषावैज्ञानिक शोध के क्षेत्र में अभी शब्दावली के स्रोत और व्युत्पत्तिपरकता की दृष्टि से हिंदी में पर्याप्त क्षेत्र पड़ा है।

4.7 शैलीवैज्ञानिक शोध–भाषा की संरचनात्मक व्याख्या को लेकर काव्यशास्त्र और भाषाविज्ञान की परंपरा में शैलीविज्ञान एक नवीनतम विज्ञान है। इसीलिए साहित्य का शैलीतात्त्विक अध्ययन, भाषा के भाषावैज्ञानिक विश्लेषण की विधि से पुष्ट रहता है और इसीलिए शैलीवैज्ञानिक के लिए भाषावैज्ञानिक होना अनिवार्य है। इतना होने पर ही कोई शैलीवैज्ञानिक साहित्य की संरचनात्मक व्याख्या करने में सक्षम हो सकता है।

साहित्य के शैलीवैज्ञानिक शोध को समझने से पूर्व शैलीविज्ञान के स्वरूप और तद्‌गत क्रिया-प्रणाली को जान लेना आवश्यक है। जैसाकि 'शैलीविज्ञान', इस पद से पता चलता है कि शैलीविज्ञान, शैली (स्टाइल) का अध्येता विज्ञान है। हम जानते हैं कि विचार-तत्त्व में सारे परिवेश, संदर्भ और परिस्थितियों का मुखर होना शैली के सामर्थ्य पर ही निर्भर करता है। इस प्रकार शैली भाषा तथा अभिव्यक्ति के उद्‌देश्य और प्रसंग को जोड़नेवाले सूत्र का नाम है। यहाँ हमारा संबंध भाषा-पक्ष की अपेक्षा साहित्य-पक्ष की दृष्टि से 'शैली' को समझना है। साहित्यिक रचना में शैली का आधारभूत महत्त्व रहता है। शैली-विशेष ही किसी रचना को

साहित्यिक बनाती है। डॉ. सुरेश कुमार के अनुसार यह 'साहित्यिक कृति तथा उसकी साहित्यिक संस्कृति का सौंदर्यात्मक विशेषताओं के साथ निष्पादक-निष्पाद्य रूप ने पाठक समीक्षक को अनुभव होनेवाला संबंध है।'[18] इस प्रकार विषय और रूप की समन्वित कथन-भंगिमा को शैली कहेंगे।

साहित्य-पक्ष की दृष्टि से और फलतः शैलीवैज्ञानिक शोध को समझने के लिए वक्ता या लेखक तथा श्रोता या पाठक की दृष्टि से शैली की परिभाषाओं को देख लेना चाहिए। इनमें से वक्ता या लेखक की दृष्टि से भी शैली को : (क) आत्मसंस्कारवादी और (ख) वस्तुनिष्ठ—प्रकारों से समझा गया है। आत्मसंस्कारवादी रूप के अनुसार व्यक्ति द्वारा अपने विचारों की व्यवस्था और गति, अथवा अंतःकरण की बाह्य आकृति का नाम शैली है। वस्तुनिष्ठ आधार पर शैली भाषा सामान्य की व्यवस्थाभंग के द्वारा अर्थ की भंगिमाओं में समृद्धि का नाम है। श्रोता या पाठक-समीक्षक की परिभाषा कथन के भव्य, उदात्त रूप को लक्षित करती है। इन परिभाषाओं को बताने का उद्देश्य यहाँ यही है कि इनके द्वारा अब यह समझा जा सकता है कि किस प्रकार आधुनिक शैली अथवा शैलीविज्ञान धीरे-धीरे विकसित होते हुए साहित्यिक रचना के संदर्भ में लेखक और पाठक को महत्त्व न देकर पाठ को महत्त्व देते हैं। अब शैली से 'भाषा की शैली' या 'लेखक की शैली' जैसा कोई अर्थ ग्रहण नहीं किया जा सकता, बल्कि उसका अभिप्राय पाठ की शैली से है। अब शैली का अर्थ यह माना जा सकता है कि एक पाठ की सीमा के भीतर वाक्यों के बीच पाए जानेवाले संबंधों को शैली कहते हैं। साहित्यिक कृति के परिप्रेक्ष्य में भाषा-शैली का विलय साहित्य-शैली में हो जाता है।

4.7.1 प्रक्रिया—शैली अमूर्त होती है। इसके ग्रहण में जहाँ भाषाई स्तर पर भाषा संरचना का विश्लेषण और शब्दकोश सहायक होते हैं वहीं पर पाठ के स्तर पर अभिव्यक्त के उद्देश्य और प्रसंग का विश्लेषण भी सहायक होते हैं। शैलीवैज्ञानिक शोध में पाठ के आधार पर अभिव्यक्ति के उद्देश्य और प्रसंग का विश्लेषण ही प्रमुख रहता है। भाषाई स्तर पर शैली के अंतर्गत भाषा की विभिन्न उपव्यवस्थाओं तथा सामाजिक शास्त्रीय, साहित्यिक आदि व्यवहारों में अभिव्यक्ति के प्रसंग या उद्देश्य के अनुरूप चुने गए भाषागत और फलतः शैलीगत उपकरणों का (सामूहिक) भाषा-शैली के रूप में अध्ययन किया जाता है। इसके विपरीत साहित्यिक स्तर पर शैलीवैज्ञानिक अध्ययन के अंतर्गत साहित्यिक संरचना के विभिन्न घटकों, उनकी विशेषताओं तथा उनसे निष्पन्न सौंदर्यगुणों के अनुरूप भाषागत अतएव शैलीगत उपकरणों का अध्ययन किया जाता है।

इस प्रकार हम कह सकते हैं कि शैलीवैज्ञानिक शोध में कथनभंगिमा[19] से प्रसंग को खोलते हुए उद्देश्य की पहचान के लिए साहित्य का अध्ययन किया जाता है। इस प्रकार का अध्ययन एक पाठ, एक कृति, एक विधा, एक लेखक और एक युग में से किसी का भी अध्ययन हो सकते हैं।

संदर्भ

1. दि फिलॉसफी ऑफ फाइन आर्ट्स, पृ. 2
2. ए डिक्शनरी ऑफ साइकोलॉजी, पृ. 10
3. एस्थेटिक्स, पृ. 155
4. थ्री लेक्चर्स ऑन एस्थेटिक्स, पृ. 2-3
5. सौंदर्यबोधशास्त्र के नए आयाम, 'आलोचना', जून 1965, पृ. 19
6. (डॉ.) हरद्वारीलाल शर्मा, सौंदर्यशास्त्र, पृ. 10
7. डॉ. रामविलास शर्मा, समालोचक विशेषांक, पृ. 106
8. हरिवंश सिंह, सौंदर्य-विज्ञान, पृ. 56-57
9. 'परिवर्तन' पल्लव, पृ. 106
10. 'इल्यूजन एंड रियलिटी', पृ. 11
11. रामचंद्र शुक्ल, 'चिंतामणि', भाग 1, पृ. 167
12. डॉ. नगेंद्र, 'आस्था के चरण', पृ. 88
13. ऋग्वेद, 10, 47, 7, 10, 90, 13, 90, 129, 4
14. ऋग्वेद, 10, 91, 14; 2, 35, 2; 1, 60, 3; 7, 86, 8
15. तुलसी साहित्य में शरीर-विज्ञान तथा मनोविज्ञान, पृ. 49
16. वही, पृ. 50
17. मैक्स वेस्ट ब्रुक (सं.) 'साइको-ऐनेलिसिज्ज एंड क्रिटिसिन्स', 'ट्वेंटिएथ सेंचुअरी क्रिटिसिज्म', पृ. 40
18. 'शैलीविज्ञान', पृ. 61
19. 'भंगिमा के विश्लेषण-संश्लेषण द्वारा (साहित्यिक) रचना के भाव को हृदयंगम करने की प्रक्रिया शैलीविज्ञान है'—शशिभूषण सिंहल : 'साहित्यिक शोध के आयाम', पृ. 76

शोध और आलोचना

5.0 **तात्पर्य**–अब तक हम शोध के पर्यायवाची तथा स्थानापन्न रूप में व्यवहृत होनेवाले कई शब्दों (दे. 1 से 1.7) के निरीक्षण-परीक्षण, विश्लेषण एवं मूल्यांकन के द्वारा इस निष्कर्ष पर पहुँचे हैं कि वे शब्द अपने व्युत्पत्यर्थ एवं दिशा तथा गति की दृष्टि से 'शोध' शब्द में निहित अर्थवत्ता के पूर्ण व्यंजक नहीं हो सकते। उनमें से कई शब्द शोध-प्रक्रिया के अंतर्गत पड़नेवाले विभिन्न पड़ावों के प्रक्रियाबोधक हो सकते हैं। उदाहरण के लिए शोध की कार्यविधि में तथ्यों की खोज के बाद उनका अनुशीलन-परिशीलन होता है। अनुशीलन-परिशीलन में तथ्यों की तथ्यपरकता की परीक्षा की जाती है। तदनंतर शोध में तथ्यों की अन्विति को लेकर उनकी समीक्षा की जाती है। इस प्रकार ये शब्द शोध-प्रक्रिया के विभिन्न स्तरों के सूचक शब्द हैं न कि शोध के पर्यायवाची।

इसी क्रम में शोध और आलोचना के पारस्परिक अंतर्संबंध को भी समझना होगा। आलोचना को भी पीछे विवेचित शब्दों की भाँति शोध के पर्यायवाची रूप में तो नहीं गिना जाता तो भी समस्त शोध-कार्यविधि को कई बार पूर्णतया आलोचनाश्रित मान लेने का भ्रम अवश्य खड़ा कर दिया जाता है। वैसे तो पीछे आलोचना के ही समानार्थक शब्द 'समीक्षा' का विश्लेषण पहले किया (दे. 1.4) जा चुका है। वहाँ हम इस निष्कर्ष पर पहुँचे थे कि समीक्षा का क्षेत्र अनुशीलन-परिशीलन से व्यापकतर है। समीक्षा शोधोपयोगी तथ्यों की ग्राह्यता से आगे उनकी व्यावहारिकता के लिए तर्क जुटाती है। लेकिन पीछे समीक्षा की यह व्याख्या आलोचना की व्याख्या के लिए पर्याप्त नहीं है। समीक्षा और आलोचना में यों भी कुछ अंतर है क्योंकि आलोचना अपेक्षाकृत आधुनिक शब्द है और उसके आयाम पर्याप्त व्यापक हैं। जैसाकि अभी संकेत दिया गया है कि समस्त शोध-कार्यविधि को आलोचना-प्रधान मान लिए जाने की भ्रांति प्रायः होती रहती है, इसलिए आलोचना के नव्यतम स्वरूप को समझते हुए ही यहाँ शोध से उसके साम्य-वैषम्य को भली प्रकार समझा जा सकता है।

यह स्पष्ट कर देना आवश्यक है कि यहाँ शोध और आलोचना से हमारा तात्पर्य साहित्यिक शोध और आलोचना से है। इसलिए यहाँ यह ध्यातव्य है कि हम पाठानुसंधान भाषावैज्ञानिक अथवा अन्य किसी नितांत शास्त्रीय शोध को सूक्ष्म रूप में साहित्यिक शोध नहीं मान सकेंगे जबकि मोटे तौर पर इन क्षेत्रों के शोध को भी साहित्यिक ही माना जाता है। बहुत से विद्वान इन क्षेत्रों के शोध को साहित्य के अंतर्गत स्थान न दिए जाने पर विक्षुब्ध भी हो सकते हैं, लेकिन इतना तो वे भी मानेंगे कि विशुद्ध साहित्यिक शोध और ऐसे शोध-कार्य में मूल अंतर है। अब यदि कोई भाषावैज्ञानिक दृष्टि से शेक्सपियर के नाटकों का अध्ययन करते हुए यह शोध करे कि किस नाटक में 'दि' शब्द कितनी बार प्रयुक्त हुआ है, तो ऐसा शोध शेक्सपियर पर किए गए 'शेक्सपीरियन, कैरेक्टर्स : ए स्टडी इन फीअर' अथवा 'ए स्टडी इन पैशन' के समकक्ष कैसे ठहर सकता है? अस्तु, यहाँ पर हमारा प्रयास होगा कि साहित्यिक शोध और साहित्यिक आलोचना के व्युत्पत्यर्थ, परिनिष्ठित रूपों, क्षेत्र, उद्देश्यों, कार्यविधि इत्यादि को ध्यान में रखकर ही, दोनों के साम्य-वैषम्य का निर्णय करते

हुए कुछ निष्कर्ष निकाले जाएँ।

5.1 आलोचना का अर्थ एवं स्वरूप–अब पहले आलोचना के स्वरूप और अर्थ को समझ लेना अपेक्षित होगा। आलोचना के अर्वाचीन और वर्तमान स्वरूप में कुछ अंतर है क्योंकि आलोचना के वर्तमान स्वरूप का निर्धारण पर्याप्त अंशों में अंग्रेजी शब्द 'क्रिटिसिज्म' और इस शब्द में निहित अर्थ के प्रभाव के अधीन हुआ है। हमारे यहाँ आधुनिक युग में साहित्य में एक विशिष्ट विधा के रूप में आलोचना का विकास भी पाश्चात्य प्रभाव के ही अधीन हुआ है। एक प्रकार से शोध आलोचना का ऋणी भी है क्योंकि यदि आलोचना का हमारे यहाँ विकास न हुआ होता तो कदाचित् ही शोध अपने वर्तमान स्वरूप को प्राप्त कर पाता।

आलोचना का सामान्य अर्थ गुण-दोष विवेचन ही समझा जाता है (दे. 1.5)। बोलचाल में तो आलोचना को निंदा के अर्थ में ही ग्रहण किया जाता है। साहित्यिक संदर्भ में आलोचना का अर्थ इतना संकुचित नहीं होता, बल्कि वहाँ गुण-दोष विवेचन के पीछे साभिप्राय दृष्टि रहती है। और, यह दृष्टि साहित्यिक प्रतिभासंपन्न व्यक्ति की दृष्टि होती है जो एक साथ ही दार्शनिक, सामाजिक, सांस्कृतिक तत्त्व-चिंतन और सूझ-बूझ से अनुस्यूत रहती है।

'आलोचना' शब्द के मूल में संस्कृत की 'लोच' या 'लुच' धातु है जिसका अर्थ देखना, प्रत्यक्षानुभव करना आदि। इसी धातु से पहले 'लोचन' शब्द की व्युत्पत्ति होती है जिसका शाब्दिक अर्थ है–नेत्र, और भावार्थ है–ईक्षण, देखना, देखनेवाला, जिसके द्वारा देखा जाए। इन्हीं अर्थों में संस्कृत वाङ्मय में इस शब्द का प्रयोग होता रहा है यथा :

> चर्म-चक्षु द्रष्टा नहीं है, वास्तविक द्रष्टा तो बुद्धि ही है, क्योंकि जितने भी दृश्य हैं वे बौद्धिक व्यापार के साक्षी हैं। केवल नेत्रों से देखने का विशेष अर्थ नहीं होता।[1]

'लोचन' शब्द से ही 'आलोचन' और फिर 'आलोचना' शब्द का विकास हुआ जिसका अर्थ है–साभिप्राय देखना, निरख-परख, निर्विकल्प दृष्टि, भावन, मानस-बिंब आदि। अभिनवगुप्त ने आलोचक रूप में 'ध्वन्यालोक' की 'लोचना' (आलोचना) लिखी। स्पष्ट है कि उस समय आलोचना के लिए लोचना शब्द ही व्यवहृत होता था यद्यपि उसमें आधुनिक आलोचना से अंतर अवश्य रहा है। इसके साथ ही यह भी उतना ही मान्य है कि उस समय की 'लोचना' और वर्तमान 'आलोचना' में दृष्टिगत समानता भी रही है। इसका पता अभिनवगुप्त द्वारा किए गए लोचना के कार्योल्लेख से हो जाता है :

> बिना लोचनों के तो चाँदनी का भी कोई महत्त्व नहीं होता। इसीलिए अभिनवगुप्त ने यह (ध्वन्यालोक) की लोचना उन्मीलित की है।[2]

यहाँ लोचना के स्पष्ट ही दो कार्य बताए गए हैं : (1) काव्यालोक का स्पष्टीकरण विश्लेषण, (2) पाठक को काव्यालोक की सम्यक प्रतीति हेतु दृष्टि प्रदान करना। आधुनिक आलोचना में भी इन दो कार्यों का निर्वाह मूल धर्म के रूप में ही किया जाता है। इसके अतिरिक्त अंग्रेजी 'क्रिटिसिज्म' के प्रभावाधीन आलोचना के क्षेत्र को कुछ व्यापकता मिली है, वह इस अर्थ में कि मूल्यांकन और कलात्मकता उसमें और जुड़ गए हैं। 'वेब्स्टर डिक्शनरी' में क्रिटिसिज्म की परिभाषा इस प्रकार मिलती है–'व्यापक रूप में आलोचना कला अथवा साहित्यिक कृतियों की विवेक एवं औचित्यपूर्ण मूल्यांकन अथवा विश्लेषण-कला का नाम है।[3]

सृजनात्मक साहित्य रचनाओं के औचित्यपूर्ण सारगर्भित विश्लेषण एवं मूल्यांकन को ही आलोचना में परिगणित नहीं किया जाता है बल्कि मोटे तौर पर साहित्यिक रचनाओं के मूल, पाठ, रचना-प्रकृति इतिहास इत्यादि के संबंध में की गई वैज्ञानिक गवेषणा भी आलोचना के अंतर्गत ही गिनी जाती है।[4] लेकिन साहित्यिक आलोचना जिसे सही अर्थों में आलोचना माना जाता है, उसमें पाठालोचन इत्यादि को आलोचना नहीं माना जाता जैसे पाठालोचन या पाठानुसंधान इत्यादि को साहित्यिक शोध में सम्मिलित नहीं किया जाता। इसका कारण कदाचित् यही है कि जिसे हम वास्तव में साहित्य कहते हैं और जिसकी आलोचना के द्वारा या जिसमें शोध करके एक जीवनपरक दृष्टि हमें मिलती है, वह दृष्टि इन (पाठालोचन, पाठानुसंधानों) क्षेत्रों में निष्पन्न नहीं हो सकती है। इस प्रकार की आलोचना और शोध रचना के स्वरूप को स्पष्ट और स्थिर करने तक ही सीमिति होते हैं, न कि रचनागत सौष्ठव की प्रतिपत्ति तक उनकी पहुँच होती है।

इस प्रकार आधुनिक अर्थ में आलोचना से अभिप्राय साहित्य के मर्म की संकल्पात्मक अनुभूति और अनुभूति के कलात्मक संप्रेषण से है। आलोचक, साहित्यिक रचना का मूल्यांकन व्यापक परिप्रेक्ष्य में करता है और अपेक्षित-अनपेक्षित तथ्यों के निराकरण द्वारा रचनागत सौष्ठव को प्रतिपादित करता है। इस निराकरण के पीछे उसकी दृष्टि औचित्यपूर्ण, तटस्थ और सहृदयता संकलित रहती है। इस प्रकार आधुनिक आलोचक में सृजनात्मक प्रतिभा का होना अपेक्षित ही नहीं, अनिवार्य माना जाता है। आलोचक अपनी सृजनात्मक प्रतिभा के द्वारा ही रचना के मर्म तक पहुँचता है, इसलिए उसे पहले अपनी प्रतिभा को तथ्यान्वेषण के लिए प्रयुक्त करना पड़ता है। इस प्रक्रिया का दायित्व केवल तथ्यान्वेषण या तथ्यों की व्याख्या में ही पूर्ण नहीं हो जाता, बल्कि उसका वास्तविक उपयोग या उद्देश्य तो रचनाकार की सृजन-प्रक्रिया, उस पर पड़े युगीन परिस्थितियों के प्रभावों, उसके व्यक्तित्व, उसकी रचनाधर्मिता इत्यादि के विवेचन में ही लक्षित होता है। विभिन्न प्रभावों के आधुनिक युग में, आलोचक को रचना के मर्म की अनुभूति और उस अनुभूति के संप्रेषण के लिए इन प्रभावों के क्षेत्रों से संबंधित साहित्येतर शास्त्रों का प्रयोग भी करना पड़ता है। इसी कारण मनोविज्ञान, समाजशास्त्र, अर्थशास्त्र, राजनीतिशास्त्र, भाषाविज्ञान एवं दर्शनशास्त्र आज की आलोचना में मूल्यांकन आधारों के रूप में बराबर व्यवहृत होते रहते हैं।

आज का आलोचक अपने आलोचना-आधारों में कितना ही पारंपरिक साहित्य-शास्त्रीय सिद्धांतों को अपनाते हुए वस्तु संघटना, अप्रस्तुत विधान, रस-निष्पत्ति इत्यादि पर विचार करते हुए रचना का मूल्यांकन कर ले, वह युगीन प्रभाव, परंपरा प्रयोग, वातावरण एवं परिस्थितियों के प्रभाव विवेचन से निरपेक्ष नहीं रह सकता। कलाकार की निर्वैयक्तिकता की दुहाई के अधीन भले ही लेखक की वैयक्तिकता की उपेक्षा भी कर दी जाए फिर भी उसकी समकालीन परिस्थितियों की अवहेलना संभव नहीं। इन परिस्थितियों के मूल्यांकन में आलोचना को अन्य कई विद्या-शाखाओं एवं सामाजिक-सांस्कृतिक पहलुओं का सहारा लेना पड़ता है। इन अनुशासनों का आधारग्रहण आलोचना को शोध के निकट ले आता है अथवा शोध में आलोचना के अधिग्रहण की अपरिहार्यता को दर्शाता है।

5.2 आलोचना का अधिग्रहण—शोध के क्षेत्र में आलोचना का अधिग्रहण कहाँ तक होता है अथवा शोध और आलोचना में कहाँ तक समता या विषमता है—इस प्रश्न को समझने

के लिए साहित्य क्या है अथवा हम साहित्य क्यों पढ़ते हैं या उस पर शोध और आलोचना क्यों करते हैं, इत्यादि प्रश्नों के उत्तरों को पहले संक्षेप में जान लेना अनिवार्य प्रतीत होता है। साहित्य क्या है ?—इस प्रश्न के उत्तर में ही शेष प्रश्नों के उत्तर निहित हैं और इस प्रश्न पर सदियों पहले से विचार होता आया है। लेकिन यह प्रश्न आज भी पूर्ववत् जटिल बना हुआ है।

जब कोई वैज्ञानिक या किसी अन्य ज्ञानसंकाय का कोई व्यक्ति किसी साहित्य-प्रेमी से यह पूछता है कि आपका साहित्य क्या है और उसकी क्या उपयोगिता है तब उत्तर देनेवाले के सामने 'क्या, क्यों और कैसे' समझाऊँ जैसी समस्याएँ उदित ही नहीं होतीं बल्कि इन सबको स्वयं जानने की व्यग्रता भी उसे घेर लेती है। वैज्ञानिक पूछता है कि क्या कालिदास, शेक्सपियर, सूर और तुलसी की रचनाएँ भूखों मरते, युद्धों में मरते हुए या फिर आधुनिक तनाव में घुटते हुए लाखों व्यक्तियों एवं सैनिकों को भोजन, सुरक्षा तथा शांति प्रदान कर सकती हैं ? उत्तर होगा, नहीं। फिर भी हम साहित्य लिखते हैं, पढ़ते हैं—ऐसा क्यों ? कौन-सी चीज साहित्य को साहित्य बनाती है ? क्यों सैनिक और वैज्ञानिक भी साहित्य से प्रभावित होते हैं ?

हमारे लिए सबसे पहले यह जानना जरूरी हो जाता है कि साहित्य क्या है ? एक छोटा-सा उदाहरण देकर इस दिशा में आगे बढ़ना उचित होगा। झाँसी की रानी लक्ष्मीबाई की वीरता के संबंध में निम्न उद्धरणों को ध्यान से देखा जाए—

> झाँसी की रानी लक्ष्मीबाई एक वीर रानी थी। उसने शत्रुओं से कभी हार नहीं मानी। यहाँ तक कि सैन्य-संचालन करती हुई वह स्वयं तलवार लेकर युद्धभूमि में उतर पड़ी और शत्रुओं के छक्के छुड़ा दिए।

खूब लड़ी मर्दानी,
वह तो झाँसी वाली रानी थी।
बुंदेले हरबोलों के मुँह
हमने सुनी कहानी थी।

उपरोक्त उदाहरणों को एक साथ पढ़ने पर हमें न केवल यह याद रहेगा कि इनमें एक गद्यात्मक है और दूसरा पद्यात्मक, बल्कि दोनों का उद्देश्यात्मक अंतर अमूर्त रूप में हमारे मस्तिष्क में स्वतः ही स्पष्ट होने लगेगा। पहले उदाहरण के लेखक का उद्देश्य झाँसी की रानी के संबंध में हमें तथ्यात्मक सूचना प्रदान करता है। उसने हमें अपनी अनुभूति या स्वयं के बारे में या झाँसी की रानी के संबंध में किसी विशिष्ट अनुभूति को संप्रेषित करके प्रभावित नहीं किया है। लेकिन दूसरे उदाहरण में कवयित्री का उद्देश्य अनुभूति और संवेगों का संप्रेषण रहा है, न कि तथ्यों और सूचना का। कवयित्री के मन में झाँसी की रानी की कहानी पढ़कर जो सहज रसोद्रेक हुआ, उसकी सघनता को वह स्वयं तक सीमित नहीं रख सकी। इससे इतना स्पष्ट हो जाता है कि साहित्य जीवन के प्रति एक विशेष रुख, विचारों और भावों की अभिव्यक्ति और संप्रेषण का नाम है। इसीलिए जीवन के प्रति इस रुझान से रहित, जो कुछ भी लिखा गया हो, वह साहित्य नहीं कहला सकता। उदाहरण के लिए एक पत्रकार अन्यतम योग्यता के साथ कुछ महत्त्वपूर्ण लेख लिखता है लेकिन उन लेखों का महत्त्व कुछ व्यक्तियों के लिए कुछ काल तक रहता है न कि बहुत लंबी अवधि तक। इसलिए उसका

लेखन वैसी शाश्वत मूल्यवत्ता नहीं रख पाता जैसीकि साहित्य के लिए सहज संभाव्य होती है।

5.3 साहित्य की परिभाषा–साहित्य की परिभाषा देना अत्यंत दुष्कर कार्य है; फिर भी साहित्य की पहचान कर लेना अत्यंत सरल है। आर. जे. रीज ने एक स्थान पर इस संबंध में एक उदाहरण देकर इस तथ्य का स्पष्टीकरण किया है। उनके अनुसार जिस प्रकार कुत्ते की परिभाषा देना अत्यंत कठिन होता है और उसकी पहचान कर लेना उतना ही सरल, ठीक यही बात साहित्य के संबंध में भी कही जा सकती है। जिस प्रकार कुत्ते विभिन्न आकृतियों के होते हैं, ठीक वैसे ही साहित्य की अनेक विधाएँ हैं। इसीलिए, 'कामायनी' हो या 'गोदान', 'चिंतामणि' हो या 'आधे-अधूरे'–इनमें से किसी को पढ़कर हम बेधड़क उसे 'साहित्य' की संज्ञा दे देते हैं। ऐसा इसलिए है कि ऐसी रचनाएँ जीवन को गति प्रदान करनेवाली होती हैं। हम साहित्यकार से यही अपेक्षा रखते हैं, (भले ही वह कवि, उपन्यासकार, निबंधकार या नाटककार कुछ भी हो) कि वह यथार्थ अथवा संभावित रूप में, हमारे अपने अनुभव के अंग-रूप में हम तक भावों और विचारों को संप्रेषित करे। भावों और विचारों की ऐसी वैश्विकता निश्चय ही देशकाल-निरपेक्ष होगी और मानवमात्र के लिए सनातन प्रेरणादायी रहेगी।

साहित्य में यह शाश्वता मौलिकता से आती है। मौलिकता कहीं आकाश से नहीं टपकती बल्कि वे ही सामान्य और असामान्य अनुभव, जो सदियों से हमारे उपजीव्य हैं, जब साहित्यकार द्वारा नए ढंग से प्रस्तुत किए जाते हैं, तो वे मौलिक बन जाते हैं। ऐतिहासिक और सांस्कृतिक पृष्ठभूमि पर लिखे सभी साहित्य-ग्रंथों के कथानक इतिहास और पुराणों में बिखरे पड़े हैं लेकिन जीवनदर्पण में उनका सही-सही छायांकन ही उन्हें इतिहास और पुराण से परे साहित्य का अंग बना देता है। यह छायांकन और यह परख ही साहित्यकार की मौलिकता है। इसके लिए साहित्यकार का शिल्प ही एकमात्र आधार नहीं है बल्कि साहित्य में जीवंतता सृजनात्मक कल्पना के द्वारा आती है। कल्पना तभी व्यवस्थित और सृजनात्मक कहलाएगी जब वह अनिवार्यतः नैतिक चेतना से संपृक्त रहती है। यह नैतिक चेतना ही जीवन की सद्‌गति की निर्धारक है। अस्तु, साहित्य के लिए तो यह निश्चय ही आलोकदीप है। इस प्रकार साहित्य जीवन में से जीवन के लिए उगता है। ज्ञान-विज्ञान की अन्य शाखाएँ जहाँ जीवन के किसी एक क्षेत्र या पहलू-विशेष से संपृक्त हैं अथवा सीमित हैं, वहीं साहित्य जीवन की समग्रता से संपृक्त है; फलतः ज्ञान-विज्ञान की सभी शाखाओं-प्रशाखाओं से भी। साहित्य ने जीवन को कितने निकट से, कितनी शाश्वतता से सँजोया है, यह देखना अनिवार्य होता है। साहित्य शाश्वत मूल्यों का वाहक होता है अथवा अपनी जीवंतता में शाश्वत होता है। इसका स्पष्ट अर्थ है कि शताब्दियों पुराने लिखे गए साहित्य का आज भी महत्त्व है। समकालीन साहित्य का तो समकालीन संदर्भ में महत्त्व है ही। साहित्य, चूँकि ज्ञान-विज्ञान की सभी शाखाओं-प्रशाखाओं से भी संपृक्त है, इसलिए इस संपृक्ति के मूल्यांकन द्वारा यह जानना भी आवश्यक होता है कि साहित्यकार इस संपृक्ति द्वारा जीवन के किन पक्षों के संबंध में क्या कहना चाहता है ? यह कार्य-शोध और आलोचना द्वारा संपन्न होता है।

5.4 साहित्यिक कृति और आलोचक–साहित्यिक कृति के गर्भ तक पहुँचने के लिए आलोचक में सृजनात्मक प्रतिभा का होना अनिवार्य है–यह हम पहले जान चुके हैं। यह

इसलिए अनिवार्य है कि जीवन को जिस रूप और स्तर पर साहित्यकार ने समझा होता है, आलोचक को साहित्यकार की उसी पकड़ को तो पकड़ना होता है। साहित्यकार ने अपनी अनुभूति की संरचना में जिन साहित्येतर शास्त्रों से सीधे रूप में या उनके जीवन पर पड़े प्रभाव को अप्रत्यक्ष रूप में ग्रहण किया होता है, उन शास्त्रों का सम्यक ज्ञान आलोचक के लिए अत्यंत अनिवार्य होता है। आलोचक का धर्म किसी भी साहित्यिक रचना में जीवन-संबंधी जितनी भी अर्थ-छवियाँ और सापेक्ष अवस्थाएँ होती हैं—उन सबको उद्घाटित करना होता है। कई बार साहित्यकार का संप्रेष्य स्वयं में जीवन के किसी एक पहलू-विशेष से बँधा होता है, लेकिन श्रेष्ठ रचना के होने के कारण वह रचना प्रत्यक्ष-अप्रत्यक्ष रूप में जीवन के एकाधिक पक्षों से बँधी होती है। इसीलिए एक रचना पर केवल एक ही आलोचना पर्याप्त नहीं होती। ऐसी रचनाओं का प्रत्यक्ष संबंध भले ही जीवन के किसी एक महत पक्ष से दिखाई पड़ता हो, परंतु अदृश्य एवं अमूर्त रूप में वह समग्र जीवन से संपृक्त रहती है। जीवन अत्यंत विशद है, इसलिए आलोचना इसी विशदता की अनुरूपता में वह सब खोजने का प्रयास करती है जो रचना में अमूर्त और दार्शनिक, मनोवैज्ञानिक, समाजशास्त्रीय, नैतिक इत्यादि स्तरों पर अंतर्निहित रहता है। इसीलिए एक ही कृति पर कई कोणों से विचार किया जाता है और कोई भी यह दावा नहीं कर सकता कि उसने किसी कृति पर विचार करते हुए कृति में निहित सभी संभावनाओं को उद्घाटित करके अंतिम बात कह दी है। जीवन जितना विशद, व्यापक और जितने अधिक प्रभावों से अभीष्ट है, उन सभी को लेकर किसी भी श्रेष्ठ रचना के पुनः-पुनः अध्ययन की संभावनाएँ बनी रहती हैं। एकांगी दृष्टि से देखने पर तो रचना के एकांगी गुण, धर्म इत्यादि का परिचय हो पाता है इसलिए 'स्याद्वाद' के सिद्धांत के अधीन साहित्य एकाधिक दृष्टिकोणों से मूल्यांकन की शाश्वत अपेक्षा रखता है।

5.5 साहित्य और शोध—एकाधिक दृष्टिकोणों, विद्याओं या काल-संदर्भों में साहित्य की शाश्वतता का यह मूल्यांकन केवल आलोचना ही नहीं करती, वरन् सोपाधिक शोध और तत्त्वान्वेषी शोध के क्षेत्रों में भी किया जाता है। इन तीनों क्षेत्रों की मूल्यांकन प्रणाली में अंतर है, फिर भी आलोचना सोपाधिक शोध और तत्त्वान्वेषी शोध के क्षेत्र में किसी-न-किसी रूप अथवा स्तर पर सक्रिय रहती है। इस किंचित अन्योन्याश्रितता के होते हुए भी शोध और आलोचना में दृष्टिगत मूल अंतर है और दोनों के मूलाधार, कार्यविधि और निष्कर्ष प्रतिप्रत्तियों में यह अंतर आद्यंत बना रहता है। इसका कारण यही है कि दोनों में लक्ष्यभेद है। इसीलिए दोनों की दृष्टि और कार्यविधि में अंतर रहता है। आलोचक रचयिता की जीवन के पति प्रतिक्रिया और पकड़ को संप्रेषित करता है और शोधार्थी इस प्रतिक्रिया और पकड़ की प्रक्रिया को खोजता है। इस प्रकार मोटे तौर पर शोध का क्षेत्र रचना के तांत्रिक रहस्योद्घाटन का क्षेत्र है और आलोचना का क्षेत्र रचना के मर्मोद्घाटन का क्षेत्र है।

अब द्रष्टव्य यह है कि शोध और आलोचना में पारस्परिक संगति क्या और कहाँ तक है ? इस संगति की पहचान ही शोध में आलोचना की व्यवहार्यता को जानने में सहायक होगी और दोनों की एतद्द्वारा विषमता भी स्पष्ट हो जाएगी।

5.5.1 साहित्य और सामाजिक तथ्य—साहित्य, जैसाकि पीछे विवेचन किया जा चुका है, सूचना मात्र नहीं होता, बल्कि उसमें कलाकार का भावात्मक पक्ष, देश-काल निरपेक्ष रूप में निर्वैयक्तिक स्तर पर प्रवहमान रहता है। साहित्यकार सामाजिक तथ्यों के प्रति अपने इसी

अनुभूति-पक्ष को प्रतिक्रियात्मक स्तर पर सामूहिक मन (कलेक्टिव माइंड) से संबद्ध करते हुए तथ्यों को वस्तुनिष्ठ समीकरण (ऑब्जेक्टिव कोरिलेटिव) के द्वारा अभिव्यक्त करता है। शोध मूलतः इन्हीं सामाजिक तथ्यों के उद्घाटन से बँधा है। जिस काल में किसी कृति की रचना हुई है, उस काल की सापेक्षता में कुछ सामाजिक तथ्य तो उस कृति में स्पष्ट ही दिखाई पड़ते हैं। इसके साथ ही साहित्यकार, समसामयिक परिवेश में चिंतन-मनन की अन्य विद्या-शाखाओं से प्रभावित होता है। इन अन्य अंतर्विद्याओं के प्रभावस्वरूप सामाजिक तथ्यों में अमूर्त और सूक्ष्म, प्रत्यक्ष या परोक्ष स्तर पर कुछ माँगें (डिमांड्स) या अपेक्षाएँ (एक्सपेक्टेशंस) प्रछन्न रहती हैं। ऐसे तथ्य काल के आवरण में लुप्तप्राय या सामान्यतया ओझल-से हो जाते हैं। इसलिए स्पष्ट और व्यक्त तथ्यों तथा इस प्रकार की परोक्ष माँगों और अपेक्षाओं पर एक ही काल में दृष्टि-वैभिन्न्य और कालांतर में उनकी नई पहचान के लिए उनकी खोज अनिवार्य हो जाती है।

5.2.2 साहित्य और शोध की परिकल्पना–इस खोज के लिए शोधार्थी कुछ विकल्पों और अनुमानों में से गुजरता हुआ अपने शोध-क्षेत्र को परिकल्पना-विशेष (हाइपोथीसिस) में बाँध लेता है। यही परिकल्पना उसके शोध का विषय बन जाती है। अपनी इसी परिकल्पना से बँधकर शोधार्थी को तथ्यान्वेषण करना होता है। तथ्यान्वेषण के उपरांत, तथ्यों के संकलित-समूह का विषय-प्रतिपादन की दृष्टि से अनुशीलन-परिशीलन करना होता है ताकि उनकी प्रामाणिकता और उपयोगिता की परख की जा सके। इस प्रकार शोधार्थी तथ्यों के अपेक्षित और सापेक्ष महत्त्व और उनकी उपयोगिता समाचीनता को पहचानने लगता है। इसके पश्चात् ही वह निष्पक्ष एवं पूर्वग्रहमुक्त दृष्टि से तथ्यों का संश्लेषण करते हुए अपने विषयगत उद्देश्य के अनुरूप व्याख्या करने में प्रवृत्त होता है। इस व्याख्या में शोधार्थी को आलोचना का आश्रय अनिवार्यतः लेना पड़ता है। डॉ. नगेंद्र का यह मत पूर्णतः सही है कि बिना आलोचना को अपनाए शोध हो ही नहीं सकता। निश्चय ही भाषावैज्ञानिक और पाठानुसंधान के क्षेत्रों को छोड़कर शोधार्थी यथा अपेक्षा आलोचक हुए बिना उद्देश्य रूप में शोध को सही परिणति प्रदान नहीं कर सकता। लेकिन आलोचक-दृष्टि की आवश्यकता तो तभी होती है यदि अन्वेषित तथ्य के द्वारा परिकल्पित विषय में शोध की संभावनाएँ व्यक्त होती हों। जिस प्रकार विज्ञान में पहले विषय परिकल्पित (हाइपोथिटिकल) होता है और शोध करते-करते शोधार्थी को यह आभास होने लगता है कि उस परिकल्पित विषय में सिद्धांत निष्कर्ष की गुंजाइश नहीं है तो उसे यह विषय त्याग देना पड़ता है, ठीक उसी प्रकार जब संकलित तथ्य परिकल्पित शोध-विषय को गति नहीं दे पाते तो वह विषय भी त्याज्य होता है। ऐसी स्थिति में शोध में आलोचना की अपेक्षा नहीं रहती।

5.5.3 शोध की वैज्ञानिक कार्यविधि–उपर्युक्त विवेचन से स्पष्ट है कि शोध में आलोचना की व्यवहार्यता रहती है, लेकिन इसका यह अर्थ कदापि नहीं है कि शोध और आलोचना पर्यायवाची हैं। शोध एक निश्चित वैज्ञानिक कार्यविधि (साइंटिफिक मेथडालॉजी) के ढाँचे में बँधकर चलता है। यहाँ यह पुनः बता देना आवश्यक है कि शोध-संबंधी वैज्ञानिक कार्यविधि को हृदयगंम कर लेने और ठीक उसी का अनुसरण करने से ही कोई शोधार्थी शोध कर लेने का [illegible] कर सकता। वैज्ञानिक कार्यविधि तो शोध के ढाँचे व प्रक्रिया की सूचक है और शोध की आत्मा तथ्यों में बसती है। तथ्याश्रित होने के कारण शोध वस्तुपरक होता

है और शोधार्थी को इस वस्तुपरकता को बनाए रखने के लिए तथ्यों की अंतस्संगति पर ध्यान केंद्रित रखना पड़ता है। इस प्रकार शोधार्थी को तथ्यों के अनुशासन में बँधकर काम करना पड़ता है। उसके लिए तथ्यों पर निजी शासन या आरोप की किंचित भी गुंजाइश नहीं होती। उसे तो निरंतर अपनी विषय-परिधि के प्रति सचेत रहना पड़ता है। शोध विषयनिष्ठ होता है। इसलिए यदि शोधार्थी तथ्यों के अनुशासन या विषय-परिधि की तनिक भी अवहेलना करता है तो उसके लक्ष्यभ्रष्ट तथा विषयांतर होने की गुंजाइश बढ़ जाती है। ऐसे भटकाव के फलस्वरूप विषयांतर हो जाता है और अनेक स्थलों पर पुनरुक्ति दोष उभर आते हैं। परिणामस्वरूप शोध-विषय अस्पष्ट रह जाता है। अस्तु, शोधार्थी को भावुकता के आक्रमण के प्रति प्रत्येक क्षण सावधान रहना होता है।

आलोचना के साहित्य तक पहुँचने का मार्ग अलग है। आलोचना का विषय, शोध-विषय की भाँति परिकल्पित न होकर ज्ञात एवं स्पष्ट, प्रत्यक्ष एवं निश्चित होता है। विवेच्य रचना को आलोचना-विषय की अनुरूपता में विवेचित करते हुए आलोचक उसके मर्म को उद्घाटित एवं संप्रेषित करता है। ऐसा करने के लिए आलोचक के लिए उस वस्तु-जगत तक पहुँचना अनिवार्य हो जाता है जहाँ से रचना का जन्म संभव हुआ है। इस जानकारी के बाद, वह अपने विषय अर्थात् रचना की जिस आधार पर आलोचना करना चाहता है, उससे संबंधित अपने समस्त ज्ञान और अनुभव का प्रयोग करता है। इस प्रक्रिया में आलोचक के समक्ष कृति ही पाठक और समाज, वर्तमान और भविष्य के प्रश्नों के उत्तर देने के लिए प्रस्तुत होती है। रचना की जन्मदात्री परिस्थितियों और पाठक तथा समाज, वर्तमान तथा भविष्य के प्रश्नों के उत्तरों की खोज में रचनाकार के युगद्रष्टा और युगस्रष्टा रूप से आलोचक अनिवार्यतः बँध जाता है। इस साधारणीकृत अवस्था में आलोचक को रचनाकार के रचनाकालीन सभी अनुभवों से स्वतः ही गुजरना पड़ता है। इस अनुभव-प्रक्रिया और अपनी मूल दृष्टि के समन्वय द्वारा आलोचक, इस प्रकार रचना का आलोचनात्मक पुनर्सृजन करता है। आलोचक की यह आलोचनात्मक दृष्टि, उसे आत्मपरक (सब्जेक्टिव) होने का अवसर प्रदान करती है। इसलिए उसे शोधार्थी की भाँति विषयनिष्ठ अथवा तथ्यों से अनुशासित होकर चलने की मजबूरी से मुक्ति मिल जाती है। उसके लिए शोधार्थी के समानांतर वैज्ञानिक कार्यविधि अथवा संदर्भ निर्देश के बंधनों में बँधने की अनिवार्यता होती है। उसकी आलोचना विषयीप्रधान भी हो सकती है। इसी प्रकार आलोचक की शैली आत्मपरक, ललित गद्यात्मक शैली हो सकती है।

अब तक के इस विवेचन से शोध और आलोचना के स्वरूपबोध से उनके अंतर और साम्य का सैद्धांतिक स्तर पर पता चल जाता है। अब इन दोनों के इसी अंतर और साम्य को उदाहरण के द्वारा स्पष्ट करना अभीष्ट है। इस उदाहरणगत विवेचन से शोध और आलोचना के साथ-साथ तत्त्वान्वेषी शोध से इनके स्वरूप-वैभिन्न्य पर भी प्रकाश पड़ सकेगा।

उदाहरण के लिए हम 'पृथ्वीराज रासो की प्रामाणिकता' को शोध-विषय के रूप में लेकर चलते हैं। इसके लिए हमें तथ्यानुसंधान करना होगा जिसके लिए हमें कवि चंद्र के काल के इतिहस, पृथ्वीराज चौहान के शासन, परिवार, विवाह, युद्ध इत्यादि की जानकारी के लिए तत्कालीन शिलालेखों, स्वयं कवि चंद्र के जीवन और घटनाओं के अध्ययन के साथ-साथ जयानक रचित 'पृथ्वीराज विजय' तथा 'पृथ्वीराज रासो' के सभी संस्करणों का मंथन करना होगा। इस प्रकार विवेच्य ग्रंथ में उपलब्ध वर्णन से प्राप्त तथ्यों से ऐतिहासिक तथ्यों की तुलना

करनी होगी। यह तुलना 'पृथ्वीराज रासो' के प्रत्येक संस्करण में उपलब्ध तथ्यों से करनी होगी कि इनमें कौन-सा संस्करण इतिहास के अधिक निकट है ? इस प्रकार कवि के आत्मकथन, भाषाभेद, प्रयुक्त सूक्तियों, वर्णनों के अनुशीलन-परिशीलन द्वारा हम ग्रंथ के संगत-असंगत होने के निर्णय की ओर बढ़ेंगे। यह सारा प्रतिपादन वैज्ञानिक कार्यविधि की अनुरूपता में होगा। लेकिन, इस ग्रंथ के सौष्ठव की पूर्णतया उपेक्षा कर देने से क्या हम शोध-विषय को सही संपन्न हुआ मान सकते हैं ? उत्तर यही होगा कि इस प्रकार के परीक्षण से शोध की वैज्ञानिक कार्यविधि तो पूर्ण हो जाएगी किंतु आलोचना को व्यवहार में लाए बिना हम पूर्ण सत्य तक नहीं पहुँच सकते। जिन तथ्यों को हम ग्रंथ में खोजेंगे उनके तर्कपूर्ण आलोचनात्मक आख्यान या व्याख्या के बिना हम सही निष्कर्ष पर नहीं पहुँच सकेंगे। हाँ, इतना अवश्य है कि इस शोध-विषय में दार्शनिक विवेचन की बहुत आवश्यकता नहीं होगी और फलतः आलोचना की भी। लेकिन, साहित्यिक कोटि के शोध में जिसमें दार्शनिक, सांस्कृतिक, मनोवैज्ञानिक दृष्टि को प्रमुखता दी जाती है, आलोचना की व्यवहार्यता के बिना शोध संपन्न हो ही नहीं सकता। हाँ, किसी कवि के जीवन-वृत्त—घर, परिवार, संतान, जीवन-काल, किसी काल-विशेष की परिस्थितियों के अध्ययन, ऐतिहासिक, भाषावैज्ञानिक या पाठानुसंधान क्षेत्रीय शोध में आलोचनात्मक विवेचन की आवश्यकता नहीं पड़ेगी।

इस प्रकार साहित्यिक शोध और साहित्यिक आलोचना में विवेचनगत स्तर पर पर्याप्त साम्य रहता है। एक ही विषय पर किए गए साहित्यिक शोध और साहित्यिक आलोचना के इस साम्य को हम इस प्रकार समझ सकते हैं। शोध-क्षेत्र में हमें अपने विवेच्य कवि या कृति को लेकर पहले शोध की वैज्ञानिक कार्यविधि में बँधकर चलना होगा। इसी कवि या कृति पर आलोचना लिखते समय हमारे लिए शोध-क्षेत्रीय वैज्ञानिक कार्यविधि के अनुशासन की आवश्यकता नहीं रहेगी, लेकिन कवि अथवा रचना के गुण-दोष मूल्यांकन में हमें वस्तु संघटना, अप्रस्तुत विधान, रस इत्यादि पर ध्यान देना होगा। इन दोनों क्षेत्रों की अपनी-अपनी विशेषताएँ होंगी। लेकिन आगे चलकर शोधार्थी को अपने तथ्यों की व्याख्या में और आलोचक को अपने उद्देश्य की अनुरूपता में युगीन प्रभाव, परंपरा और प्रयोग, कवि और कृति पर पड़ी अन्य विद्याओं के प्रभाव का एक जैसा ही विवेचन करना होगा। इस स्थल पर शोध और आलोचना की विवेचन-प्रक्रिया में कोई विशेष अंतर नहीं रहेगा। दूसरे शब्दों में शोधार्थी को आलोचक-धर्म का निर्वाह करना पड़ेगा।

इससे यही निर्गत होता है कि सोपाधिक शोध और आलोचना में कार्यविधिगत अंतर होते हुए, पहले में दूसरे का व्यवहार होता है। इसके अतिरिक्त, सोपाधिक शोध से परे तात्त्विक शोध में आलोचना आद्यंत व्यवहृत होती है। तात्त्विक शोध या तत्त्वान्वेषी शोध और सोपाधिक शोध में अंतर यह है कि दोनों में तथ्यात्मक आकलन के होते हुए भी, पहले में दूसरे की भाँति वैज्ञानिक कार्यविधि का अनुशासन नहीं रहता है। तत्त्वान्वेषी शोध और आलोचना में अंतर केवल इतना है कि बादवाले में केवल तथ्याकलन नहीं किया जाता। इन तीनों का यह अंतर 'जायसी ग्रंथावली' के संपादन में आचार्य रामचंद्र शुक्ल द्वारा लिखित भूमिका के विवेचन से हो जाएगा। अपनी इस भूमिका में आचार्य शुक्ल ने जायसी की काव्यकला, दार्शनिकता, महाकाव्यत्व, रसोद्रेकता का गंभीर विवेचन किया है। इस संबंध में उन्होंने जिन तथ्यों का चयन किया है, वह सोपाधिक शोधार्थी की दृष्टि से नहीं किया। न

ही चयनित तथ्यों के अनुशीलन-परिशीलन, संश्लेषण तथा नियोजन में उन्होंने कहीं भी सोपाधिक शोध के लिए अपेक्षित वैज्ञानिक कार्यविधि को अपनाया है। आलोचना लिखते समय भी उनकी दृष्टि केवल आलोचक की नहीं कही जा सकती। यद्यपि उनकी यह भूमिका आलोचना का सुंदर निदर्शन है तो भी सामान्यतः जिसे आलोचना कहा जाता है, उससे ऊपर उनकी दृष्टि आद्यंत तत्त्वाभिनिवेशी बनी रही। अब, उनकी इस भूमिका को विद्वान लोग शोध, तत्त्वान्वेषी शोध और आलोचना—तीनों का होना प्रमाणित करते हैं। इसका निर्णय जायसी पर परवर्ती काल में हुए शोध-कार्य से तुलना करने पर हो सकता है।

जायसी पर हुए परवर्ती शोध-कार्य को देखने से पता चलता है कि सभी शोधकर्ताओं ने सोपाधिक शोध के लिए अनिवार्य वैज्ञानिक कार्यविधि का अनुसरण किया है और इसी अनुरूपता में तथ्यों का आकलन किया है। उन्होंने जायसी-काव्य के मर्मोद्घाटन पर विशेष ध्यान न रखते हुए जायसी के इतिवृत्त परिस्थिति चित्रण धार्मिक मंतव्य तथा काव्य को प्रभावित करनेवाले तत्त्व-संबंधी तथ्यों का आकलन, विश्लेषण और नियोजन अधिक किया है। इन शोधकर्ताओं की शैली वस्तुनिष्ठ रही है जबकि आचार्य शुक्ल की शैली आत्मपरक रही है। शुक्लजी की भूमिका में बहिरंग परीक्षण, संदर्भ प्रमाण-उद्धरण का विशेष प्रयोग नहीं किया गया। अतः स्पष्ट है कि आचार्य शुक्ल की भूमिका में तत्त्वान्वेषण अधिक है और वह सोपाधिक शोध से बहुत भिन्न है। ठीक इसी प्रकार हम उसे केवल आलोचना भी नहीं कह सकते क्योंकि शुक्लजी ने जायसी का जो सारग्राही विवेचन प्रस्तुत किया है उसमें वे तथ्यों के चयन से बच नहीं सके। आलोचना में भी तथ्य-चयन हो सकता है, लेकिन उसमें गुण-दोष विवेचन ही साध्य रहता है, तत्त्वान्वेषण नहीं। इस प्रकार शोध, तत्त्वान्वेषी शोध और आलोचना में से आलोचना का स्वतंत्र अस्तित्व होते हुए भी वह पहले दोनों क्षेत्रों में व्यवहार्य है। प्रत्येक का पृथक् महत्त्व होते हुए भी आलोचना पहले दोनों क्षेत्रों में न समा सकनेवाले कार्य को पूरा करती है।

निष्कर्ष यह है कि शोध पर्याप्त अंशों में आलोचना 'है' भी और 'नहीं' भी। शोध में आकलित तथ्यों को पहले विचार में परिणत करना होता है और फिर विचार को ज्ञान के रूप में परिणत करने के लिए उसकी प्रतीति तर्कसम्मत व्याख्या के द्वारा करनी पड़ती है। इसी रूप में शोध आलोचना होता है और जहाँ तथ्य केवल बहिरंग होते हैं, वहाँ वह आलोचना नहीं होता। इसे यदि और सही ढंग से कहा जाए तो हम यह कह सकते हैं कि 'शोध' आलोचनायुक्त होता है, लेकिन आलोचना का शोधयुक्त होना आवश्यक नहीं। हाँ, आलोचक भी जब किसी नवीन दृष्टि से किसी रचना की आलोचना करता है तब कार्यविधि अनुशासन से इतर चेतना-स्तर पर वह शोधकर्ता के ही समीप आ ठहरता है। इस प्रकार शोध और आलोचना के साम्य और वैषम्य को अब हम संक्षेप में सूत्रात्मक कह सकते हैं।

5.6 शोध और आलोचना : साम्य—1. शोध और आलोचना—दोनों ही साहित्यान्वेषण की दो विधियाँ हैं। दोनों में मार्गगत भिन्नता होते हुए भी दोनों में पारस्परिकता होने के कारण आत्यंधिक विरोध नहीं होता।

2. आलोचना रचनागत जीवनानुभव का उद्घाटन करती है और शोध रचना तथा आलोचना में निहित और उद्घाटित इस जीवनानुभव को तथ्य-रूप में भीतर से पकड़कर रचना और आलोचना के मर्म और महत्त्व के बिंदुओं को उद्घाटित करता है।

3. आलोचना जब किसी कृति या प्रवृत्ति का आभ्यंतरिक उद्घाटन करती है, तब वह उन बिंदुओं को भी खोजती है जिनके द्वारा रचना को स्वरूप प्राप्त हुआ है या काव्य-प्रवृत्ति को स्वीकृति मिली है। अपने इस रूप में आलोचना शोध को गति प्रदान करती है।

4. जिस प्रकार रचना से आलोचना और आलोचना से रचना को आधार और महत्त्व प्राप्त होता है, उसी प्रकार आलोचना से शोध को दिशा मिलती है और शोध से आलोचना को दृष्टि मिलती है।

5. दोनों में तथ्यानुसरण पर बल दिया जाता है। शोध में तथ्यों के प्रति अन्वेषणात्मक दृष्टि रहती है और उन्हीं का अनुशासन भी। आलोचना में आत्मपरकता के कारण अभिव्यक्ति-कौशल पर बल रहता है।

6. आलोचना में यद्यपि आत्मपरकता रहती है तो भी आलोचक से शोधार्थी की ही भाँति तटस्थता की अपेक्षा की जाती है।

7. शोध की वैज्ञानिक कार्यविधि के अनुशासन से बाहर शोध और आलोचना की शेष कार्यविधि—विवेचन, कार्यकारण सूत्र का अन्वेषण, परस्पर संबंध और अर्थोद्घाटन में समानता रहती है।

8. दोनों में ही ज्ञान-विज्ञान की विविध शाखाओं की दृष्टि से रचना के महत्त्व और मूल्यांकन की अपेक्षा रहती है।

9. आलोचना, शोध की सीमाओं में न समा सकनेवाले कार्य को पूरा करती है।

10. दोनों का उद्देश्य साहित्य को समाज के प्रति उसकी समस्त उपयोगिता के रूप में विश्लेषित करना होता है।

5.7 शोध और आलोचना : वैषम्य–1. आलोचना से यह अपेक्षा रहती है कि वह साहित्य में गंभीर रुचि उत्पन्न करे। शोध से ऐसी अपेक्षा उसके दायित्व रूप में नहीं की जा सकती।

2. शोध का मूल उद्देश्य कोई नई स्थापना करना होता है। यह स्थापना प्राप्त जानकारी की पुष्टि या पुरानी जानकारी के नए विवेचन के रूप में भी हो सकती है। आलोचना से उद्देश्य रूप में ऐसी स्थापना की अपेक्षा नहीं रहती।

3. शोध को अनिवार्यतः एक निश्चित वैज्ञानिक कार्यविधि के अनुशासन में बँधकर चलना होता है जबकि आलोचना के लिए ऐसा कोई नियम नहीं है।

4. शोध मूलतः तथ्यों पर निर्भर करता है और तथ्यों से विरत होने पर उसमें भटकाव आ जाता है। आलोचना में तथ्यान्वेषण की ऐसी प्रधानता नहीं रहती।

5. शोध नितांत वस्तुनिष्ठ होता है जबकि आलोचना में व्यक्तिनिष्ठता की गुंजाइश रहती है।

6. शोध का क्षेत्र रचना के रहस्यतंत्र का क्षेत्र है और आलोचना का क्षेत्र रचना के मर्मोद्घाटन का क्षेत्र है।

7. शोध का विषय परिकल्पित होता है और आलोचना का विषय ज्ञात और स्पष्ट होता है।

8. शोध-विषय की अस्पष्टता और स्पष्टतागत अंतर के ही कारण शोधार्थी परिणाम के संबंध में किसी पूर्वधारणा या पूर्वग्रह को नहीं अपना सकता। आलोचक के लिए ऐसा

अंकुश नहीं है।

9. शोधार्थी के पास कोई पूर्वनियोजित मानदंड नहीं होते जबकि आलोचक के पास वे प्रायः रहते हैं।

10. शोधार्थी की भाषा तथ्यों की अनुरूपता में अनुशासित रहती है। उसके पास भावावेशमयी अभिव्यक्ति के लिए स्थान नहीं होता। आलोचक के लिए, ऐसा बंधन नहीं होता।

5.8 **शोध और समालोचनाशास्त्र**–यहाँ शोध के साथ 'समालोचना शास्त्र' को लेकर भी कुछ विचार कर लेना जरूरी है। कई बार आलोचना से अभिप्राय समालोचना से लिया जाता है। इसके पीछे कारण यही रहा है कि आलोचना को मूलतः साहित्यशास्त्र के सिद्धांतों पर आश्रित माना जाता है। इसलिए शोध में भी तथ्य-विश्लेषण के लिए प्रतिष्ठित साहित्यशास्त्रीय सिद्धांतों के अधिग्रहण पर बल दिया जाता है। जहाँ तक शोध अथवा आलोचना में कृति की वस्तु संघटना, अप्रस्तुत विधान, रस इत्यादि की दृष्टि से विवेचन का प्रश्न है, वहाँ तक समालोचनात्मक मानदंडों का अधिग्रहण अपेक्षित रहता है। लेकिन आधुनिक युग में बहुत से साहित्यिक मानदंड अब अपने पारंपरिक रूप में ग्राह्य नहीं हो सकते क्योंकि युगबोध की अनुरूपता में शिल्पगत परिवर्तन के कारण नए समालोचना नियम भी विकसित हुए हैं। इसलिए पारंपरिक मानदंडों से बँधकर चलने से आधुनिक साहित्य में शोध और आलोचना को सही गति नहीं मिल सकती।

इस प्रकार की साहित्यशास्त्रीय रूढ़ियाँ नए तथ्यों के अन्वेषण अथवा ज्ञात तथ्यों के नव मूल्यांकन में बाधक रही हैं। शोधार्थी जब तक प्राचीन काव्यशास्त्रीय आलोचना-पद्धति और मान्य समीक्षकों के मतों का अंधानुकरण नहीं छोड़ देगा तब तक शोध में नए प्राण नहीं फूँके जा सकते।

इस विवेचन का अभिप्रायः केवल इतना ही है कि शोध-क्षेत्र में आलोचना जहाँ तक व्यवहार्य है, वहीं तक समालोचना-सिद्धांत भी व्यवहार्य है, क्योंकि आलोचना और समालोचना सिद्धांतों की व्यवहार्यता, शोध में स्वतः ही अपेक्षित रहती है। रूढ़ रूप में इन सिद्धांतों की गतिशीलता अब संदिग्ध होने लगी है। आज के परिवर्तित वेश में ज्ञान-विज्ञान की विविध-क्षेत्रीय शाखाओं ने जीवन को बहुत प्रभावित किया है और फलतः साहित्य को भी। साहित्य पर पड़े इन शाखाओं के प्रभावों के फलस्वरूप रस, संप्रेषण, कला इत्यादि पक्षों पर जो प्रभाव पड़ा है, उसका मूल्यांकन पारंपरिक समालोचनात्मक मानदंडों के आधार पर कर पाना असंभव है। यदि उनके प्रति आलोचना और तदनुसार शोध में आग्रह बना रहेगा तो साहित्यगत मूल सामग्री उपेक्षित हो जाएगी। इसके लिए या तो नए काव्यशास्त्र के निर्माण की आवश्यकता है अथवा मूल सामग्री की स्वच्छंद किंतु तार्किक आधार पर विवेचना की। यह कार्य पहले आलोचक का है और बाद में शोधार्थी का।

अस्तु, निष्कर्ष यही है कि शोध में समालोचना वहीं तक व्यवहार्य है जहाँ तक वह आलोचना में व्यवहार्य है। सोपाधिक शोध में शोधार्थी को आलोचना के अधिग्रहण के प्रश्न का निर्णय करने हेतु अपने शोध-विषय को इस सारे विवेचन के परिप्रेक्ष्य में परखना चाहिए। साहित्यिक शोध में आलोचना की व्यवहार्यता को नकारा नहीं जा सकता।

संदर्भ

1. 'रूपं दृश्यं लोचनं दृक् तद्दृश्यं दृक्तु मानसम्।
दृश्या धीवृत्तयस्साक्षी वृगेव न तु दृश्यते।'—दृग्दृश्यविवेक 1.
2. 'यत्किंचिदप्यनुरणन्स्फुटयामि काव्यलोकं स्वलोचननियोजनया जनस्य।
किं लोचनं विनालोको भाति चन्द्रिकयापि हि।
तेनाभिनगुप्तोऽत्र लोचलोन्मीलनं व्यधात्।'—ध्वन्यालोकलोचन, 164
3. 'वेब्स्टर्स थर्ड न्यू डिक्शनरी ऑफ दि इंगलिश लैंग्वेज', 1966, पृ. 538
4. वही।

शोधार्थी एवं शोध निर्देशक : मूलभूत अर्हताएँ

6.0 शोधार्थी–'शोध' शब्द प्रक्रियाबोधक और उपलब्धि का अभिधान सूचक शब्द है। शोध-प्रक्रिया में एक निश्चित वैज्ञानिक कार्यविधि का पालन करते हुए तथ्यों के आकलन पर शोधार्थी की दृष्टि रहती है और उपलब्धि रूप में आकलित तथ्यों के विश्लेषण और तर्कपूर्ण परीक्षण द्वारा उपलब्ध निष्कर्षों को वह प्रस्तुत करता है। इस प्रकार शोध ज्ञान के प्रसार का माध्यम है। लेकिन किसी भी क्षेत्र अथवा दिशा में किए शोध का यह अर्थ कदापि नहीं होता कि उस दिशा अथवा क्षेत्र में ज्ञान-विस्तार की सभी भावी संभावनाओं को समेट लिया गया है। इसके विपरीत एक काल-विशेष में दृष्टि-विशेष से किया गया शोध भावीशोध के लिए प्रवेशद्वार का कार्य करता है। इस प्रकार शोध–ज्ञान-क्षेत्र की असीम-अथाह भावी संभावनाओं को देखते हुए–कच्चे माल का काम भी करता है। यह पक्ष शोध की दार्शनिक चेतना या शोध उद्देश्य की दार्शनिकता को उद्घाटित करता है। इस रूप में शोध साहित्य का तात्त्विक विश्लेषण एवं मूल्यांकन करता है।

अस्तु, शोधार्थी चाहे उपाधि-निरपेक्ष स्तर पर शोधरत हो अथवा उपाधि-प्राप्ति की इच्छा से। उसके लिए यह अनिवार्य माना जाता है कि तथ्यों के आकलन, अनुशीलन-परिशीलन, विश्लेषण-मूल्यांकन के माध्यम से वह तर्क या तथ्याख्यान द्वारा अपने परिकल्पित विषय की 'ज्ञान-खोज' के रूप में प्रतिष्ठा करे। इन दोनों प्रकार के शोधार्थियों में जहाँ उद्देश्यगत समानता दिखाई पड़ती है, वहीं दोनों में कार्यविधिगत अंतर अवश्य रहता है क्योंकि सोपाधिक शोधार्थी को एक निश्चित वैज्ञानिक कार्यविधि का अनुपालन करना होता है जबकि केवल तत्त्वान्वेषी शोधार्थी के लिए यह अनिवार्य नहीं है।

6.1 शैक्षिक योग्यता–यहाँ हमारा उद्देश्य उपाधि की इच्छा से शोधरत होनेवाले शोधार्थी की अर्हताओं पर विचार करना है। इन अर्हताओं में सबसे पहले शैक्षिक योग्यता (एकैडेमिक क्वालिफिकेशंस) के संबंध में जान लेना चाहिए। विभिन्न विश्वविद्यालयों में पी-एच. डी. करने के इच्छुक छात्रों के लिए जो नियमावलियाँ मिलती हैं उनमें शैक्षिक योग्यता के प्रतिमान भिन्न-भिन्न होते हुए भी सभी में ऐसे छात्रों के लिए स्नातकोत्तर होना तो मूलभूत योग्यता मानी गई है। कई विश्वविद्यालयों में यह प्रावधान भी है कि शोधार्थी किसी भी विषय में स्नातकोत्तर हो सकता है और अपने स्नातकोत्तर विषय से भिन्न विषय में भी शोध कर सकता है। वास्तविकता यह है कि इस प्रावधान के अधीन शोध करने की छूट प्रायः नहीं मिलती है। केवल दो-चार उदाहरण ही इस प्रकार के मिलते हैं। अतः शैक्षिक योग्यता की दृष्टि से इस प्रावधान में मिलनेवाली छूट को हमें सभी शोधार्थियों के लिए एक प्रकार से अपेक्षित योग्यता नहीं मानना चाहिए। इसके विपरीत शोध-क्षेत्रीय विषय अर्थात् संकाय में ही विद्यार्थी के स्नातकोत्तर होने को शैक्षिक योग्यता के रूप में गिनना चाहिए। उदाहरण के लिए यदि कोई हिंदी में शोध करना चाहता है तो उसे हिंदी विषय में ही एम.ए. होना चाहिए।

संबद्ध विषय में स्नातकोत्तर होने से भी पी-एच. डी. में प्रवेश मिल ही जाएगा यह निश्यित नहीं होता। इससे आगे शोधार्थी के लिए एम.ए. में द्वितीय श्रेणी या पचास प्रतिशत

व इससे अधिक अंक प्राप्त करना जरूरी शर्त होती है। प्रायः सभी विश्वविद्यालयों की नियमावलियों में यह शर्त मिलती है। अर्थ यह कि एम. ए. में तृतीय श्रेणी पानेवाले छात्रों के लिए पी-एच. डी. में प्रवेश करना कठिन नहीं बल्कि असंभव बना दिया गया है। कई विश्वविद्यालयों में कुछ वर्षों से एम. ए. में द्वितीय श्रेणी पानेवाले और कभी-कभी प्रथम श्रेणी पानेवाले छात्रों को भी सीधे पी-एच. डी. में प्रविष्ट नहीं किया जाता। ऐसे विश्वविद्यालयों में प्री. पी-एच. डी. रूप में एम. लिट्. या एम. फिल्. करने की योजना बनाई गई है। इससे शोधार्थी को निश्चय की बहुत लाभ होता है। एम. फिल्. या एम. लिट्. को पी-एच. डी. से पूर्व पी-एच. डी. के लिए एक आवश्यक प्रशिक्षण की संज्ञा दी जा सकती है। इस स्तर पर विधार्थी शोध-कार्यविधि और शोध के अंतरंग स्वरूप से पर्याप्त रूप से परिचित हो जाता है। उसे अपने ज्ञान और क्षमता का भी अनुमान हो जाता है। सीधे पी-एच. डी. में प्रवेश लेने पर उसे जो छह मास या कभी-कभी एक वर्ष तक का समय शोध-कार्यविधि और अपने विषय को समझने, स्पष्ट करने में लग जाया करता है, वह बच जाता है। इस काल में विद्यार्थी का शोध-दृष्टि से अध्ययन करने पर मानसिक विकास होता है और शोध क्या होता है—यह स्पष्ट होने लगता है। विषय के चयन के लिए अपेक्षित क्षमता भी उसे अपने भीतर दिखाई पड़ने लगती है। विश्वविद्यालय अनुदान आयोग की नई शर्तों के अधीन प्रायः प्रत्येक विश्वविद्यालय में एम. फिल्. की योजना या तो लागू हो चुकी है या हो रही है। इस प्रकार शोधार्थी के लिए अब पहले एम. फिल्. कर लेना अनिवार्य हो गया है, यद्यपि प्रथम श्रेणी में उत्तीर्ण छात्रों के पी-एच. डी. में सीधे प्रवेश के अपवाद अब भी मिल जाते हैं।

एम. फिल्. में एक प्रश्न-पत्र के रूप में लघु शोध-प्रबंध (डिजर्टेशन) लिखना अनिवार्य होता है। कहना न होगा कि यह 'लघु शोध-प्रबंध' पी-एच. डी. स्तर पर किए जानेवाले शोध की दिशा में प्रशिक्षण की दृष्टि से अत्यंत महत्त्वपूर्ण कदम है। इसका महत्त्व इसलिए और अधिक बढ़ जाता है कि उसके साथ ही शोध-कार्यविधि का अध्ययन भी एम. फिल्. में एक पृथक् प्रश्न-पत्र के रूप में किया जाता है। इस प्रकार इस स्तर पर विधार्थी को शोध के अंतरंग और बहिरंग, सिद्धांत और व्यवहार पक्ष का ज्ञान साथ-साथ हो जाता है। इससे पूर्व भी कई विश्वविद्यालयों में एम. ए. स्तर की 'लघु शोध-प्रबंध' लेखन का एक वैकल्पिक प्रश्न-पत्र के रूप में प्रावधान है। एम. फिल्. योजना से पूर्व पी-एच. डी. के इच्छुक छात्रों के लिए यह 'लघु शोध-प्रबंध' लेखन का प्रश्न-पत्र वरदान ही था, परंतु साथ में शोध-कार्यविधि संबंधी ज्ञान हेतु कोई योजना नहीं थी। अस्तु, एम. फिल्. का पी-एच. डी. से पूर्व अनिवार्य कर दिया जाना शोधार्थी के हित में ही है।

6.2 संबद्ध विभाग द्वारा योग्यता निर्धारण—अब शोध से संबद्ध विभागीय भूमिका पर भी तनिक विचार कर लेना उचित है। परोक्ष रूप में, विभागीय भूमिका का संबंध शोधार्थी में अपेक्षित योग्यता के मूल्यांकन से ही है। विभाग से अभिप्राय शोध-विषय के पंजीकरण करनेवाले मंडल, विभागाध्यक्ष तथा अन्य विभागीय अध्यापकों से है, जिन्हें शोधार्थी की योग्यता की परख होती है।

हिंदी में शोध की दृष्टि से विभागीय भूमिका प्रायः निंद्य रही है। यद्यपि हिंदी में उच्चस्तरीय शोध-कार्य भी हुआ है, फिर मात्रात्मक और गुणात्मक—दोनों दृष्टियों से हुए निम्नस्तरीय शोध-कार्यों के लिए विश्वविद्यालयों के संबद्ध विभाग ही उत्तरदायी रहे हैं। एम.

लिट्. या एम. फिलू. की योजना के लागू होने से पूर्व तक हिंदी में प्रायः कोई भी पचास प्रतिशत अंक पानेवाला विद्यार्थी शोध में प्रवेश प्राप्त कर लेता था और कभी-कभी ऐसे विद्यार्थियों में से कुछ को शोध छात्रवृति भी मिल जाया करती थी। स्पष्ट ही ऐसे विद्यार्थियों की पहुँच सीधे ही पंजीयक मंडल, विभागाध्यक्ष या किसी विभागीय प्राध्यापक से होती थी।

विभागाध्यक्ष तथा अन्य विभागीय सदस्यों को इस बात के प्रति सचेत रहना चाहिए कि शोधार्थी के रूप में जिसे वे भरती कर रहे हैं क्या उसमें अपेक्षित सूझ-बूझ और अर्हताएँ हैं। लेकिन इसके विपरीत जब निहित स्वार्थों को महत्त्व दिया जाता है तब प्रत्येक प्राध्यापक जी-जान से अपने गुट के विद्यार्थियों के लिए प्रत्येक सुविधा जुटाने में प्रयत्नशील हो उठता है जिनमें शोध में प्रवेश दिलाना भी एक काम होता है, ऐसी स्थिति में योग्य विद्यार्थी, जो अध्ययन-मनन में विश्वास रखते हैं और गुटबंदी से दूर रहते हैं, बहुधा शोध-मंदिर में प्रवेश नहीं पाते।

इस स्थिति का कुपरिणाम यह होता है कि विश्वविद्यालय नियमावली के अधीन प्रत्येक अध्यापक अपने निर्देशन में अधिकतम भरती कर लेता है, विषय चाहे कुछ भी हो। बाद में विषय के साथ वह न्याय नहीं कर पाता। ऐसा निर्देशक अपने संबंधों का लाभ उठाकर कुछ को पी-एच. डी. दिलवा देता है, मगर अधिकांश शोधार्थी बीच में ही छोड़ जाते हैं। जिन्हें पी-एच. डी. मिल जाती है, उनके शोध-कार्य की गुणवत्ता का अनुमान सहज ही लगाया जा सकता है। ऐसे कई उदाहरण मिल सकते हैं जहाँ निर्देशकों ने अपने निर्देशन में तीस से लेकर साठ तक पी-एच. डी. करवाकर एक लंबी लिस्ट बना रखी है। इस प्रकार से पी-एच. डी. प्राप्त किए व्यक्ति भविष्य में गुरु परंपरा पर चलेंगे और परिणाम होगा शोध-स्तर में भयानक गिरावट, जिसके हम प्रत्यक्षदर्शी हैं।

अस्तु, संबद्ध विभाग की इस दिशा में एक निश्चित पद्धति होनी चाहिए। विभागाध्यक्ष से लेकर प्रत्येक प्राध्यापक को यह देखना चाहिए कि क्या शोधार्थी में वास्तविक शोध-योग्यता है ? जहाँ तक हो सके सीधे एम. ए. करते ही विद्यार्थी को पी-एच. डी. में प्रवेश नहीं देना चाहिए। अपवाद हो सकते हैं। यदि कोई विद्यार्थी एम. ए. स्तर पर ही असाधारण प्रतिभा का परिचय देते हुए कुछ लेख इत्यादि प्रकाशित करवा चुका है और जिस विषय पर शोध करना चाहता है उसका उसने गंभीर अध्ययन किया है, साथ ही शोध-कार्यविधि से भी परिचित है, तो उसका पंजीकरण किया जा सकता है। लेकिन ऐसे विद्यार्थी बहुत कम होते हैं। अस्तु, जो भी विद्यार्थी शोध करने की इच्छा से उपस्थित होता है, उससे उसके विषय से संबंधित अध्ययन-क्षेत्र पर पर्याप्त विचार-विमर्श करना चाहिए।

शोधार्थी से यह अवश्य पूछा जाना चाहिए कि उसके विषय-क्षेत्र में जो शोध-कार्य हो चुके हैं, उनसे वह कहाँ तक परिचित है ? शोध की मूल चेतना क्या होती है ? वह किस नई स्थापना की परिकल्पना कर रहा है ? उसे शोध की वैज्ञानिक कार्यविधि का कहाँ तक पता है ? फिर उसके परिकल्पित विषय के पहलू-विशेष पर कुछ लिखकर दिखाने को कहा जाना चाहिए जिससे उसकी शोध-प्रतिभा का पता चल सकेगा। इस प्रक्रिया से गुजर लेने पर विद्यार्थी को अपने ऊपर विश्वास होगा और उसे अपनी क्षमताओं को परखने का अवसर मिल जाएगा।

अब प्रश्न उठता है कि शोधार्थी में किन अर्हताओं का होना आवश्यक है ?

6.3 पूर्वगति–पूर्वगति से अभिप्राय है कि परिकल्पित या प्रस्तावित विषय में पंजीकरण के समय तक शोधार्थी की कितनी गति है। इसके अतिरिक्त वह शोध की व्यावहारिक कार्यविधि को किस सीमा तक समझ पाया है ? इन प्रश्नों का कुछ समाधान तो विभागीय उत्तरदायित्व की समीक्षा में ही कर दिया गया है। यहाँ इन प्रश्नों के उत्तर शोधार्थी को स्वयं से पूछने चाहिए।

शोधार्थी को सबसे पहले यह पता होना चाहिए कि शोध का उद्देश्य क्या है ? यदि उसे यह स्पष्ट हो जाए कि मोटे तौर पर शोध का उद्देश्य उपलब्ध ज्ञान को व्यापकतर बनाना और अर्जित ज्ञान का निरंतर शोधन करना है, ताकि ज्ञान अद्यतन रह सके, तो उसके लिए यह जानना आवश्यक हो जाता है कि वह किस क्षेत्र में शोध के द्वारा ज्ञान-विस्तार में सहायक हो सकता है। उसके मन में यदि कोई क्षेत्र शोध की संभावनाओं के रूप में आकार ग्रहण करता भी है तो उसके लिए यह आवश्यक हो जाता है कि उक्त क्षेत्र में अद्यतन खोज के इतिहास को जानकर, समझकर अपने शोध की संभावनाओं का निश्चय करे। परिकल्पनात्मक स्तर पर वह अपने योगदान का विश्लेषण भी कर सकता है और उसे ऐसा विश्लेषण करना चाहिए। इससे उसे स्पष्ट पता चल सकता है कि उसकी अभिरुचि के क्षेत्र में शोध की कितनी गुंजाइश है। यह सब जान लेना इतना आसान नहीं है जितना कि लगता है। शोध-कार्य करना उतना मुश्किल नहीं होता जितनी वास्तव में काम करने के क्षेत्र और विषय की खोज होती है।

इस प्रकार शोध को समझने और शोधार्थी द्वारा अपने विषय अथवा क्षेत्र के निर्धारण में बहुत से पहलू सक्रिय रहते हैं। इन सबमें, पूर्वगति के रूप में शोधार्थी को एम. ए. स्तर पर देखने का प्रयास करना चाहिए कि उसकी सर्वाधिक रुचि किस क्षेत्र, आंदोलन, युग अथवा लेखक में रही है। क्या वह एम. ए. करने के बाद भी किसी विषय-विशेष के प्रति अधिक आकृष्ट रहा है ? इस अभिरुचि और आकर्षण के क्षेत्र में उसे और अधिक जागरूकता से प्रवेश करना चाहिए। चूँकि अभिरुचि और थोड़े-बहुत अध्ययन-मनन के रूप में उसकी पूर्वपीठिका बन जाती है, इसलिए वह आगे बढ़ने में समर्थ हो सकता है।

अपनी अभिरुचि के क्षेत्र का शोध की दृष्टि से जब कोई विद्यार्थी अध्ययन करेगा तब निश्चय ही उसकी दृष्टि तथ्यों की पकड़ पर केंद्रित रहेगी। इन तथ्यों के स्थूल आकलन तथा उद्घाटन या ज्ञात तथ्यों तथा स्वीकृत सिद्धांतों की नई व्याख्या के संबंध में उसके मन में नई जिज्ञासाओं का उदय स्वयंमेव होगा। वह यह जान सकेगा कि क्या वह वास्तव में कुछ नए निष्कर्षों तक पहुँचने की क्षमता रखता है ? इस प्रकार वह अपनी मौलिकता और अपने योगदान के प्रति भी आश्वस्त हो सकेगा। यही समय है जबकि शोधार्थी अपने श्रम, समय, लगन और अवांतर अर्हताओं को भी समझ सकता है।

इस प्रकार शोधार्थी को अपनी पूर्वगति के रूप में यह जान लेना चाहिए कि शोध को लेकर उसकी जिज्ञासा कितनी प्रखर व अदम्य है और वह शोध की चेतना और उसकी प्रतिष्ठा की दृष्टि से परिकल्पित विषय में कितना खरा उतर सकता है। शोध एक निश्चित कार्यविधि में ही बँधकर संपन्न किया जा सकता है। अस्तु, शोधार्थी को टीप लेने से लेकर पाद-टिप्पणियाँ, संदर्भ-ग्रंथ सूची तक की तैयारी में प्रत्येक स्थल पर वैज्ञानिक प्रतिपादन का पता होना चाहिए (दे. 10.0,11.0,12.0)। इसके लिए उसे कतिपय शोध-ग्रंथ, प्रकाशित लेख और शोध-कार्यविधि

पर उपलब्ध पुस्तकों का अध्ययन करके आवश्यक ढाँचे के रूप में टीप इत्यादि लेनी चाहिए। अतः शोधार्थी के लिए शोध के अंतरंग और बहिरंग–दोनों पक्षों से पूर्णतया परिचित होना अनिवार्य है। ये दोनों अन्योन्याश्रित हैं। इनमें से किसी एक का दूसरे की उपेक्षा में निर्वाह संभव नहीं। निष्कर्ष यह कि शोध न तो आत्मपरक आलोचना है और न ही केवल एक ढाँचा खड़ा करके उसमें इधर-उधर से खींचकर सजाया गया माल।

शोधार्थी जब किसी विदेशी आंदोलन के प्रभाव के अधीन अपने साहित्य की किसी विधा का अध्ययन करना चाहता है अथवा विदेशी साहित्य और अपने साहित्य के किसी पक्ष का तुलनात्मक अध्ययन करना चाहता है, तब अपनी पूर्वगति के रूप में उसे विदेशी आंदोलन और साहित्य में अपनी पैठ का अनुमान लगाना चाहिए। इस दिशा मे सर्वाधिक महत्त्वपूर्ण बात यह है कि उसे संबद्ध विदेशी भाषा का ज्ञान होना चाहिए और तुलनीय पक्षों में भिन्न संस्कृतियों के होते हुए भी मानवीय धरातल पर स्पष्ट साम्य के लक्षण दिखाई देने चाहिए। यह तभी संभव हो सकता है जब इस प्रकार के शोध-विषय का चयन करनेवाले शोधार्थी की दोनों साहित्यों में पैठ हो। यदि शोधार्थी संबद्ध विदेशी भाषा नहीं जानता तो स्पष्ट है कि अनूदित साहित्य के अध्ययन द्वारा वह शोध के लिए अपेक्षित गहराई तक नहीं जा सकेगा। इसके साथ ही अनूदित साहित्य की सीमाएँ तो सर्वज्ञात हैं ही। किसी लेखक के मूल ग्रंथों का अनुवाद यदि सुलभ भी हो तो भी उस पर किए गए शोध-कार्यों से संबंधित पुस्तकों और अन्य संदर्भ-ग्रंथों का अनुवाद सुलभ ही हो–ऐसा नहीं माना जा सकता। इस प्रकार के पंजीकरण से पूर्व संबद्ध विभाग का दायित्व है कि वह प्रस्तावित शोध-विषय के औचित्य और शोधार्थी की तत्संबंधी योग्यता की गहराई से जाँच करे।

निष्कर्ष यह है कि शोधार्थी का पंजीकरण और विधिवत शोधरत होने से पूर्व इन सभी पहलुओं पर गंभीरता से विचार कर लेना चाहिए।

6.4 अन्य अर्हताएँ–उपर्युक्त आधारभूत अर्हताओं के अतिरिक्त शोधार्थी में और बहुत-सी अर्हताओं का होना आवश्यक है। इन्हें संक्षेप में हम इस प्रकार समझ सकते हैं।

6.4.1 मनोवृत्ति–शोधार्थी की मनोवृति शोध के अनुकूल होनी चाहिए (दे. 5.5.1, 5. 5.2)। उसे केवल उपाधि के अर्जन को ही उद्देश्य मानकर नहीं चलना चाहिए बल्कि उसे यह मानकर चलना चाहिए कि अपने शोध-कार्य के द्वारा वह साहित्य के क्षेत्र-विशेष में कुछ मौलिक योगदान देगा। अर्थात् शोधार्थी की दृष्टि में 'शोध' मुख्य होना चाहिए और 'उपाधि' गौण। केवल उपाधि पर दृष्टि गड़ाए रखने से शोधार्थी की मनोवृति बिखरी रहती है और वह योग्य होते हुए भी शीघ्र काम निपटाने की भावना के अधीन तत्त्वान्वेषण से विमुख हो जाता है। अस्तु, शोधार्थी को अपनी मनोवृति को शोध के अनुकूल बनाना चाहिए, जिसके अभाव में या तो उसे शोध को अधर में ही छोड़कर भागना पड़ेगा अथवा उसका शोध-कार्य निम्नस्तरीय होगा।

6.4.2 पकड़–शोधार्थी का बोध अथवा पकड़ अत्यंत पैनी होनी चाहिए। शोध-कार्य तथ्यों की खोज या उनकी पुनर्व्याख्या का कार्य होता है। अपने परिकल्पित विषय की अनुरूपता में अध्ययन करते समय शोधार्थी को अध्ययन मार्ग में पड़नेवाले तथ्यों को एकदम पकड़ना चाहिए। उसे अपने विषय की मूल चेतना के प्रति सदैव जागरूक रहना चाहिए और इसी चेतना के परिप्रेक्ष्य में यह निर्णय लेने की क्षमता दिखानी चाहिए कि कौन-से तथ्य उसके

लिए उपयोगी हैं और कौन-से अनुपयोगी। यह काट-छाँट, निरीक्षण-परीक्षण, मूल्यांकन-विश्लेषण का कार्य तभी संभव हो सकता है जब शोधार्थी की सूझ-बूझ या पकड़ अत्यंत तीक्ष्ण हो। यह सही है कि ऐसी पकड़ जन्मजात प्रतिभा पर निर्भर करती है लेकिन इसके लिए गहन और व्यापक अध्ययन आवश्यक है। बिना गहन और व्यापक अध्ययन के प्रतिभा में निखार नहीं आ सकता। फलतः उसकी पकड़ शक्ति विकसित नहीं हो सकती। यही पकड़ भावयित्री प्रतिभा के रूप में तथ्यों के संश्लेषण, तदुपरांत निष्कर्षों की ओर बढ़ते समय उनके आलोचनात्मक प्रतिपादन में काम आती है। अतः पकड़ अथवा भावयित्री प्रतिभा को हम दूसरे शब्दों में प्रातिभ ज्ञान (इंट्यूटिब नालेज) की संज्ञा दे सकते हैं। जिस शोधार्थी के पास यह प्रातिभ ज्ञानशक्ति होती है, उसे शोध करते समय प्रत्येक स्तर पर अपने मस्तिष्क में सहसा एक चिनगारी-सी दीप्त होती दिखाई पड़ती है। यह दीप्ति ही शोधार्थी की पकड़ और विवेक की सूचक है (दे. 5.4)।

6.4.3 श्रमसाध्यता–अनेक तकनीकी पहलुओं की कड़ी सम्हाल और गहन तथा व्यापक अध्ययन की अपेक्षा को देखते हुए शोध कड़ी साधना और श्रमसाध्यता का कार्य है। इस श्रमसाध्यता के लिए पर्याप्त समय तथा शारीरिक और मानसिक श्रम करने की आवश्यकता है। लगातार घंटों बैठकी लगाए बिना शोधार्थी अपने कार्य को आगे नहीं बढ़ा सकता। इस दृष्टि से शोधार्थी में तत्परता और धैर्य या सहिष्णुता के गुण होने चाहिए। सच्चे शोधार्थी के लिए शोध उबाऊ न होकर रस प्रदान करनेवाला होता है।

6.4.4 संकोचहीनता–शोधार्थी को अपने विषय की दृष्टि से किए गए अध्ययन से उपलब्ध तथ्यों और निष्कर्षों को लेकर निःसंकोच होकर विचार-विमर्श करना चाहिए। उसके मन में झिझक या झूठे मान-अपमान की भावना नहीं होनी चाहिए। इसके विपरीत उससे तो किसी भी सुपात्र व्यक्ति से विचार-विमर्श करके लाभान्वित होना चाहिए। यह सही है कि उसके लिए उसका शोध निर्देशक सहज उपलब्ध है, परंतु अन्य सुयोग्य व्यक्तियों से परिचर्चा करने से बहुत लाभ होता है। अधिक-से-अधिक वह ऐसी परिचर्चा से प्राप्त निष्कर्षों पर पुनः अपने निर्देशक के साथ विमर्श कर सकता है।

6.4.5 पूर्वग्रहों से मुक्त–शोधार्थी को किसी भी प्रकार के पूर्वग्रहों से मुक्त होकर ही चलना चाहिए। शोध पूर्ण होने तक शोधार्थी अंतिम रूप से कुछ नहीं कह सकता। शोध में निरंतर शोधन की गुंजाइश बनी रहती है। प्रत्येक कदम और स्तर पर शोधार्थी की पहली मान्यताएँ बदल सकती हैं। इसके विपरीत यदि शोधार्थी अपनी किसी पूर्वमान्यता से बँधकर चलने का दुराग्रह प्रदर्शित करता है तो वह शोधार्थी नहीं रह जाता।

6.4.6 साहित्यिक चोरी से बचना–शोधार्थी को साहित्यिक चोरी से बचना चाहिए। जो शोधार्थी मौलिक शोध करना चाहता है उसमें यह दुर्गुण कदापि नहीं होना चाहिए। यही नहीं उसे प्राथमिक और गौण स्रोतों के अंतर और उनके व्यवहार के प्रति भी सचेत रहना चाहिए (दे. 10.2)। केवल चोरी के सहारे चलनेवाले शोधार्थी कुछ भी मौलिक नहीं दे पाते।

6.4.7 शोध-कार्य की निरंतरता–शोधार्थी को शोध-कार्य की निरंतरता के महत्त्व को समझना चाहिए। नैरंतर्य से तात्पर्य है–शोध-कार्य की प्रतिदिन की गति। कई बार जब शोधार्थी ऊबकर कुछ दिनों के लिए कार्य स्थगित कर देता है तब यह स्थगन-काल कई बार बढ़ता ही चला जाता है। इससे न केवल समय की हानि होती है बल्कि पहले का अध्ययन

और मनन भी विस्तृत होने लगता है। फलतः शोधार्थी को नए सिरे से काम करना पड़ता है। इसलिए शोधार्थी में शोध-कार्य की निरंतरता को बनाए रखने का गुण होना चाहिए।

6.4.8 निरवकाश निर्देश प्राप्ति–शोधार्थी को अपने निर्देशक से निरवकाश रूप में निर्देश प्राप्त करते रहना चाहिए। इससे कार्य की गति और स्पष्टता बनी रहती है। कई शोधार्थी कई कारणों से महीनों तक अपने निर्देशकों से नहीं मिलते। इससे उन्हें पर्याप्त हानि उठानी पड़ती है। यही नहीं निर्देशक भी संपर्क में न रह पाने के कारण उसके विषय की गति और स्थलगत महत्त्व के प्रति अवगत नहीं रह पाता। ऐसी स्थिति में उचित निर्देशन संभव नहीं हो पाता और विषयांतर भ्रामक तथ्य और भ्रांत निष्कर्षों जैसे दोष शोध-प्रबंध में स्वतः आ जाते हैं।

6.5 निर्देशक की अर्हताएँ–उत्तम 'शोध' में निर्देशक का स्थान बहुत ऊँचा और महत्त्वपूर्ण होता है। 'बलिहारी गुरु आपणें जिन गोबिन्द दियो दिखाय' कबीर का यह कथन शोध-क्षेत्र पर भी पूर्णतः चरितार्थ होता है। वास्तव में ही निर्देशक के बिना शोध-कार्य संपन्न नहीं हो सकता। शोध के प्रत्येक स्तर और स्थल पर निर्देशक ही विषय प्रसारण, तथ्यों की न्यायसंगतता, उनके विश्लेषण और निष्कर्षों के खरेपन की जाँच-पड़ताल में प्रेरणा और दिशा प्रदान कर सकता है। इस प्रकार निर्देशक का कार्य मार्ग बतलाना है। इसके साथ ही निर्देशक शोधार्थी को मानसिक दुर्बलताओं और धैर्यहीनता पर विजय पाने के लिए प्रोत्साहित करता है। इस प्रकार शोध और शोधार्थी से सीधे और परोक्ष रूप में संपृक्त सभी समस्याओं का समाधान निर्देशक को ही करना होता है। निर्देशक की इन अर्हताओं को हम निम्न रूप में देख सकते हैं :

6.5.1 शोधार्थी की योग्यता की पहचान–निर्देशक को शोधार्थी की योग्यता की पर्याप्त निरख-परख के पश्चात् ही अपने निर्देशन में उसके पंजीकरण की सिफारिश करनी चाहिए। क्योंकि सही शोधार्थी के चयन द्वारा ही श्रेष्ठ शोध हो सकता है।

6.5.2 अपनी क्षमता का परिचय–निर्देशक को अपनी क्षमता का पूरा परिचय होना चाहिए। उसमें यह लालच नहीं होना चाहिए कि अधिक संख्या में पी-एच. डी. पैदा करने से उसके मान में चार चाँद लग जाएँगे। यह सर्वविदित तथ्य है कि कोई भी व्यक्ति साहित्य के सभी पक्षों का ज्ञाता नहीं हो सकता और न ही सभी पक्षों का शोध निर्देशक ही। इसलिए निर्देशक को अपने इस लोभ पर काबू पाना चाहिए। यदि निर्देशक इन तथ्यों को भुलाकर धड़ाधड़ किसी भी विषय पर निर्देशन देने को तैयार हो जाता है, तो भले ही उसके शोधार्थी पी-एच. डी. की उपाधि प्राप्त कर लें, लेकिन उसके निर्देशन में हुआ कार्य उच्चस्तरीय नहीं हो सकता। निर्देशन क्षमता का संबंध उपाधि से न होकर विषय से होता है और विषय का सतही ज्ञान विषय का सही ज्ञान नहीं माना जा सकता। आजकल तो विश्वविद्यालय में पद और पहुँच ही निर्देशक की योग्यता का आधार माने जा सकते हैं। वास्तव में विश्वविद्यालयों से बाहर स्वतंत्र रूप में श्रेष्ठ साहित्यसेवी भी मिलते हैं। अस्तु, यदि किसी विषय पर विश्वविद्यालय प्राध्यापक निर्देशन-कार्य नहीं कर पाते तो स्वतंत्र साहित्यसेवी व्यक्तियों में से ही किसी को निर्देशक-रूप में चुना जाना चाहिए।

6.5.3 निर्देशन अवकाश–निर्देशक के पास निर्देशन हेतु पर्याप्त अवकाश होना चाहिए। बहुत से निर्देशक सदैव ही समयाभाव की शिकायत करते हैं। जबकि उनके निर्देशन में एक

ही समय पर पाँच से लेकर दस तक शोधार्थी शोधरत होते हैं। ऐसे निर्देशक या तो अपने कार्य में व्यस्त रहते हैं या फिर विश्वविद्यालय कार्य में। शोधार्थी उनके नाम की मुहर का ठप्पा लगवाने के लिए एक बार तो उनके निर्देशन में पंजीकृत होना अपना सौभाग्य समझते हैं; परंतु जब वे शोध दिशा में समस्याओं से घिरते हैं तब उन्हें पता चलता है कि उनका निर्देशक तो निर्देशन के नाम पर ठन-ठन-गोपाल है। ऐसे निर्देशकों के शोधार्थी घिसटते रहते हैं, और बाद में या तो स्वयं या निर्देशक के निवेदन पर किसी अन्य विद्वान की शरण में चले जाते हैं। ऐसी स्थिति में शोधार्थी प्रायः बहुत देर से काम संपन्न कर पाते हैं और कई एक तो अपना धैर्य खोकर बीच में ही छोड़ बैठते हैं। वास्तव में विश्वविद्यालयों की ओर से विभागीय समयसारणी में कम-से-कम एक घंटे का शोध-निर्देशन हेतु विधान होना चाहिए ताकि अलग-अलग दिनो पर अलग-अलग विद्यार्थी अपनी शोध-समस्याओं का समाधान प्राप्त कर सकें।

6.5.4 कर्मठता, धैर्य एवं सहिष्णुता–शोधार्थी के समान निर्देशक में भी कर्मठता, धैर्य और सहिष्णुता का होना आवश्यक है। शोध में उत्पन्न समस्याओं के संबंध में शोधार्थी को टरकाए नहीं, बल्कि स्वयं लगन और उद्यम से उनका सही समाधान खोजे। यदि निर्देशक ऐसा नहीं करता है तो वह निश्चय ही शोधार्थी को गुमराह करेगा। कई बार निर्देशक अपने पूर्वग्रहों के अधीन किसी समस्या पर पुनर्विचार करना जरूरी नहीं समझता। इस प्रकार वह शोधार्थी के सही अभिमत को बदलवाकर गलत कर देता है।

6.5.5 ज्ञान-सीमा–इसी प्रकार निर्देशक को अपनी ज्ञान-सीमा के संबंध में भी स्पष्ट बता देना चाहिएं। समस्या-विशेष अथवा क्षेत्र-विशेष में यदि निर्देशक अनभिज्ञ है तो उसे शोधार्थी पर अपनी अनभिज्ञता प्रकट कर देनी चाहिए। स्वयं उस दिशा में सही ज्ञान प्राप्त करने का प्रयास करना चाहिए। यदि शोधार्थी अपनी ऐसी समस्या को लेकर किन्हीं अन्य विद्वान से विचार-विमर्श करता है तो निर्देशक को उसका बुरा नहीं मानना चाहिए। इस प्रकार की स्पष्टवादिता अंततः निर्देशक और शोधार्थी–दोनों के ही हित में रहती है।

6.5.6 तटस्थता–निर्देशकों को उद्धरणों की दृष्टि से तटस्थता का परिचय देना चाहिए। विषय की अनुरूपता में जो ग्रंथ मूल स्रोतों के रूप में अपरिहार्य हैं उनके अध्ययन की ही संस्तुति करनी चाहिए। हिंदी में बहुधा निर्देशक, शोधार्थी को अपने मित्रों, विभागाध्यक्ष और संभावित परीक्षकों के ग्रंथों से उद्धरण लेने के लिए–कभी दबी जुबान से, तो कभी प्रकट रूप में–कहता है; भले ही ऐसे उद्धरणों का विषय से कोई संबंध न हो। शोधार्थी भी राजनीति से दूषित वातावरण को देखते हुए ऐसा करना अपने लिए हितकारी समझता है और खींचतान-कर ऐसे उद्धरणों की संगति बिठाता है। यह शोध-दर्शन के सर्वथा प्रतिकूल है।

इस प्रकार निर्देशक के गुणों में हम उसकी विचारशीलता, कलाभिरुचि, स्पष्टता इत्यादि और भी कई गुणों का समावेश कर सकते हैं। वास्तव में ये सभी गुण उपर्युक्त गुणों में ही किसी-न-किसी रूप में समाविष्ट हैं। यदि निर्देशक मोटे तौर पर इन बातों का ही ध्यान रखे तो वह एक श्रेष्ठ निर्देशक सिद्ध हो सकता है।

विषय-चयन

7.0 विषय–जीवन को जानने और समझने के लिए जितनी भी जिज्ञासाएँ एवं आधार हो सकते हैं; मोटे तौर पर उन सबको विषय की संज्ञा दी जा सकती है। स्थूल वर्गीकरण के रूप में हम इन जिज्ञासाओं एवं आधारों को भौतिक एवं भौतिकेतर भागों में बाँट सकते हैं। संज्ञापरक अभियान की दृष्टि से हम भौतिक क्षेत्र को विज्ञान और भौतिकेतर को दर्शन की सीमाओं में निबद्ध कर सकते हैं। जीवन के भावात्मक एवं कलात्मक यथार्थ एवं आदर्श पक्षों तथा विज्ञान एवं दर्शन के समन्वयपरक रूप में, जीवन को देश-काल निरपेक्ष स्तर पर समझने का एक अन्य आधार भी है, जिसे हम साहित्य की संज्ञा दे सकते हैं। ये सभी विद्या-शाखाएँ—विज्ञान, दर्शन एवं साहित्य पृथक्-पृथक् एवं समवेत रूप में जीवन को समझने की अथवा ज्ञान की रूपायक शाखाएँ हैं। इन तीनों की आगे चलकर अनेक शाखाएँ-प्रशाखाएँ होती चली गई हैं। यही नहीं विज्ञान, दर्शन और साहित्य तथा उनकी शाखाएँ-प्रशाखाएँ स्वतंत्र होने के साथ एक-दूसरे के साथ संबद्ध भी हैं। अस्तु, विषय का स्वरूप इन सबके पृथक् और अंतर्विद्यावर्ती शाखा-स्तरों पर निर्मित होता चलता है। आज इन विद्या-शाखाओं के स्वतंत्र और अन्योन्याश्रित आधारों पर हम जीवन को सांस्कृतिक, सामाजिक, समाजशास्त्रीय, राजनीतिक, मनोवैज्ञानिक, नृतत्त्वशास्त्रीय, दार्शनिक, सौंदर्यपरक, साहित्यिक इत्यादि न जाने कितने ही रूपों में जानने का प्रयास करते हैं। ये सभी रूप 'विषय' कहलाते हैं, क्योंकि इनमें से प्रत्येक का जीवन के प्रति 'पहुँच' और 'पहचान' का अपना एक विशिष्ट मार्ग है।

इस प्रकार ज्ञान का प्रत्येक शाखागत रूप विषय कहलाता है। प्रत्येक विषय के दो रूप होते हैं—(1) सैद्धांतिक और (2) वर्णनात्मक या शोधपरक। इन दोनों रूपों में लेखन की नियति ही विषय का स्वरूप निर्धारण करती है। लेखन की यह नियति अथवा विषय मानव-मनीषा को संबद्ध दिशा में, जीवन में से जीवन के लिए चिंतनगत निष्कर्ष एवं विचार प्रस्तुत करने का अवसर प्रदान करता है। साहित्य चूँकि सभी ज्ञान-शाखाओं और भाव-समुदाय का समष्टिपरक होता है, इसलिए साहित्यिक विषय जीवन के सीधे साक्षात्कार से बँधे होते हैं। यह साक्षात्कार भाव, दर्शन एवं विचार की त्रयी के समवेत रूप में विधागत स्तर पर सृजनात्मक साहित्य में पहले होता है या किया जाता है। तदुपरांत सृजनात्मक साहित्य का किसी दृष्टिकोण एवं विद्या-शाखा-विशेष अथवा अंतर्विद्यावर्ती स्तर पर मूल्यांकन किया जाता है। यह मूल्यांकन यह जानने के लिए किया जाता है कि सृजनात्मक स्तर पर साहित्य किस रूप और स्तर पर जीवन का साक्षात्कार कर सका है, और उसमें कहाँ तक सफल हो सका है ? यह मूल्यांकन शोध और आलोचना—इन दो स्तरों पर किया जाता है। इन दोनो स्तरों पर प्रतिपादन की संभावनाएँ विषय में ही निहित रहती हैं। आलोचक अथवा शोधार्थी अपने मूल्यांकन के लिए जो रूपरेखा बनाता है, उस रूपरेखा के सभी पहलू उसके द्वारा आलोच्य अथवा शोध्य रचना में रहते हैं। एक प्रकार से वह मूल लेखक की अनुभव-प्रक्रिया में से अपनी भावयित्री प्रतिभा के आधार पर गुजरता है। इस प्रकार साहित्यिक क्षेत्र में आलोचक अथवा शोधार्थी का विषय मूल रचना में अन्य कई विषयों के साथ सन्निहित रहता है। जिस प्रकार

प्याज के छिलके उतरते चलते हैं और इन छिलकों का सुगुम्फित रूप प्याज होता है, ठीक उसी प्रकर अनेक विद्या-शाखाएँ प्याज के प्रत्येक छिलके की भाँति पृथक् विषय की सूचक होती हैं।

इससे आगे किसी भी विद्या-क्षेत्र को अथवा साहित्य के किसी विषय को हम किसी एक दृष्टिकोण से बाँधकर नहीं रख सकते। मानवीय चिंतन और भावना की अनंतता के समानांतर विषय में भी दृष्टिकोणगत अनंतता रहती है। इसीलिए एक ही विषय का प्रतिपादन कई दृष्टिकोणों से हुआ करता है। किसी भी विषय की कोई निश्चित सीमा नहीं बाँधी जा सकती। प्रत्येक व्यक्ति की अपनी चिंतन और विवेचन-क्षमता होती है। कोई व्यक्ति किसी विषय पर सीमित विवेचन कर सकता है तो कोई अन्य अपनी दृष्टि की विशदता के अधीन उसी विषय पर विशद विवेचन करने में भी सक्षम हो सकता है। यह सही है कि विवेचन क्षमता का मुख्य आधार विवेचक की चिंतन-मनन सामर्थ्य अधिक होता है, लेकिन कभी-कभी विषय में भी विवेचन की माँग की सीमाएँ और विस्तार स्वतः लक्षित होते हैं। एक विषय से दूसरे विषय तक उसका आयाम तो भिन्न हुआ ही करता है।

विषय के प्रतिपादन में लेखक की क्षमता और विषय के क्षेत्र—दोनों का ही सापेक्षिक महत्त्व होता है। इसीलिए प्रतिपादन में प्रतिपादक की योग्यता के साथ विषय की प्रासंगिकता के अभाव में विषयांतर होने से प्रतिपादन शिथिल एवं अनर्गल हो जाता है। प्रसंगसापेक्ष प्रतिपादन अपनी परिधि में विस्तार पाता है और विकसित होता प्रतीत होता है। उसमें सर्वांशतः तार्किकता बनी रहती है। अस्तु, विषय-विस्तार की अपनी सीमा होती है और यह प्रतिपादक से चिंतनगत स्पष्टता और तर्कगत संगति की अपेक्षा रखती है।

7.1 शोध-विषय—यहाँ विषय से हमारा अभिप्राय साहित्यिक क्षेत्रीय शोध-विषय को समझने से है। पीछे विषय के स्वरूप के संबंध में जिन स्वतंत्र और अंतर्विद्या-शाखागत दृष्टियों को आधार रूप में विवेचित किया गया है, वे सभी साहित्यिक शोध-विषय के निर्धारण में भी सहायक होती हैं। मोटे तौर पर हम यह कह सकते हैं कि वही विषय शोध-विषय हो सकता है जिसमें नए तथ्यों के उद्घाटन की क्षमता अथवा उद्घाटित तथ्यों के पुनर्मूल्यांकन की गुंजाइश हो।

जैसाकि हम जानते हैं शोध सोपाधिक और निरूपाधिक—दोनों प्रकार का होता है। इसके अतिरिक्त आलोचना का एक और स्वतंत्र क्षेत्र भी है जो आत्मपरक है, लेकिन उसका कुछ-न-कुछ दखल शोध-क्षेत्र में अवश्य रहता है। इन तीनों में से सोपाधिक शोध की विशिष्ट वैज्ञानिक कार्यविधि होती है, जबकि शेष दोनों उससे स्वतंत्र रहते हैं। बिना उपाधि के किया गया शोध, जैसाकि स्पष्ट है, किसी उद्देश्य-विशेष से प्रेरित न होकर केवल शोध-रुचि की प्रेरणा के अधीन ही संपन्न होता है। लेकिन सोपाधिक और निरूपाधिक शोध में निष्कर्षगत भिन्नता बहुत नहीं होती। फिर भी दोनों की स्वरूप-प्रक्रिया में अंतर है। इस अंतर का दोनों क्षेत्रों में होनेवाले शोध-विषय पर कोई प्रभाव नहीं पड़ता। दोनों ही क्षेत्रों का विषय एक हो सकता है। यह विषयगत समानता केवल साहित्यिक विषयों के क्षेत्र में ही नहीं होती, बल्कि भाषावैज्ञानिक, काव्यशास्त्रीय, पाठानुसंधान-संबंधी क्षेत्रों में भी हो सकती है। इसका मूलभूत कारण यह है कि दोनों ही क्षेत्रों में किया जानेवाला कार्य है तो अंततः शोध ही। ऐसे शोध-क्षेत्रीय विषय आलोचना के भी विषय हो सकते हैं, लेकिन आलोचना की परिधि में आने

पर ऐसे विषय न केवल सोपाधिक शोध की विश्वविद्यालयीय औपचारिकताओं से बल्कि वैज्ञानिक कार्यविधि के तंत्र से मुक्त रहने के साथ-साथ आत्मपरक रूप में विवेचित होते हैं।

इस प्रकार कहा जा सकता है, शोध-विषय में ज्ञान के विस्तार की संभावना का होना आवश्यक है। शोधार्थी साहित्य के जिस अंग-विशेष या काल-विशेष पर शोध करना चाहता है, तद्‌गत परिप्रेक्ष्य में अपने विषय के द्वारा किन्हीं नूतन संभावनाओं के प्रकाशन की संभावना उसे स्पष्ट नजर आनी चाहिए। विषय के शोधोपयोगी होने की कसौटी यह है कि शोधार्थी जिस दृष्टि-विशेष को लेकर साहित्य के जिस पक्ष पर शोध करना चाहता है, उस पक्ष पर वह अपने दृष्टिकोण के माध्यम से जीवन का किसी नए स्तर पर साक्षात्कार कर और करवा सके।

'विषय' शीर्षक के अंतर्गत यह स्पष्ट किया जा चुका है कि साहित्य में जीवन का प्रत्यक्ष साक्षात्कार रहता है। इसलिए साहित्य जीवन को समग्रता में रूपायित करने का प्रयास करता है। जीवन को समग्रता में पकड़ने के अपने प्रयास में साहित्यकार पर ज्ञान के सभी अनुशासनों का प्रभाव पड़ता है। प्रभाव रूप में ये सभी अनुशासन अनुभूति स्तर पर इतने अधिक घुल-मिल जाते हैं कि इन अनुशासकों का चिंतन-पक्ष साहित्य का भाव-पक्ष बन जाता है। इसलिए किसी भी श्रेष्ठ साहित्यिक रचना अथवा विधा पर राजनीतिक, समाजशास्त्रीय, मनोवैज्ञानिक, ऐतिहासिक एवं सौंदर्यशास्त्रीय दृष्टियों से शोध किया जा सकता है। यह शोध इनमें से जिस क्षेत्र से संबद्ध होगा, उस क्षेत्र में साहित्य के द्वारा जीवन की व्याख्या प्रस्तुत करेगा। शोधार्थी को तो यह देखना होता है कि जिस अनुशासन के अधीन वह साहित्य के जिस पक्ष में शोध करना चाहता है क्या उस पक्ष में शोध की उस दृष्टि से संभावना है ? इन अनुशासनों के अतिरिक्त साहित्य के अनुभूति और अभिव्यक्ति पक्षों पर भाव, विचार, रस-विशेष, मूल्य एवं दर्शन-विशेष, बिंब, प्रतीक, भाषा, संगीत इत्यादि स्तरों पर भी शोध होता है। इसमें भी यह द्रष्टव्य है कि इनमें जिस शीर्षक के अंतर्गत शोध किया जाता है, क्या संबद्ध साहित्य में उसकी व्यवहार्यता संभव है ? यदि यह व्यवहार्यता संभव है तो विषय शोधोपयुक्त हो सकता है।

7.2 विषय-चयन–अब हमारे सामने यह प्रश्न उठ खड़ा होता है कि विषय का चयन किस प्रकार, किन आधारों पर किया जाए ? इससे पूर्व कि इस संबंध में विश्वविद्यालय, शोधार्थी तथा निर्देशक की भूमिका पर विचार किया जाए, विषय-चयन में ध्यातव्य कुछ मूलभूत बातों पर ध्यान अपेक्षित है, जो इस प्रकार हैं–

1. विषय ऐसा नहीं होना चाहिए जोकि बाद में विश्वकोश लेख (एन्साइक्लोपीडिया आर्टिकल) के समकक्ष मात्र बनकर रह जाए।

2. सीधे, सामान्य जीवनीपरक विषयों का चयन भी असंगत होता है क्योंकि ऐसे विषय में भी विश्वकोश लेखगत शोध से अधिक की संभावना नहीं रहती।

3. अतिनव्य विषय का चयन भी शोध हेतु नहीं किया जाना चाहिए क्योंकि अतिनव्य विषयों एवं आंदोलनों का स्वरूप स्थिर नहीं होता। ऐसे विषयों पर लेख अथवा निबंध ही लिखे जा सकते हैं। उदाहरण के लिए 'विचार कविता की दार्शनिक पृष्ठभूमि' अथवा 'हिंदी में एब्सर्ड नाट्य का अध्ययन' इत्यादि विषयों को आज के संदर्भ में त्याज्य विषयों में ही गिना जा सकता है।

4. अधिक तकनीकी विषयों का अधिग्रहण भी उपयुक्त नहीं माना जा सकता क्योंकि ऐसे विषयों में सिद्धांतगत परिभाषाओं और पारिभाषिक खंडों इत्यादि के स्वरूप-निर्धारण में बहुत कठिनाई होती है।

7.3 विषय-चयन में विश्वविद्यालय की भूमिका—विषय-चयन में विश्वविद्यालय की महत्त्वपूर्ण भूमिका रहती है। इस भूमिका के एकाधिक स्तर हैं। विश्वविद्यालयों के लिए सर्वाधिक महत्त्वपूर्ण बात यह है कि उनके संबद्ध विभागों में उनके अपने और अन्य विश्वविद्यालय के उन्हीं विभागों में हुए शोध-कार्यों की अतिनव्य विषय-सूची (कंपेंडियम) उपलब्ध होनी चाहिए। इससे विषय-चयन करते समय पुनः तब तक उसी विषय के पंजीकरण की संभावना नहीं रहती जब तक कि शोधार्थी किसी नई दृष्टि अथवा ज्ञात तथ्यों के नए मूल्यांकन के अपने अभिमत को पुष्ट नहीं कर देता। हिंदी में अब तक के शोध-विषयों की ऐसी सूचियों का अभाव रहा है। यही कारण है कि एक ही विषय कई-कई विश्वविद्यालयों में पंजीकृत होता रहा है। इस संबंध में कुछ उदाहरण द्रष्टव्य हैं—

वृंद और उनका साहित्य	राजस्थान विश्वविद्यालय
वृंद और उनका साहित्य	वेंकटेश्वर विश्वविद्यालय
भारतेंदु हरिश्चंद्र	आगरा विश्वविद्यालय
भारतेंदु हरिश्चंद्र	नागपुर विश्वविद्यालय
आधुनिक हिंदी काव्य में प्रतीक विधान	गोरखपुर विश्वविद्यालय
आधुनिक हिंदी काव्य में प्रतीक योजना	दिल्ली विश्वविद्यालय
आधुनिक हिंदी काव्य में अप्रस्तुत विधान	पंजाब विश्वविद्यालय
आधुनिक हिंदी काव्य में अप्रस्तुत विधान	गोरखपुर विश्वविद्यालय
हिंदी काव्य में करुण रस	नागपुर विश्वविद्यालय
हिंदी काव्य में करुण रस	नागपुर विश्वविद्यालय
हिंदी काव्य में विरह भावना	पंजाब विश्वविद्यालय
हिंदी काव्य में विरह वर्णन	नागपुर विश्वविद्यालय
हिंदी काव्य में अंग-प्रत्यंग वर्णन	प्रयाग विश्वविद्यालय
हिंदी काव्य में अंग-प्रत्यंग वर्णन	गोरखपुर विश्वविद्यालय
हिंदी में खंडकाव्य	आगरा विश्वविद्यालय
हिंदी में खंडकाव्य	पंजाब विश्वविद्यालय
हिंदी में खंडकाव्य का आलोचनात्मक अध्ययन	गोरखपुर विश्वविद्यालय
महाकवि निराला के काव्य का आलोचनात्मक अध्ययन	अलीगढ़ विश्वविद्यालय
निराला का काव्य	दिल्ली विश्वविद्यालय
रामचरितमानस की टीकाओं का आलोचनात्मक अध्ययन	गोरखपुर विश्वविद्यालय
रामचरितमानस की टीकाएँ	दिल्ली विश्वविद्यालय
पद्माकर और उनका काव्य	काशी विश्वविद्यालय

पद्माकर और उनकी कविता	नागपुर विश्वविद्यालय
तुलसीदर्शन	
तुलसीदर्शन	
तुलसीदर्शन मीमांसा	लखनऊ विश्वविद्यालय
तुलसी का सामाजिक दर्शन	
तुलसी का समाज-दर्शन	
रामचरितमानस का शास्त्रीय अध्ययन	पटना विश्वविद्यालय
रामचरितमानस का शास्त्रीय अध्ययन	नागपुर विश्वविद्यालय

इस प्रकार के और भी बहुत से उदाहरण हैं। स्पष्ट है कि पुनर्शोधित होकर इन विषयों से संबंधित कोई भिन्न एवं नई स्थापनाएँ प्रस्तुत नहीं की जा सकी हैं।

7.3.1 विषय का अन्यत्र पंजीकरण—अस्तु, विश्वविद्यालयों के लिए यह आवश्यक है कि वहाँ पर यह अवश्य देखा जाए कि विषय पहले से अन्यत्र पंजीकृत तो नहीं है अथवा उस पर पहले तो कहीं शोध-कार्य नहीं हो चुका है ? इसके पश्चात् विश्वविद्यालय का यह कर्त्तव्य है कि वह देखे कि शोधार्थी स्वयं किसी विषय के संबंध में कुछ विचार निश्चित कर पाया है या नहीं ? दूसरे शब्दों में विभागाध्यक्ष द्वारा शोधार्थी पर विषय थोपा नहीं जाना चाहिए। कई विभागाध्यक्ष तथा निर्देशक अपनी ही रुचि के क्षेत्र में संबंधित विषय शोधार्थियों पर मढ़ने का प्रयास करते हैं। यदि सौभाग्य या दुर्भाग्य से कोई विभागाध्यक्ष अथवा निर्देशक कवि अथवा लेखक है तो वह बहुधा इस लालच में कि उस पर कुछ लिखा जाएगा। अपने अनुकूल विषय गढ़कर शोधार्थी पर थोपने का प्रयास करता है। यह रीति अत्यंत निकृष्ट कही जा सकती है। अतः विषय-निर्धारण में विश्वविद्यालय अर्थात् संबंधित विभाग को शोधार्थी की रुचि, पकड़ और प्रतिभा को ध्यान में रखकर ही चलना चाहिए।

7.3.2 अधिकारी विद्वान द्वारा विषय पर निर्देश—इसके अनंतर विश्वविद्यालय की ओर से यह नियम होना चाहिए कि शोधार्थी जिस क्षेत्र में काम करना चाहता है; उस क्षेत्र में विषय के निर्धारण के लिए शोधार्थी को विभाग में काम कर रहे अधिकारी विद्वान से ही निर्देशन लेने की छूट हो। वास्तव में यह काम, नियम का इतना नहीं है जितना कि नैतिक दायित्व का है। बहुधा होता यह है कि विभागाधयक्ष को सर्वगुणसंपन्न मान लिया जाता है या वह स्वयं को ऐसा मान लेता है। इस प्रकार विभागाध्यक्ष प्रत्येक विषय के निर्धारण में स्वयं को ही एकमात्र योग्य व्यक्ति मानने लगता है और क्षेत्र-विशेष में पैठ रखनेवाले विद्वान की उपेक्षा हो जाती है। परिणाम यह होता है विषय का गलत निर्धारण। इस स्थिति से बचना बहुत आवश्यक है।

7.3.3 शोधार्थी की योग्यता की जाँच—विश्वविद्यालय अर्थात् संबद्ध विभाग की ओर से उन्हीं छात्रों को शोधार्थी के रूप में स्वीकार किया जाना चाहिए जो वास्तव में ही शोध के योग्य हों। इसकी कसौटी छात्र की शोध-पद्धति विषयक जानकारी और जिस दिशा में शोध करना चाहता है उस दिशा में अध्ययन और शोध-संभावनाओं का परिचय ही हो सकते हैं। ऐसे शोधार्थियों से तो विषय-निर्धारण के संबंध में बात भी नहीं करनी चाहिए जो किसी भी विषय पर शोध करने को उधार खाए रहते हैं।

7.3.4 पंजीयक मंडल—विश्वविद्यालय की ओर से स्थापित पंजीयक मंडल को विषय

की निश्चित निर्धारण पर ही बल देना चाहिए और यथासंभव दोहरे-तिहरे विषय की उपेक्षा करनी चाहिए। हिंदी में प्रायः ऐसे बहुत से विषयों पर शोध-कार्य हुआ है और हो रहा है—जैसे 'अमुक लेखक एक विवेचन/अध्ययन' तथा 'अमुक कवि अथवा आंदोलन में भाव और कला : एक विवेचन/अध्ययन' इत्यादि—जिनसे कुछ भी स्पष्ट नहीं होता कि शोधार्थी की दृष्टि क्या रहेगी ? एक प्रकार से ऐसा विषय देकर उसे वस्तुपरकता से हटने और आत्मपरकता बरतने की स्वतंत्रता दे दी जाती है। यदि कोई यह कहे कि ऐसे विषय अस्पष्ट नहीं होते बल्कि उनकी रूपरेखा में उनका प्रतिपाद्य स्पष्ट दिखाई पड़ता है, तो उस रूपरेखागत प्रतिपाद्य को ही विवेचन/अध्ययन इत्यादि शब्दों के स्थान पर ही क्यों नहीं रख लिया जाता ?

7.3.5 शोध्य-अशोध्य विषय—इसी प्रकार कई विषय कई विश्वविद्यालयों में शोध के अयोग्य घोषित कर दिए जाते हैं जबकि अन्य विश्वविद्यालयों में उन्हें उत्तम विषय मान लिया जाता है। ऐसे कई विषयों पर उत्तम काम हुआ भी है। इसका अर्थ यह हुआ कि किसी विषय को उत्तम अथवा निम्न, शोध्य अथवा अशोध्य सिद्ध करने में विषय का विश्लेषण कम और संबद्ध विभागाध्यक्ष अथवा निर्देशक के पूर्वग्रह अधिक प्रभावी रहते हैं। उदाहरण के लिए आज तक कई छायावाद के पक्षधर व्यक्तियों को नई कविता का समस्त कृतित्व स्तरहीन प्रतीत होता है। ऐसे व्यक्ति नई कविता के नाम से ही भड़क उठते हैं, जबकि नई कविता पर स्तरीय शोध प्रकाश में आ चुका है और आ रहा है। नवोदित साहित्य-धाराओं के प्रति कुछ विमुख दृष्टि प्रायः बनी ही रहती हैं। इसलिए ऐसे विषयों के निर्धारण के लिए व्यक्ति-विशेष का दुराग्रह अंततः साहित्य के लिए हानिकर ही सिद्ध होता है। अस्तु, किसी भी शोध-विषय के औचित्य के बारे में निर्णय व्यक्ति-विशेष द्वारा न लिया जाए, अपितु उस पर विभागीय स्तर पर विश्लेषण-विवेचन होना चाहिए।

7.3.6 विषय की सीमाबद्धता—विश्वविद्यालय को विषय-निर्धारण में विषय के सुगठन और सुघड़ता का भी ध्यान रखना चाहिए। अनावश्यक विस्तारवाले अथवा कई खंडों में प्रतिपादन योग्य विषयों के क्षेत्र को सीमाबद्ध करना आवश्यक होता है। मेरे एक मित्र ने 'गुरु गोविंदसिंह के दरबारी कवि' विषय पर पंजीकरण करवाकर शोध-कार्य शुरू कर दिया। लगभग एक वर्ष तक काम करते रहने पर उन्हें आभास हुआ कि वह इस कार्य को कदाचित् पूरा नहीं कर पाएँगे। क्योंकि गुरु गोविंदसिंह के दरबारी कवियों की संख्या संभवतः सैंतालीस तक मिलती थी और सभी का पूरा विवरण और काव्य उपलब्ध नहीं था। यदि यह सारी सामग्री उपलब्ध कर भी लेते तो उनके लिए इतने कवियों का शोधपरक विवेचन कठिन था। अंततः कुछ मित्रों से चर्चा-परिचर्चा करके उन्हें अपने विषय को 'गुरु गोविंदसिंह के प्रमुख दरबारी कवि', रूप में संशोधित करवाना पड़ा। अब उनका विषय सीमित हो गया था और उन्होंने उस पर चिंतामुक्त होकर कार्य संपन्न कर लिया।

इस प्रकार विषय-चयन में यदि विश्वविद्यालय शोध के महत्त्व और विवेच्य विषय के स्वरूप पर ध्यान रखता है तो उससे शोध को सही गति प्राप्त होती है।

7.4 शोधार्थी की भूमिका—शोध-विषय के चयन में सर्वाधिक दायित्वपूर्ण और महत्त्वपूर्ण भूमिका स्वयं शोधार्थी की होती है। इस संबंध में 'शोधार्थी की मूलभूत अर्हताएँ' शीर्षक के अंतर्गत पर्याप्त बताया जा चुका है (दे. 6.3, 6.4)। यहाँ शोधार्थी को अपनी भूमिका के संबंध में स्पष्ट रूप से जान लेना आवश्यक है।

विषय का चयन स्वयं शोधार्थी को ही करना चाहिए। निर्देशक अथवा विभागाध्यक्ष से तो उसे केवल अपने विषय का स्पष्टीकरण और अंतिम निर्धारण करने के लिए मंत्रणा करनी चाहिए। उसे किसी भी प्रकार अपनी रुचि एवं प्रतिभा से बाहर थोपे गए विषय को स्वीकार नहीं करना चाहिए। इस अध्याय के प्रारंभ में विषय-चयन में ध्यातव्य मूल बातों को ध्यान में रखते हुए शोधार्थी को अपनी रुचि और क्षमता के प्रति सदैव सतर्क रहना चाहिए। यह ध्यान निर्देशक को भी रखना चाहिए।

7.4.1 रुचि-विश्लेषण–शोधार्थी को विषय-चयन करते समय अपने स्नातकोत्तर विद्यार्थी-जीवन पर दृष्टिपात करना चाहिए। यहीं पर उसे अपनी रुचि के विश्लेषण का अवसर प्राप्त होगा। वह जान सकेगा कि साहित्य की कौन-सी विधा, आंदोलन, लेखक कवि अथवा लेखक/कवि-समूह उसे सर्वाधिक आकृष्ट करते हैं और क्यों आकृष्ट करते रहे हैं। यह 'क्यों' उस दृष्टि के विश्लेषण में सहायक होगा जो दृष्टि उसे अपने रुचि के क्षेत्र की ओर आकर्षित करती है और उसमें हर बार उसे ऐसा कुछ नया दिखाई पड़ता रहा है जिसका उद्‌घाटन पहले नहीं हो सका है अथवा यदि उद्‌घाटन हुआ है तो फिर उस उद्‌घाटन के पुनर्मूल्यांकन की संभावना दिखाई पड़ती रही है।

7.4.2 नई स्थापना की संभावना–इस प्रकार अपनी रुचि के विश्लेषण और निश्चय के पश्चात् शोधार्थी को अपनी रुचि के क्षेत्र में पर्याप्त अध्ययन करके यह जानने का प्रयास करना चाहिए कि जिस दृष्टि से वह शोध-कार्य करना चाहता है, उस दृष्टि से नई स्थापना की संभावना कहाँ तक है ? इस संबंध में और अधिक सुनिश्चित होने लिए उसे अपनी रुचि के क्षेत्र में अब तक हुए शोध-कार्य को भी गहराई से देखना चाहिए और उसके प्रकाश में अपने प्रस्तावित योगदान की परख करनी चाहिए। जब वह सब प्रकार से इस निश्चय को प्राप्त कर ले कि उसके मानस में बिंबित विषय में ज्ञान की नई उद्‌भावनाओं अथवा पुनर्मूल्यांकन के लिए संभावना है तब उसे अपने संभावित निर्देशक से सलाह लेकर अपने विषय का शीर्षक निर्धारित करना चाहिए। यह शीर्षक इतना अधिक तर्कसंगत एवं सुगठित होना चाहिए कि उसमें स्थानागत उद्‌देश्य स्वतः झिलमिलाता हो। (शोधार्थी के द्वारा विषय-चयन के संबंध में दे. 7.2)

शोधार्थी जब अपनी रुचि को ध्यान में रखकर और नई स्थापना की संभावना के प्रति आश्वस्त होकर भी विषय-चयन करने में लड़खड़ाता हो तब उसे विभिन्न स्रोतों और विद्याओं पर दृष्टिपात करते हुए अपनी स्थापनागत अभिरुचि के प्रकाश में आगे बढ़ना चाहिए। ये स्रोत कुछ विशिष्ट प्रकार के विश्वकोश जैसे संदर्भ-ग्रंथ हो सकते हैं। इसके अतिरिक्त यदि शोधार्थी की रुचि स्पष्ट ही किसी अंतर्विद्यावर्ती क्षेत्र का संकेत दे रही हो तो शोधार्थी को चाहिए कि संबद्ध विद्या-क्षेत्र का सूक्ष्म अध्ययन करके अपने विषय को स्पष्ट करने का प्रयास करे। इस प्रकार वह एक अधिक संगत और निश्चित विषय पर पहुँच सकता है।

7.5 निर्देशक की भूमिका–निर्देशक का विषय-चयन की दृष्टि से एक सार्थक योगदान रहता है (दे. 6.5)। यह सही है कि विषय-चयन में स्वयं शोधार्थी अपनी रुचि और क्षमता बता सकता है और धुँधले रूप में ही सही, वह अपनी स्थापना के क्षेत्र का परिचय दे सकता है। लेकिन वह एकदम सही निष्कर्ष पर निर्देशक से विमर्श किए बिना अपने विषय को अंतिम रूप नहीं दे सकता। अनुभवी निर्देशक अपने गहन अध्ययन और पैनी शोध-दृष्टि के द्वारा

शोधार्थी के स्थापना-क्षेत्र को जानते ही उस पर विश्लेषणात्मक टिप्पणी कर सकता है। वह अपने विश्लेषण के द्वारा विषय के सबल और निर्बल पक्षों को स्पष्टतः उद्घाटित कर सकने की क्षमता रखता है। इस प्रकार की परख की कसौटी पर विषय के शोध्य-अशोध्य होने का निर्णय निर्देशक ही कर सकता है। सही निर्देशक का यही नैतिक कर्त्तव्य है कि वह शोधार्थी को उसके विषय-चयन में, संगत-असंगत पक्षों को स्पष्ट बताकर उसके विषय को अंतिम रूप दे। यदि कोई विषय मार्जन के उपरांत शोध्य हो सकता है तो अपेक्षित मार्जन का सुझाव और निर्देश दे। इसके विपरीत यदि कोई विषय नितांत अशोध्य है तो शोधार्थी को उसके बारे में स्पष्ट बताकर उसकी रुचि को समझते हुए किसी अन्य शोध्य विषय की दृष्टि से उसे अध्ययन की प्रेरणा दे ताकि शोधार्थी स्वयं नए विषय के तूल-अरज से परिचित हो सके।

निर्देशक में विषय-चयन की दृष्टि से कई अन्य गुणों का होना भी अपेक्षित है। यदि किसी क्षेत्र-विशेष से वह अनभिज्ञ है और स्पष्ट जानता है कि उस क्षेत्र में विषय-चयन तथा निर्देशन की क्षमता उसमें नहीं है तो उसे शोधार्थी को साफ-साफ कह देना चाहिए। कोई भी व्यक्ति सभी क्षेत्रों का धुरंधर ज्ञाता नहीं हो सकता। ऐसा करने के लिए निर्देशक को अपने निर्देशन में हुए शोधार्थियों की लंबी सूची बनाने का लालच छोड़ना होगा।

इसी प्रकार निर्देशक को केवल योग्य विद्यार्थियों के संदर्भ में ही विषय-चयन पर ध्यान देना चाहिए। बहुत से निर्देशक शोधार्थी की योग्यता-अयोग्यता से निरपेक्ष रहकर गुटबंदी, परिचय अथवा सिफारिश के स्तर पर शोधार्थियों को निर्देशन देने के लिए तैयार हो जाते हैं। होना यह चाहिए कि निर्देशक को शोधार्थी की खूब कड़ी परीक्षा लेनी चाहिए। यदि शोधार्थी स्वयं अपनी रुचि और शोध-क्षेत्र के संबंध में कुछ जानता है तो निर्देशक को उसके विषय को व्यवस्थित करने में सहायता करनी चाहिए। लेकिन यहीं पर शोधार्थी की योग्यता की परख समाप्त नहीं हो जाती। इसके बाद शोधार्थी को उसके क्षेत्र में अध्ययन की दिशा बताते हुए उसे कुछ लिखने के लिए निर्देश देना चाहिए। अब यदि शोधार्थी अध्ययन के बाद चर्चा-परिचर्चा के दौरान और लिखित रूप में इस बात का परिचय देता है कि उसमें शोध-क्षमता है तो निर्देशक को उसके विषय के अंतिम एवं निश्चित शीर्षक निर्धारण की दिशा में आगे बढ़ना चाहिए। इसी स्तर पर विषय का सुनिश्चित चयन हो सकता है, क्योंकि इससे पूर्व का विषय-निर्धारण तो सामान्य स्तर पर इसलिए किया जाता हे कि उस पर काम करते हुए शोधार्थी की पकड़ और विषयबद्धता का परिचय मिल सके। अब उसके द्वारा किए गए कार्य के प्रकाश में उसकी गति का पता चल जाता है और इस गति के आधार पर उसके विषय का अंतिम निर्धारण किया जा सकता है।

7.6 विषय-चयन संबंधी परख/अभ्यास–1. नीचे तीन ऐसे विषय लिखिए जिनके बारे में आप समझते हैं कि वे अच्छे शोध-विषय हो सकते हैं।

(क) ....

(ख) ....

(ग) ....

2. उपर्युक्त विषयों में प्रत्येक विषय की निम्न अपेक्षाओं के परिप्रेक्ष्य में परीक्षा कीजिए। इन विषयों को उपयुक्तता की दृष्टि से नीचे के चौकोरों में बाएँ से दाएँ रखकर

देखिए–

नमूना : रुचि	ख	ग	क
सामग्री उपलब्धि की संभावना	ग	क	ख

इनमें से जो विषय प्रथम चौकोर में स्थान प्राप्त करता है वही चयन की दृष्टि से सर्वोत्तम विषय हो सकता है। इसके विपरीत यदि (1) आपको यह लगे कि आपका एक भी विषय सही नहीं है, (2) आपका निर्देशक विषय के संबंध में कठिनाइयों का संकेत दे और (3) आपको यह लगे कि आपकी रुचि विषय को आगे ले चलने में नहीं रही और इस प्रकार यदि आपके तीनों विषय असंगत सिद्ध होते हों तो आप निम्नलिखित अभ्यास को दोहराएँ।

(क) रुचि

	अधिकतम	औसत	न्यूनतम
1. विषय में आपकी रुचि			
2. अन्य विषयों में संभावित रुचि			

(ख) क्षमता

1. विषय-क्षेत्र में आपकी सामान्य क्षमता			
2. आपकी आवश्यक एवं विशेष क्षमता (अन्य विद्या-शाखाओं के संदर्भ में)			

(ग) सामग्री

1. संदर्भ-ग्रंथ स्रोतों की पर्याप्तता			

2. उपलब्ध शोध-सुविधाओं की पर्याप्तता (दे. 14.9.2)

(i) पुस्तकों की पर्याप्तता			
(ii) पत्र-पत्रिकाओं की पर्याप्तता			

(घ) क्षेत्र

1. अपेक्षित विस्तार की दृष्टि से विषय-क्षेत्र की उपयुक्तता (न अधिक सामान्य हो और न अधिक विस्तृत)
2. साररूप की अपेक्षा व्याख्या की दृष्टि से विषय की उपयुक्तता

(ङ) गुंजाइश

1. तथ्याख्यान की गुंजाइश

2. ज्ञानार्जन एवं अन्वेषण की गुंजाइश

3. विषय का महत्त्व

3. (क) वह विषय जोकि उपर्युक्त आधारों पर परीक्षण करने पर अधिकतम बार प्रथम चौकोरों में स्थान प्राप्त करता रहा है, वह है...

(ख) निर्देशक की स्वीकृति

स्मरण रहे कि विषय-चयन में आपके निर्देशक की विषय-संबंधी स्वीकृति ही अंतिम होगी।

रूपरेखा निर्धारण

8.0 रूपरेखा : परिभाषा–शोधार्थी जब अपने निर्देशक की सहमति के बाद अपने शोध-विषय को अंतिम रूप में निश्चित कर लेता है तो पंजीकरण की औपचारिकताओं से निपटने के साथ-साथ उसे शोध-दिशा में आगे बढ़ने के लिए अपने निर्देशक से मंत्रणा करते हुए रूपरेखा का निर्धारण करना होता है। हिंदी में रूपरेखा शब्द का प्रचलन अंग्रेजी के 'सिनाप्सिस' शब्द के आधार पर हुआ है, जिसका कोशगत अर्थ 'समरी' अथवा सार-संग्रह है। विषय की शोधगत स्थापना के आधार पर 'सिनाप्सिस' से अभिप्राय शोधार्थी द्वारा विषय के प्रति अपनी संभावित पहुँच (अप्रोच) से है, जिसमें आगे बढ़ने पर स्पष्टीकरण की अनुरूपता में अभिप्रेत अदल-बदल होती रहती हैं। शोधार्थी को यह रूपरेखा या 'सिनाप्सिस' अपने विषय के पंजीकरण के समय संबद्ध विभाग में प्रस्तुत करनी होती है। इस रूपरेखा में वह अपनी संभावित स्थापनाओं को तर्कपूर्ण ढंग से साररूप में प्रस्तुत करता है। इस प्रकार 'सिनाप्सिस' को हम शोध-प्रबंध की वह सारभूत एवं आधारभूत वैचारिक सामग्री कह सकते हैं जिसके आधार पर शोध-प्रबंध का सर्वांगीण विकास होना होता है।

यदि हम शोध-प्रबंध के लिए प्रस्तुत की जानेवाली रूपरेखा और 'सिनाप्सिस' की तुलना करें तो दोनों में कुछ अंतर दिखाई पड़ता है। 'सिनाप्सिस' एक प्रकार से शोध-प्रबंध का साररूप में लिखा गया निबंध रूप होता है जिसमें शोध-प्रबंध का अध्याय-वर्गीकरण (चैप्टराइजेशन) व्यक्त न होकर संकेतित रहता है। इसके विपरीत रूपरेखा में यह अध्याय-वर्गीकरण व्यक्त करता रहता है और इस कामचलाऊ वर्गीकरण (टेंटेटिव डिवीजन) के आधार पर ही युक्तिसंगत विकास-क्रम को साररूप में लक्षित किया जाता है। इस प्रकार रूपरेखा को शोध-विषय के क्षेत्र और शोधगत स्थापनाओं और निष्कर्षों का अध्याय-रूप में वर्गीकृत और विवेचित वैचारिक ढाँचा कहा जा सकता है। 'सिनाप्सिस' और रूपरेखा में यहाँ यह अंतर लक्षित करने का उद्‌देश्य यह है कि 'रूपरेखा', 'सिनाप्सिस' के इतना निकट नहीं है जितना कि 'आउटलाइन' के।

अब रूपरेखा शब्द का अर्थगत विश्लेषण करने से इस शब्द को हम और अधिक अच्छी तरह समझ सकेंगे। रूपरेखा का शाब्दिक अर्थ है–'रूप की रेखा' अर्थात् किसी वस्तु का नक्शा या निमित्तपूर्व ढाँचा। रूप शब्द के प्रयोग स्थूल से लेकर सूक्ष्म तक, मूर्त से लेकर अमूर्त तक, अनेक हो सकते हैं। चिंतन के क्षेत्र में रूप का स्वरूप सूक्ष्म एवं अमूर्त ही होता है जोकि शब्दों में, बिंबों मे रूप ग्रहण करता है। स्थूल स्तर पर रूप के नानाविध स्तर पर हमें प्रकृति तथा मानव-निर्मित वस्तुओं में दिखाई पड़ते हैं। कला-क्षेत्र में रूप सभी साहित्येतर कलाओं में स्थूल स्तर पर ही दृष्टिगोचर होता है।

शोध के स्तर पर भी रूप का स्वरूप अमूर्त होता है जो शब्दों में ही आकार प्राप्त करता है। दूसरे शब्दों में हम इस रूप को विषय से संबद्ध तथ्यों और उन पर आधारित स्थापना या किसी पूर्वस्थापना के पुनर्मूल्यांकन में चिंतनगत अन्विति के द्वारा पहले रेखाओं में बाँधने का प्रयास करते हैं। इसलिए हम इस प्रारंभिक रूप को शोध की रूपरेखा की संज्ञा

से अभिहित करते हैं।

8.1 रूपरेखा का महत्त्व–किसी भी स्थूल एवं सूक्ष्म स्तर पर किए जानेवाले कार्य में रूपरेखा का महत्त्व जिस प्रकार स्वयंसिद्ध होता है, उसी प्रकार शोध में भी रूपरेखा का महत्त्व स्वयंसिद्ध है। रूपरेखा के अभाव में शोधार्थी न तो व्यवस्थित ढंग से सामग्री-संकलन कर सकता है और न ही संकलित सामग्री की तथ्यात्मकता के प्रति आश्वस्त हो सकता है। इस प्रकार वह विषय से निरर्थक रूप में जूझता रह जाता है और इस बिखराव के फलस्वरूप उसका भटकाव उसके द्वारा कभी भी सहेजा नहीं जा सकता। धीरे-धीरे उसका चिंतन बिखरकर धूमिल हो जाता है और वह अपने विषयगत उद्देश्य और शोधगत स्थापना को विस्मृत कर बैठता है। रूपरेखा शोध-विषय का ताना-बाना होती हे। उसमें विषय की सभी सीमाएँ और संभावनाएँ एक अन्वितिमूलक वैचारिकता में बँधकर सिमट जाती हैं। विषय के सभी विचारसूत्र एक क्रमबद्ध रूप में विकसित होते दिखाई पड़ते हैं।

'सत्य के छोटे-से अंश में भी ब्रह्म का निवास रहता है'–यह उक्ति रूपरेखा और शोध-प्रबंध के अंतर्संबंध पर पूरी तरह चरितार्थ होती है। रूपरेखा के माध्यम से ही केंद्रीय विचारसूत्र अथवा स्थापना-दृष्टि विकसित होती हुई शोध-प्रबंध का विस्तार ग्रहण करती है। इस प्रकार रूपरेखा से शोध-प्रबंध के विस्तार को हम एक ज्ञान-बिंदु की व्याख्या और आख्यान का नाम दे सकते हैं जो गहनता में व्याख्या और व्याख्या में गहनता लिये होता है। स्थूल तथ्यों की सूक्ष्म तात्त्विक विवेचना शोध-प्रबंध का प्राण है और रूपरेखा स्थूल तथ्यों की इस सूक्ष्म तात्त्विक विवेचन योजना की नींव होती है।

8.2 रूपरेखा के निर्धारक तत्त्व–रूपरेखा के संबंध हम यह जान चुके हैं कि शोध-विषय का सुनियोजित और क्रमबद्ध निर्वाह, विषय और तद्गत स्थापना की दृष्टि में रखकर निर्मित रूपरेखा पर ही निर्भर करता है। अब यह देखना है कि रूपरेखा के इस निर्धारण में विषय, विषय-क्षेत्र, शोध-दृष्टि, शोध-स्तर पर स्थापना और निष्कर्षों की तात्त्विक अंतर्संगति क्या होती है ? इस अंतर्संगति को हम रूपरेखा के निर्धारक तत्त्वों को समझने के बाद ही प्राप्त कर सकते हैं। रूपरेखा के निर्धारक तत्त्व हैं–(1) शोध-विषय, (2) शोधार्थी, (3) शोध निर्देशक और (4) उपलब्ध सामग्री।

8.2.1 स्पष्ट विषय-शीर्षक–स्पष्ट और सुचिंतित रूपरेखा के निर्माण के लिए सर्वप्रथम यह आवश्यक है कि विषय का शीर्षक स्पष्ट और असंदिग्ध हो। यदि विषय में दुहरा-तिहरापन या उलझाव (एंबिग्युइटी) रहता है तो शोधार्थी उसके प्रतिपादन के प्रति निश्चित नहीं हो सकता। उसके मन में विषय-प्रतिपादन की पहुँच को लेकर एकाधिक दृष्टियाँ एक-दूसरे को काटती हुईं, अस्पष्ट और उलझे हुए रूप में बार-बार उदित होंगी और वह किसी भी स्पष्ट और स्वच्छ निष्कर्ष तक नहीं पहुँच सकेगा। उदाहरण के लिए यदि कोई शोधार्थी 'हिंदी साहित्य में प्रकृति-चित्रण', विषय चुनता है तो वह कभी भी एक सुगठित रूपरेखा तैयार नहीं कर सकेगा। इस विषय में प्रकृति-चित्रण विवेचन के लिए न तो कालगत पूर्वापर सीमा का निर्धारण किया गया है और न ही ध्यातव्य विद्या का। अतः सही रूपरेखा के निर्माण के लिए विषय-चयन करते समय (1) विषय के क्षेत्र और (शोध-दृष्टि की स्पष्टता पर पूरा ध्यान रहना चाहिए। उदाहरणार्थ, 'कामायनी का दार्शनिक अध्ययन' विषय में 'कामायनी' शोध का क्षेत्र है और 'दार्शनिक अध्ययन' शोध की दृष्टि। निष्कर्ष यह है कि शोध की दृष्टि से वही विषय

श्रेष्ठ होते हैं जिनका क्षेत्र निश्चित एवं सीमित हो और दृष्टि गहन और स्पष्ट हो।

8.2.2 शोधार्थी की भूमिका–रूपरेखा की अन्विति और व्यवस्था, शोधार्थी की प्रतिभा और अध्ययन पर अनिवार्यतः निर्भर करती है। विषय चाहे कितना ही स्पष्ट और असंदिग्ध क्यों न हो, यदि शोधार्थी में उसे समझने और तत्संबंधी अध्ययन की कमी है तो वह स्पष्ट विषय पर भी सुचिंतित रूपरेखा नहीं बना सकता। अस्तु, शोधार्थी में वस्तून्मुखी वैज्ञानिक विषयपरक दृष्टि और परिश्रम का मणि-कांचन योग होना चाहिए। ऐसा होने पर ही वह तथ्यसंधान और सही निष्कर्षों की परीक्षा द्वारा लक्ष्योन्मुखी सुसंबद्ध रूपरेखा तैयार कर सकता है।

8.2.3 निर्देशक की भूमिका–रूपरेखा के स्वरूप-निर्धारण में निर्देशक की महत्त्वपूर्ण तात्त्विक भूमिका रहती है। वह शोधार्थी के चिंतन के शोध-विषय की अपेक्षाओं के संदर्भ में जाँच कर रूपरेखा-निर्माण में सही निर्देश देता है। इस प्रकार निर्देशक शोधार्थी द्वारा बनाई गई रूपरेखा की त्रुटियों का मार्जन करके उसे अधिक सारपूर्ण बनाने में सहायता करता है। लेकिन रूपरेखा-निर्धारण में न तो निर्देशक को स्वयं को शोधार्थी पर थोपना चाहिए और न ही शोधार्थी को पराधीन होकर सब-कुछ मानते चलना चाहिए। जब तक शोधार्थी की अपनी समझ में कुछ नहीं बैठता है, तब तक उत्तम-से-उत्तम रूपरेखा भी उसके लिए बेकार ही होगी।

8.2.4 उपलब्ध सामग्री–रूपरेखा का निर्धारक चौथा तत्त्व उपलब्ध सामग्री है। इस सामग्री को हम तीन भागों में बाँट सकते हैं–(1) शोध-क्षेत्र की मूल सामग्री, (2) मूल सामग्री से संबद्ध शोधात्मक और समीक्षात्मक ग्रंथ और पत्र-पत्रिकाओं में प्रकाशित लेख तथा (3) शोध की वैज्ञानिक कार्यविधि-संबंधी ग्रंथ। उदाहरण के लिए 'कामायनी का दार्शनिक अध्ययन' विषय के लिए स्वयं 'कामायनी' को मूल ग्रंथ माना जाएगा। 'कामायनी' पर अन्य शोधकर्ताओं और समीक्षकों के द्वारा लिखे गए ग्रंथ दूसरे भाग में गिने जाएँगे। इसके साथ ही शोधार्थी को 'दर्शन' विद्या पर सामान्यतः और जिस दर्शन की दृष्टि से कामायनी का अध्ययन किया जाना है, उसका विशेषतः अध्ययन करना होगा। शोध-कार्यविधि पर ग्रंथों का अध्ययन शोध के बाह्य स्वरूप की निश्चित वैज्ञानिकता को बनाए रखने के लिए अनिवार्य होगा। एक विषय से लेकर दूसरे विषय तक इस सामग्री का रूप बदल सकता है और आवश्यकता की अनुरूपता में उपर्युक्त प्रथम दो सामग्री भागों में से कोई भी प्रमुख एवं गौण हो सकता है।

8.3 रूपरेखा निर्धारण की वैज्ञानिक कार्यविधि–शोधार्थी को रूपरेखा निर्धारण में पीछे विवेचित सभी तत्त्वों को क्रमशः अंतर्संगति और विकास की दृष्टि से अन्योन्याश्रित रूप में देखते हुए अपने शोध-विषय की रूपरेखा के निर्धारण की दिशा में अग्रसर होना चाहिए। रूपरेखा का यह निर्धारण जितना अधिक वैज्ञानिक होगा, वह उतना ही सही और सुनिश्चित बन पड़ेगा। वैज्ञानिकता से अभिप्राय तथ्यात्मकता और तर्क की वस्तुपरकता से है। इसलिए यह वैज्ञानिकता भौतिक-क्षेत्रीय आत्यंतिक निर्वाह के समान आत्यंतिक नहीं हो सकती। शोध-क्षेत्र विचार-प्रधान है और विचार के तार्किक प्रस्तुतीकरण को आत्मपरक या भावपरक न होने के कारण ही वैज्ञानिक कहा जाता है। 'मुण्डे-मुण्डे मतिर्भिन्ना' के अधीन प्रत्येक व्यक्ति के विचार भिन्न होते हैं। इसलिए शोध-क्षेत्र में रूपरेखा भी भिन्न हो सकती है। एक ही विषय पर दो शोधार्थियों की रूपरेखा में अंतर दिखाई पड़ता है। इसलिए वैज्ञानिकता से तात्पर्य

विचार-वैभिन्न्य पर अंकुश से नहीं है बल्कि जो भी विचार लेकर चला जा रहा है उसमें आद्यंत संगति, स्पष्टता और विकसन-क्षमता से है। अतः वैज्ञानिक रूपरेखा का अर्थ है युक्तिसंगत, क्रमबद्ध रूपरेखा।

रूपरेखा तैयार करते समय शोधार्थी को सर्वप्रथम अपने विषय-शीर्षक के प्रत्येक शब्द के औचित्य, अर्थ और अर्थ-विस्तार तथा शब्दों के पारस्परिक संबंध और उस संबंध के आधार पर विषय की मूल चेतना को समझ लेना अनिवार्य है। विषय के इस परीक्षण में यदि शोधार्थी को लगे कि उसके विषय में कुछ शब्द या कोई शब्द अस्पष्ट है और उसके कारण विषय का स्थापनागत उद्देश्य स्पष्ट नहीं हो पा रहा है या अवांछित विस्तार की सूचना दे रहा है तो उसे विश्वविद्यालय की निर्धारित कालसीमा में अपने विषय को संशोधित करवा लेना चाहिए।

दूसरे स्तर पर शोधार्थी को अपने विषय पर अपने निर्देशक और अन्य अधिकारी विद्वानों से विचार-विमर्श करते हुए विषय के मूल रूप को सही-सही समझ लेना चाहिए। यही वह स्थल है जहाँ तनिक भी चूक रूपरेखा से लेकर विषय-प्रतिपादन तक अनेक विसंगतियों को जन्म दे सकती है। इसके पश्चात् तीसरे स्तर पर शोधार्थी को विषय-संबंधी सामग्री और तथ्य-संकलन की दृष्टि से उपलब्ध स्रोतों का अपनी विषय-चेतना का ध्यान में रखते हुए अवगाहन करना चाहिए। इस स्तर पर उपलब्ध संदर्भ-ग्रंथों की सूची का साथ-साथ बना लिया जाना अत्यंत महत्त्वपूर्ण रहता है। यह सूची भी रूपरेखा के समानांतर अध्ययन-क्रम में उत्तरोत्तर विकसित होती चलती है।

इस प्रकार उपर्युक्त आधारों के गहन मंथन और मनसा अवधारण के बाद ही शोधार्थी को रूपरेखा निर्धारण की दिशा में प्रवृत्त होना चाहिए। इस स्तर पर उसे अपने विषय को (1) विषय-प्रवेश, (2) मुख्य विषय और (3) परिशिष्ट में बाँटकर रूपरेखा-निर्माण पर पहले गंभीरता से विचार करना चाहिए। विषय-प्रवेश में, विषय के महत्त्व, अब तक हुए शोध-कार्य और उपलब्धियों का संक्षिप्त परिचय तथा ज्ञान-विस्तार में अपने प्रस्तावित योगदान का ब्यौरा देना चाहिए। मुख्य विषय के वर्गीकरण में प्रतिपादन की दृष्टि से संभावित अध्यायों और उप-अध्यायों का युक्तिसंगत वर्गीकरण करना चाहिए। शोधार्थी को इस वर्गीकरण में यह ध्यान रखना चाहिए कि वह अनावश्यक और अवांछित बातों अथवा उप-अध्यायों से बचे। यह तभी संभव हो सकता है जब शोधार्थी अपनी शोध-दृष्टि के सैद्धांतिक पक्षों का अध्यायगत निर्णय करके आगे चलता है। इस प्रकार वह आगे के अध्यायों की वैज्ञानिकता के लिए अपनी स्पष्ट शोध-दृष्टि और सैद्धांतिकता को लागू करके चल सकता है। इस सारे वर्गीकरण के संबंध में हम यह कह सकते हैं कि शोधार्थी को अपना विषय स्थूल से सूक्ष्म की ओर अग्रसर होता हुआ दिखाई पड़ना चाहिए।

रूपरेखा का इस प्रकार निर्माण अत्यंत आवश्यक है, लेकिन इतना होने पर भी हम उसे कामचलाऊ रूपरेखा ही कहेंगे क्योंकि अध्ययन-क्रम में स्पष्टीकरण के साथ-साथ उसमें शोध-प्रबंध के पूरा होने तक कुछ-न-कुछ फेरबदल का क्रम चलता ही रहता है। रूपरेखा निरंतर विकासशील होती है, तो भी मूल रूपरेखा हर प्रकार से विषय-प्रतिपादन का ठोस एवं अपरिहार्य आधार होती है।

तथ्य

9.0 व्याख्या–शोधार्थी जब अपने विषय पर गंभीरता से विचार करते हुए उसकी रूपरेखा बना लेता है तब विषय आगे बढ़ने की स्थिति में आ जाता है। रूपरेखा निर्धारण में स्रोत-ग्रंथों के रूप में उसे कई संदर्भ-ग्रंथों को लेना पड़ता है। ये संदर्भ-ग्रंथ कई प्रकार के हो सकते हैं (दे. 14.2)। यह संदर्भ-ग्रंथ सूची अध्ययन के विस्तार और गहनता के अनुक्रम में बढ़ती चली जाती है। इन संदर्भ-ग्रंथों का उपयोग तथ्यान्वेषण के लिए किया जाता है क्योंकि तथ्यों के माध्यम से नए सत्य के उद्घाटन का ही दूसरा नाम शोध है। इस प्रकार शोध में सत्य की स्थापना यदि साध्य है तो तथ्य उसका साधन है। तथ्यों में निहित उद्घाटित नए सत्य को शोध की पारिभाषिक शब्दावली में 'थीसिस' कहते हैं।

शोध के साध्य और साधन रूप में 'सत्य' और 'तथ्य' शब्दों के व्युत्पत्यर्थ और अपेक्षित स्वरूप पर विचार कर लेना आवश्यक है। 'सते हितं यत्' के अनुसार सत् उसे कहेंगे जिसका वास्तव में अस्तित्व है। तथ्य का शब्दार्थ है–ठीक यथा अस्तित्व होने का वैसा भाव। दूसरे शब्दों में तथ्य का अर्थ है–यथार्थ, यथार्थता। इनमें से सत्य की शास्त्रों में द्वयर्थक व्याख्या मिलती है–(1) पारमार्थिक और (2) व्यावहारिक। पारमार्थिक दृष्टि से शांकर भाष्य में यह परिभाषा दी गई है : 'जिस पदार्थ में निश्चित रूप से किसी प्रकार का विकार नहीं होता, वह सत्य है'।[1] इस प्रकार के सत्य को आध्यात्मिक सत्य की संज्ञा दी जा सकती है जिसे अंग्रेजी में दैवी सत्य या अनतिक्रांत सत्य (डिवाइन ट्रुथ, ट्रांसेडेंटल ट्रुथ) कहा जाता है। आध्यात्मिक से संबद्ध होने के कारण ही इस प्रकार के 'ट्रुथ' को प्रथमाक्षर में बड़े रूप में लिखा जाता है।

सत्य का दूसरा रूप है–व्यावहारिक सत्य। इसे गीता में 'प्रमाण के द्वारा ज्ञात अर्थ का भाषण'[2] बताया गया है। पर स्पष्ट पता चल जाता है कि जिस प्रमाण के द्वारा अर्थ ज्ञात किया जाता है, वह प्रमाण तथ्य ही होता है। दूसरे शब्दों में हम यों कह सकते हैं कि तथ्य में जो यथार्थ निहित है, उसे यथार्थ की अभिव्यक्ति सत्य है। इस प्रकार शोध की दृष्टि से उद्घाटित सत्य व्यावहारिक सत्य होता है और तथ्य होता है भौतिक वास्तविकता, यथार्थ घटना, वस्तुनिष्ठ यथार्थ अथवा प्रत्यक्षानुभव।

अंग्रेजी में 'तथ्य' और 'सत्य' को क्रमशः 'फैक्ट' और 'ट्रुथ' कहा जाता है। यहाँ पर 'वेब्स्टर्स थर्ड न्यू इंटरनेशनल डिक्शनरी ऑफ इंगलिश लैंग्वेज' से हम इन दोनों शब्दों का व्याख्यापरक रूप स्पष्ट करेंगे, जो शोध-दृष्टि से भी इन शब्दों के सही अर्थ का व्यंजक है। ऐसी व्याख्याएँ अन्य शब्दकोशों में भी प्राप्त होती हैं।

9.1 तथ्य (परिभाषा)–1. ऐसी वस्तु जिसकी वास्तविक सत्ता हो।

2. कोई घटना, गुण अथवा संबंध जिसकी वास्तविकता अनुभव में प्रकट हो या जिसका निश्चयात्मक रूप में अनुमान किया जा सके, विशेषकर देशकाल परिप्रेक्ष्य में घटी वास्तविक घटना (प्रत्यक्ष अनुभव) के वस्तुगत रूप में मूल अर्थ की दृष्टि से तथ्य सत्य से भिन्न होता है।

3. एक ऐसा भौतिक यथार्थ या व्यावहारिक अनुभव जो कल्पना, अनुमान अथवा सिद्धांत से भिन्न होता है।
4. वस्तुनिष्ठ यथार्थ संयुत कोई भी सुनिश्चित अभिमत, कथन अथवा सूचना।

9.2 सत्य (परिभाषा)–1. चरित्र, कर्म और वाणीगत ईमानदारी, अनुभूति और विश्वासगत स्पष्टता।

2. ऐसी बात जो सत्य हो अथवा सत्य मानी जाती हो, यथा–
   (क) घटनागत यथार्थ,
   (ख) कोई स्थितिगत बात, जैसे तथ्य।
3. (क) कोई तथ्य अथवा यथार्थगत निर्णय, प्रस्ताव, कथन अथवा विचार जो तर्क अथवा संबुद्धि के लिए आवश्यक हो अथवा स्थापित और अपेक्षित सत्य के पुष्ट तर्क द्वारा अनुकृत हो।
   (ख) कोई सत्य-कथन एवं प्रस्ताव-माला। ऐसा सत्य-कथन और प्रस्ताव-माला जो किसी क्षेत्र द्वारा स्वीकृत की गई हो, जिसका अध्ययन किया गया हो अथवा जिसे सिद्ध किया गया हो।

इन परिभाषाओं अथवा व्याख्याओं से स्पष्ट पता चल जाता है, तथ्य निश्चित तौर पर भौतिक यथार्थ, यथार्थ घटना और व्यावहारिक अनुभूति से संघटित होता है और उसमें कल्पना-विलास, अयथार्थ घटनाओं, गपबाजी अथवा मत-मतांतर के लिए कोई स्थान नहीं होता। सत्य वही है जो तथ्य में से ग्रहण किया जाता हो, और जिसमें ईमानदार यथार्थ घटनाक्रम या ताथ्यिक ईमानदारी का आधार अवश्यमेव रहता हो। यही नहीं सत्य वह भी है जिसकी 'दि बाडी ऑफ स्टेटमेंट्स एंड प्रोपोजीशंस ऐक्सेप्टेड, स्टडीड आर प्रूव्ड इन ए फील्ड' के अनुसार तथ्यों के आधार पर पहले से उद्घाटित सत्य का पुनर्मूल्यांकन अथवा पुनर्व्याख्या की गई हो। शोध में हम किसी नए सत्य को उद्घाटित अथवा पूर्वोद्घाटित सत्य की पुनर्व्याख्या करते हैं। अस्तु, तथ्य और सत्य को शोध-क्षेत्र में ही स्वरूप वरेण्य रहता है।

बिना साधन के साध्य तक नहीं पहुँचा जा सकता, इसलिए बिना तथ्यों के शोध-सत्य का अन्वेषण असंभव है। शोध के द्वारा ज्ञान का विस्तार होता है। किंतु यह तभी संभव है जब ज्ञान-विस्तार के क्षेत्र से संबंधित तथ्य प्रकाश में आते हैं। यों तो ज्ञान अखंड होता है, फलतः सत्य भी, किंतु ज्ञान अथवा सत्य विषय-विशेष से संबद्ध होकर विषयाश्रित बन जाता है। विषयाश्रित शोध का उद्देश्य विषयगत सत्य की प्रतिष्ठा करना होता है। इसीलिए विभिन्न विषयों और प्रत्येक विषय की शाखा-प्रशाखा और कई विषयों में अंतर्विद्यावर्ती स्तर पर शोध की संभावना निरंतर बनी रहती है। इसलिए किसी भी क्षेत्र अथवा विषय में शोध विषय की अनुरूपता में किए गए 'तथ्य-संकलन' से शुरू होता है। यदि विषय अंतर्विद्यावर्ती (इंटर डिसिप्लिनरी) है तो तथ्य का संकलन भी उसी रूप में किया जाएगा। विषयानुसारी तथ्यों के संकलन से प्रारंभ होकर शोध निष्कर्ष-ग्रहण और स्थापना-प्रतिपत्ति में पूर्णतया प्राप्त करता है। प्रामाणिक तथ्य ही निष्कर्षों और स्थापनाओं के लिए सनद का कार्य करते हैं।

शोध में अंतर्दृष्टि (इंट्यूशन), अनुभव अथवा प्रातिभ ज्ञानजन्य सत्य प्रामाणिक नहीं कहा जा सकता क्योंकि वह वस्तुनिष्ठ न होकर आत्मनिष्ठ अधिक होता है। इसलिए शोध-सत्य अनिवार्यतः प्रामाणिक तथ्यों के माध्यम से ही तर्कसंगत विश्लेषण द्वारा प्राप्त किया

जा सकता है। इसके लिए शोधार्थी में प्रतिभा, शोधकौशल के साथ-साथ विषय-निष्ठता का होना अत्यंत आवश्यक है।

9.3 साहित्यिक शोध और तथ्य–हम यह जान चुके हैं कि तथ्य और निष्कर्ष अथवा स्थापना में कारण-कार्य संबंध रहता है। अतः साहित्यिक शोध में भी निष्कर्ष-ग्रहण तक पहुँचने के लिए विषय के प्रतिपादन में प्रामाणिक तथ्यों की साधन-रूप में अपेक्षा रहती है। तथ्यों के तर्कसंगत निर्वाह से ही विषय-प्रतिपादन से लेकर उपलब्ध निष्कर्षों में मौलिकता दिखाई पड़ती है। इसके लिए विषयगत एकतानता से संबद्ध चिंतन, तथ्यों को शोध-विषय के प्रवाह में अंग-रूप बनने की दृष्टि प्रदान करता है। तथ्यों के संकलन से लेकर उनके उपयोग तक की समग्र कार्यविधि को समझने से पूर्व अब अपेक्षित यह है कि पहले साहित्यिक तथ्यों के स्वरूप को जान लिया जाए।

साहित्यिक तथ्यों की पहचान इतनी सरल नहीं होती जितनी कि भौतिक तथ्यों की पहचान रहती है। इसका कारण यह है कि भौतिक तथ्यों की पहचान जड़ पदार्थों और भौतिक तत्त्वों के अध्ययन और ज्ञानेंद्रियों पर निर्भर करती है। इसके विपरीत साहित्यिक तथ्यों का संबंध मानव-जीवन से रहता है क्योंकि साहित्य मानव-जीवन और मानव-ज्ञान की विविध-क्षेत्रीय विद्याओं के वैचारिक पक्ष तथा विविध ज्ञात एवं अज्ञात अनुभवों और भावनाओं के समुदाय को आधार बनाकर चलता है। इसलिए मानव-ज्ञान की इन विविध शाखाओं तथा विविध अनुभवों के क्षेत्रों में जिन्हें तथ्य कहा जाता है, वे भौतिक तथ्यों से भिन्न प्रकार के होते हैं। इसलिए इन तथ्यों की पहचान भौतिक तथ्यों की पहचान की तुलना में कठिन होती है। भौतिक तथ्यों की पहचान में स्वयं विज्ञान सक्रिय रहता है और शेष तथ्यों की पहचान में केवल दृष्टिगत वैज्ञानिकता का उपयोग किया जाता है। विज्ञान और वैज्ञानिक दृष्टि में पर्याप्त अंतर है।

इस उपर्युक्त अंतर को हम बर्ट्रेंड रसेल के शब्दों में इस प्रकार समझ सकते हैं : 'विज्ञान में कोई भी तथ्य एक तथ्य मात्र नहीं होता बल्कि एक उदाहरण होता है। इस दृष्टि से वैज्ञानिक कलाकार से भिन्न होता है क्योंकि कलाकार यदि कभी तथ्यों को देखने की कृपा करता भी है तो संभावना यही है कि वह उन्हें उनकी संपूर्ण विशिष्टता में देखेगा।'[3] इसका कारण यह है कि विज्ञान के क्षेत्र में तथ्य सामान्यतः या तो किसी सामान्य नियम की स्थापना करता है अथवा खंडन। इसके अतिरिक्त वैज्ञानिक शोध की कार्यविधि आगमनात्मक होती है जबकि साहित्यिक शोध में कार्यविधि निगमनात्मक रहती है।

साहित्यिक तथ्यों की पहचान का आधार तथ्यों का सामाजिक होना होता है। इसलिए सामाजिक तथ्यों की पहचान के आधार पर साहित्यिक तथ्यों की ओर बढ़ा जा सकता है। सामाजिक तथ्य की पहचान के संदर्भ में प्रसिद्ध फ्रांसीसी समाजशास्त्री ईमाइल डुरखीम का यह मत द्रष्टव्य है : 'एक सामाजिक तथ्य काम करने का हर वह ढंग है जो निर्धारित हो अथवा अनिर्धारित और जो व्यक्ति पर बाहरी दबाव डालने के योग्य हो, अथवा काम करने का प्रत्येक हर तरीका है, जो एक निर्दिष्ट समाज में सर्वत्र व्याप्त है और साथ ही व्यक्तिगत अभिव्यक्तियों से स्वतंत्र उसका अपना अस्तित्व बना रहता है।'[4] डुरखीम की इस व्याख्या से न केवल तथ्यों की पहचान में मदद मिलती है बल्कि शोध-दृष्टि का परिचय भी मिलता है। तथ्य की समाजगतता उस वैयक्तिकता का विरोध करती है जो शोध में भी अमान्य है।

इसके साथ ही सामाजिक तथ्य काम करने के ढंग या तरीके के पीछे एक प्रकार का 'दबाव' भी रखते हैं। यह 'दबाव' और कुछ नहीं सामाजिक तथ्यों के आधार पर साहित्यिक तथ्यों की पहचान के बाद की वह दृष्टि या ज्ञान-विस्तार के क्षेत्र में वह स्थापना है जो शोधार्थी में कसमसाहट पैदा करती है। काम करने के ढंग और तरीके के अलग-अलग होने की अनुरूपता में तथ्यों की अनेकता और उस अनेकता की विविध रूप में शोधगत व्याख्या से अनेकरूपता का आभास मिलता है। इसीलिए साहित्य में एक ही काल के साहित्य अथवा उसके किसी आंदोलन-विशेष पर अनेक रूपों में शोध करने का अवसर रहता है।

इस विवेचन से यह स्पष्ट हो जाता है कि साहित्य में सामाजिक तथ्यों की अभिव्यक्ति रहती है। ये सामाजिक तथ्य साहित्य में अनुभूतिगत स्तर पर प्राप्त किए जाकर ही व्यवहृत होते हैं और इस स्तर पर ये साहित्यिक तथ्य कहलाते हैं। इसलिए शोध में साहित्यिक तथ्यों की पहचान का आधार तथ्यों की सामाजिकता होता है। इतना होने पर भी हमें यह मानकर चलना होगा कि प्रत्येक सामाजिक तथ्य साहित्यिक तथ्य हो ही, यह आवश्यक नहीं क्योंकि प्रत्येक सामाजिक तथ्य साहित्य में वरेण्य नहीं होता। साहित्यिक सत्य किन्हीं विशिष्ट सामाजिक तथ्यों पर ही आधारित रहता है। इसका कारण यह है कि प्रत्येक सामान्य सत्य साहित्यिक सत्य नहीं हो सकता और प्रत्येक सत्य तथ्य नहीं होता जबकि प्रत्येक तथ्य सत्य होता है। इसलिए साहित्यिक सत्य का तथ्यात्मक होना जरूरी है और ऐसे तथ्य का जीवन से गहनतर स्तर पर संबंध होना चाहिए, नहीं तो तथ्य होते हुए वह सत्य होकर भी साहित्यिक 'सत्य' नहीं हो सकेगा। इस प्रकार सामाजिक तथ्य शोध में वहीं तक वरेण्य हैं जहाँ तक वे साहित्यिक तथ्यों से अभिन्न रूप में दिखाई पड़ते हों।

साहित्यिक तथ्य की पहचान यह है कि ऐसे तथ्य में सामाजिक स्तर पर अनुभूत व्यक्ति सत्य रहता है। व्यक्ति तथा समाज की अन्योन्याश्रितता जीवन-मूल्यों की गतिशीलता, विघटन और नए मूल्यों की प्रतिष्ठा का क्रम ही साहित्यिक तथ्यों के रूप में सृजनात्मक साहित्य में अभिव्यक्ति प्राप्त करता है। इस प्रकार साहित्यिक तथ्य जीवन की सार्वभौमता और शाश्वतता का तथा साहित्यिक क्षेत्र में आंदोलनात्मक स्तर पर काल-विशेष की संस्कृति का भी संकेत देते हैं। तथ्यों की जीवनपरक शाश्वतता की काल-संदर्भ नई-नई व्याख्या के कारण फिर-फिर उन्हीं रचनाओं में शोध की गुंजाइश बनी रहती है। तथ्य वही होते हैं, लेकिन युगसापेक्षता और व्यक्ति-व्यक्ति के चिंतन-मनन और काम करने के अलग ढंग के अधीन इन तथ्यों में से नया-नया ज्ञान भासित होता प्रतीत होता है। इसका कारण यह है कि सामाजिक विधान के प्रभाव को बदलते परिप्रेक्ष्य में प्रबुद्ध व्यक्ति नए सिरे और नए रूप में पहचानने लगता है क्योंकि वह समाज के अलिखित विधान को बखूबी समझता है।

शोध के द्वारा ज्ञान-विस्तार या स्थापना के रूप में साहित्यिक तथ्य, शोधार्थी की दृष्टि का सहारा पाकर किसी-न-किसी रूप में सामाजिक तथ्यों के रूप में ही प्रतिष्ठित होते हैं।

9.4 तथ्य-आकलन–स्पष्ट है कि बिना तथ्यों के शोध संभव नहीं हो सकता क्योंकि वे शोध के मूल अवयव होते हैं। यही नहीं, तथ्यों में ही सूक्ष्म स्तर पर निहित सत्य उद्‌घाटित होकर शोधार्थी की स्थापना का रूप ग्रहण करता है। शोधार्थी अपने विषय की गतिशीलता की दृष्टि से तथ्व और तथ्य के मध्य संबंध स्थापित करके सत्य तक पहुँचने का प्रयास करता है। उसकी यह यात्रा प्रत्यक्ष से परोक्ष अथवा ज्ञात से परिकल्पित की ओर होती है। इस

परिकल्पित सत्य का शोधार्थी को स्पष्ट-अस्पष्ट रूप में पूर्वाभास तो होता है लेकिन अपेक्षित तथ्यों के माध्यम से उसकी स्थापना किए बिना उसका सत्य अप्रामाणिक रह जाता है। इसलिए शोधार्थी को अपने विषय की अनुरूपता में सामग्री को मूल योजना सूत्र में बाँधकर स्रोत-ग्रंथों का गहन अध्ययन करते हुए तथ्यों का आकलन करना होता है।

तथ्यों का आकलन करते समय शोधार्थी का बहुत-सी बातों पर ध्यान अपेक्षित है। यदि वह इन बातों पर ध्यान नहीं देता तो निश्चय ही वह स्रोत-ग्रंथों के अध्ययन के समय अनपेक्षित अंशों को भी तथ्य मानकर उनकी अंधाधुंध टीप लेने लगेगा। इस प्रकार बाद में वह ढेर सारी संकलित सामग्री में से उपयोगिता की दृष्टि से तथ्य और अतथ्य में अंतर्भेद करने का विवेक खो बैठेगा। ऐसी स्थिति से बचने के लिए सबसे महत्त्वपूर्ण बात यह है कि शोधार्थी अपने विषय और अपने प्रतिपाद्य को बखूबी समझता हो। उसने जो रूपरेखा तैयार कर रखी हो उससे तनिक भी विचलित न हो। हर तथ्यात्मक अंश जो उसके प्रतिपाद्य के अनुकूल नहीं है उसे छोड़ देना चाहिए। अन्यथा विषयांतर होने का भय रहता है।

इसके अतिरिक्त शोधार्थी को निरंतर यह बात ध्यान में रखना चाहिए कि शोध वस्तुपरक कार्य होता है। उसमें पूर्वग्रहों, भावुकताओं और संवेदनाओं के लिए कोई स्थान नहीं होता। ऐसा ध्यान न केवल तथ्यों के आकलन के समय प्रत्युत्, तथ्यों के विश्लेषण के समय भी अपेक्षित रखता है। इसके अनंतर शोधार्थी को तथ्य-आकलन में तथ्यों की परस्पर सापेक्षता पर ध्यान रखना चाहिए। ऐसा न हो कि उसके स्थापनागत उद्देश्य को देखते हुए वह परस्पर विरोधी-तथ्यों को संकलित करने लगे। ऐसे तथ्य बाद में, प्रतिपादन के समय, समस्या बन जाते हैं।

इन कतिपय मूलभूत बातों को ध्यान में रखते हुए ही शोधार्थी को संदर्भ-ग्रंथों का पारायण करना चाहिए। तथ्य आकलन पूरे प्रबंध को एक साथ ध्यान में रखकर कर पाना असंभव नहीं तो कठिन अवश्य होता है। हाँ, शोध-प्रबंध की मूल-चेतना को सदैव ध्यान में रखना पड़ेगा। तथ्यों का आकलन मूल रूपरेखा में वर्गीकृत अध्यायों और उप-अध्यायों को ही ध्यान में रखकर किया जाना चाहिए। यदि अध्ययन-क्रम में ऐसा प्रतीत हो कि कोई तथ्य किसी आगामी अध्याय में उपयोगी हो सकता है तो उसकी टीप उस संबद्ध अध्याय के लिए अलग से लेनी चाहिए। एक अध्याय के लिए तथ्य आकलित कर चुकने पर ऐसा नहीं मान लिया जाना चाहिए कि अब तत्संबंधी कोई तथ्य शेष नहीं रहा। नए संदर्भ-ग्रंथों का अध्ययन करते समय ऐसे तथ्य मिल सकते हैं जो किसी पिछले अध्याय के लिए उपयोगी हों। ऐसे तथ्यों की टीप तुरंत उस पिछले अध्याय के तथ्यों के साथ जोड़ देनी चाहिए। एक अध्याय के लिए तथ्य संकलित कर लेने पर आगामी अध्याय के लिए तथ्य संकलित करते समय विचारप्रवाह के सातत्य का ध्यान रखना चाहिए। इस प्रकार तथ्य-संकलन में प्रत्येक नए अध्याय के लिए (अंतिम अध्याय तक) पिछले अध्यायों के लिए संकलित तथ्यों को ध्यान में रखकर विचारसरणि की निर्बाधता की जाँच करते हुए चलना चाहिए। इस प्रकार तथ्यों का आकलन अध्यायों और अध्यायगत उप-खंडों की दृष्टि से स्वतः पता चलेगा। शोधार्थी को बाद में उनको सहेजते समय बहुत परिश्रम नहीं करना पड़ेगा।

9.5 तथ्य-विश्लेषण–तथ्यों का आकलन-भर कर लेने से शोधार्थी को यह नहीं समझ लेना चाहिए कि प्रबंध-लेखन की दृष्टि से उसका तथ्यगत कार्य पूरा हो गया है। तथ्यों को

संकलित करने का उद्देश्य शोध की दृष्टि से उनमें से सत्य की खोज करना होता है। जब तक शोधार्थी संकलित तथ्यों की इस रूप में मीमांसा नहीं कर लेता कि कौन-कौन से तथ्य किस-किस सत्य के उद्घाटक हो सकते हैं और वह सत्य उसके लिए कहाँ तक उपयोगी हो सकता है, तब तक वह अपने प्रतिपादन में तथ्यों का उपयोग नहीं कर सकता। उसे तो वे ही तथ्य उपयोग में लाने होते हैं जो उसके लिए वांछित सत्य की उद्भावना कर सकें। इसलिए तथ्यों के आकलन के उपरांत शोधार्थी के लिए उनका विश्लेषण करना आवश्यक है।

तथ्यों के अध्यायगत वर्गीकरण का आधार और उद्देश्य शोधगत स्थापना की एक वैचारिक इकाई की उपलब्धि है। इस वैचारिक इकाई के संश्लेषण हेतु तथ्यों की मीमांसा आवश्यक है। तथ्यों की मीमांसा अथवा विश्लेषण से अभिप्राय तथ्यों की वैचारिक इकाई की दृष्टि से मूल्यांकन-प्रक्रिया से है, जिसमें पर्याप्त चिंतन-मनन की आवश्यकता रहती है। यदि तथ्य सत्य तक की पहुँच का साधन है तो चिंतन सत्य की प्रामाणिकता को जानने का साधन है जो अमूर्त प्रतीकात्मक प्रक्रिया द्वारा भावयित्री प्रतिभा से संचालित और संस्थित रहता है। तथ्यों की मीमांसा साहित्यिक शोध के क्षेत्र में 'भावयित्री प्रतिभा' के बिना संभव नहीं हो सकती। शोधार्थी यह तो जानता है कि सत्य तथ्य से बाहर नहीं है। इसीलिए वह तथ्यों का संकलन भी करता है। तथ्यों के संकलन के समय भी वह उनके भीतर सत्य की झलक पाकर ही आगे बढ़ता है। लेकिन सत्य की झलक देखने और सत्य को स्पष्ट दिखलाने में बहुत अंतर है। शोध में सत्य को दिखाना होता है। तथ्यों को जानना और उन्हें उपयोग करना दो भिन्न बातें हैं। शोध में तो तथ्य उपयोग में आकर ही सत्य की प्रतिष्ठा करने पर प्रामाणिक सिद्ध होते हैं। यह कार्य बुद्धि अथवा चिंतन के द्वारा ही संभव हो सकता है। तथ्यों के इस प्रकार सम्यक विश्लेषण पर कोई नया सत्य अवश्यमेव उद्घाटित हो, ऐसा कोई नियम नहीं है। शोधार्थी तो सत्य की खोज को परिकल्पित (हाइपोथेटिकल) और संभाव्य रूप में ही मानकर चलता है। यह प्रयोग असफल भी रह सकता है।

तथ्य-विश्लेषण तभी सही और संगत होगा जब इस विश्लेषण में प्रयुक्त चिंतन लक्ष्याभिमुख और तर्कसंगत हो। चिंतन के तर्काश्रित होने पर ही तत्त्वार्थ अथवा ज्ञान की प्राप्ति निर्भर करती है। तर्क वैचारिक क्रिया को स्वच्छ और स्पष्ट बनाने में परिमार्जक (डिटर्जेंट) का-सा कार्य करता है। इस प्रकार तर्क विचार को शोध-लक्ष्य की ओर उन्मुख करता है। तर्क चिंतन का अनुशास्ता होता है।

तथ्यों के इस प्रकार विश्लेषण से जहाँ तथ्यों की उपयोगिता के औचित्य का निर्णय होता है, वहीं पर कभी-कभी उपलब्ध सत्य को निबद्ध करने के लिए उचित शीर्षक भी हस्तगत हो जाता है। प्रारंभिक रूपरेखा में जो अध्याय-शीर्षक होते हैं वे बहुधा अर्थवाही होते हुए भी आकर्षक नहीं होते। तथ्य-विश्लेषण के समय तथ्यों में से ही वैचारिक इकाई के समाहारकर्ता कसे हुए, जँचनेवाले और शोध के पूर्ण व्यंजक अध्याय-शीर्षक मिल जाते हैं। शोधार्थी को इसका ध्यान रखना चाहिए। मूल रूपरेखा के अध्याय-शीर्षकों को इन नए शीर्षकों से बदलने में कोई भी कठिनाई नहीं हो सकती।

निष्कर्ष यही है कि तथ्य को आकलित कर लेने के बाद, उनके प्रयोग से पूर्व उनकी उपयोगिता की परख अनिवार्य है और यह उपयोगिता तथ्यों के विश्लेषण द्वारा उनमें से प्राप्त सत्य की युक्तिसंगतता पर निर्भर करती है।

9.6 तथ्य-संश्लेषण–तथ्यों के विश्लेषण के उपरांत उनका संश्लेषण (कोऑर्डिनेशन) अभीष्ट होता है। संश्लेषण से अभिप्राय उस अभीष्ट अनुक्रम से है जिसमें तथ्यों का प्रयोग किया जाना है। दूसरे शब्दों में तथ्य-संश्लेषण का अर्थ है–तथ्यों की वह अन्विति जिसमें संश्लिष्ट होकर तथ्य शोधार्थी के स्थापनागत विचार को मूर्त रूप देते हैं। अध्याय-शीर्षक इस विचार का द्योतक होता है और अध्याय में एक निश्चित विकासवादी क्रम में प्रयुक्त तथ्य उस विचार के अवयव बन जाते हैं। तथ्यों के इस प्रकार के संश्लेषण के पश्चात् वस्तुनिष्ठ विवेचन-प्रक्रिया द्वारा जो निष्कर्ष निकलता है, वह संपूर्ण शोध-स्थापना का अंश होता है। इस प्रकार के अंश-रूप निष्कर्ष शोध की प्रतिपाद्यरूपी आधिकारिक स्थापना के लिए पताका और प्रकरी का कार्य करते हैं।

प्रत्येक अध्याय के अंतर्गत कई उप-अध्याय या उप-शीर्षक होते हैं और पूरे शोध-प्रबंध में कई अध्याय होते हैं। प्रत्येक उप-शीर्षक की अपनी तथ्य-समूह इकाइयाँ होती हैं और प्रत्येक उप-शीर्षक की ये इकाइयाँ मुख्य शीर्षक (अध्याय) की वैचारिक इकाई को समर्थन प्रदान करती हुई उसी में विलीन हो जाती हैं। इसी प्रकार ये अध्यायगत इकाइयाँ प्रबंध की मूल स्थापना को बल प्रदान करती हुईं उसी में विलीन हो जाती हैं। इसलिए तथ्य-संश्लेषण में शोधार्थी को वैचारिक स्तर पर उप-शीर्षकों से अध्यायगत शीर्षक और एक अध्यायगत शीर्षक से अगले अध्यायगत शीर्षक से होते हुए अंतिम अध्यायगत शीर्षक तक की अन्विति का ध्यान रखना चाहिए। यदि यह अन्विति नहीं होगी तो शोध की स्थापना निष्पत्ति सही नहीं हो सकेगी।

9.7 तथ्य-विवेचन और निष्कर्ष-ग्रहण तथा उपयोग–तथ्यों का संश्लेषण कर लेने-भर से शोध-कार्य पूरा नहीं हो जाता। किसी के पास यदि मकान का सुंदर नक्शा भी हो और ईंट, पत्थर, सीमेंट, दरवाजों, खिड़कियों के रूप में सुंदरतम सामग्री भी हो तो हम यह नहीं कह सकते कि मकान बन गया है। मकान बनाने के लिए इस सारी सामग्री का नक्शे की अनुरूपता में सही स्थान पर उपयोग अनिवार्य है। जब सारी सामग्री सही ढंग से प्रयुक्त कर ली जाती है तभी हमें बना हुआ मकान दिखाई पड़ता है। ठीक यही उदाहरण शोधगत स्थापना पर भी लागू होता है। तथ्य-संश्लेषण कर लेने तक तो हमें केवल शोधरूपी इमारत का सही नक्शा और इकट्ठा की गई सारी सामग्री के उपयोगगत स्थानों का ही पता चलता है। शोध में तथ्यों की इस सामग्री का उपयोग किस प्रकार किया जाए, यह ध्यातव्य है।

तथ्य-संश्लेषण में वैचारिक अन्विति का जो क्रम ध्यान में रखा गया है, वही अन्विति क्रम तथ्यों के उपयोग और निष्कर्ष-ग्रहण में भी अपनाना होता है। जिस प्रकार मकान नक्शे की अनुरूपता में ही सही बन सकता है, ठीक उसी प्रकार तथ्यों का उपयोग भी वैचारिक अन्विति के सहारे संगत रूप में किया जा सकता है। तथ्यों की विवेचन-प्रक्रिया में तथ्यों को युक्तियुक्त ढंग से, असत और अनुपयोगी पक्षों का परित्याग करते हुए, अभिप्रेत अर्थ की तर्कसंगत, प्रामाणिक और नूतन व्याख्या अभिप्रेत है। वास्तविकता यही है कि तथ्य-संश्लेषण और विवेचन-प्रक्रिया के समवेत रूप के द्वारा ही विषय मूर्त रूप में प्रतिपादित होता है।

विवेचन-प्रक्रिया में पूर्वग्रह परस्पर-विरोधी अभिमत, पुनरावृत्ति, भ्रांत और अयथार्थ तथा कल्पना और गप के लिए बिलकुल भी स्थान नहीं होता। इन सब बातों से तभी बचा जा सकता है जब शोधार्थी नितांत वस्तुनिष्ठ और लक्ष्याभिमुख होकर सत्यान्वेषण से विचलित

न हो। तथ्यों के उपयोग और विवेचन-प्रक्रिया में विषयांतर के लिए अवकाश नहीं होता है।

पहले संकेत दिया जा चुका है कि तथ्य-विवेचन और निष्कर्ष-ग्रहण में तथ्य-संश्लेषण के समय की समस्त प्रक्रिया शोधार्थी को पुनः अपनानी पड़ती है। अंतर केवल इतना है कि तथ्य-संश्लेषण में प्रयुक्त वैचारिक अन्विति की प्रक्रिया केवल मानसिक होती है और तथ्य-विवेचन में वह शब्दों के रूप में मूर्त रूप ग्रहण कर लेती है। इस प्रकार, एक तरह से तथ्य-संश्लेषण में व्यवहृत मानसिक प्रक्रिया में ही विषय का प्रतिपादन हो चुकता है। यदि ऐसा न हो तो तथ्य-संश्लेषण संभव ही नहीं हो सकता क्योंकि तथ्यों के संश्लेषण में इसी बात पर तो ध्यान रखा जाता है कि कौन से तथ्य सत्य के उद्घाटक हैं और उनका स्थापनागत उद्देश्य की दृष्टि से क्या अन्विति-क्रम रहना चाहिए। ठीक यही क्रम विषय-प्रतिपादन अथवा तथ्यों के विवेचन में रहता है। अस्तु, तथ्य-संश्लेषण की पृष्ठभूमि में तथ्य-विवेचन अनिवार्य रहता है और संश्लिष्ट तथ्यों के विवेचन में वही प्रक्रिया मूर्त स्तर पर दोहराई जाती है। तथ्य-विवेचन का ही दूसरा नाम विषय-प्रतिपादन है और विषय-प्रतिपादन से निष्कर्ष हस्तगत होते हैं।

निष्कर्ष-ग्रहण जैसाकि तथ्य-संश्लेषण में बताया जा चुका है, पहले वैचारिक इकाई के रूप में होता है। इस स्तर का निष्कर्ष-ग्रहण उप-शीर्षक स्तर का होता है। इन उप-शीर्षकीय वैचारिक इकाइयों का समन्वित रूप निष्कर्ष अध्यायगत होता है और सभी अध्यायों का समन्वित निष्कर्ष शोध-प्रबंध की स्थापना कहलाता है। शोध में लघुतम इकाइयों से प्राप्त निष्कर्ष सत्योद्घाटन की लघुतम इकाइयों के रूप में दिखाई पड़ते हैं। ये ही समवेत रूप में सत्य को मूर्तिमान करते हैं। इनमें से किसी भी एक अंश के भ्रांत होने से शोध-प्रबंध की पूर्ण स्थापना में खोट आ जाना स्वाभाविक है। अतः शोधार्थी के लिए कदम-कदम पर विषय और उद्देश्य पर वस्तुनिष्ठ दृष्टि रखना अत्यंत अनिवार्य है।

साररूप में शोध-निष्कर्ष की परिभाषा हम इस प्रकार कर सकते हैं : शोधार्थी ज्ञान-विस्तार की दृष्टि से साहित्य के जिस क्षेत्र में शोध करके जिस किसी नई स्थापना की प्रतिष्ठा करना चाहता है, यदि उसके द्वारा आकलित, संश्लेषित और विवेचित तथ्यों के द्वारा वह स्थापना सत्यापित हो जाए तो हम उसकी उस स्थापना को उसका शोध-निष्कर्ष कहेंगे। निष्कर्ष यथार्थ तत्त्वबोध का दूसरा नाम है पर यह यथार्थ तत्त्वबोध सत्यबोध से भिन्न नहीं होता।

संदर्भ

1. 'यद्रूपेण यन्निश्चितं तद्रूपं न व्यभिचरति तत्सत्यम्'।—तैत्तिरीयोपनिषद् 2/1
2. 'सत्यं प्रमाणेत्राव बुद्धस्स्यार्थस्य तथैव भाषणं'। 'भगवद्गीता', 10.4
3. वैज्ञानिक परिदृष्टि', अनु. गंगारत्न पांडेय, पृ. 46-47
4. 'समाजशास्त्रीय पद्धति के निकष', अनु. हरिश्चंद्र उप्रेती, पृ. 10

उद्धरण

10.0 अर्थ एवं प्रयोजन–उद्धरण का सामान्य अर्थ है–किसी अन्य व्यक्ति के मत का अधिग्रहण। वक्ता उद्धरणों को मौखिक रूप में ग्रहण करता है और लेखक लिखित रूप में। दोनों का उद्देश्य अपने-अपने अभिमत को किसी अन्य व्यक्ति के कथन या मत द्वारा समर्थित करना होता है। उद्धरण का अधिग्रहण जहाँ अपने अभिमत को पुष्ट और प्रामाणिक करने के लिए किया जाता है, वहीं पर कभी-कभी उद्धरण किसी पूर्व प्रचलित धारणा अथवा मत के खंडन हेतु अधिगृहित किए जाते हैं। इस प्रकार शोध-क्षेत्र में शोधकर्ता के निजी अभिमत के मंडन और किसी पूर्व प्रचलित धारणा के खंडन हेतु तर्कपूर्ण ढंग से इस खंडन-मंडन के क्षेत्र से संबंधित रचनाओं से गृहीत तथ्यात्मक अंश विशेष उद्धरण कहलाते हैं। डा. उदयभानु सिंह के अनुसार : 'उद्धरण का अर्थ है–किसी उक्ति का अविकल ग्रहण'।[1] सामान्यतः सैद्धांतिक स्तर पर यह परिभाषा सही है, परंतु व्यावहारिक स्तर पर इस परिभाषा से पूर्णतः बँधकर चलने में शोधार्थी को कुछ कठिनाइयों का सामना करना पड़ सकता है। इसका कारण यह है कि शोध में खंडन-मंडन के क्रम में कई बार ऐसे स्थल उपस्थित हो जाते हैं कि उद्धरणीय अंश की दीर्घता के कारण अथवा स्थलगत अपेक्षा के कारण इस उद्धरणीय अंश का अविकल ग्रहण न तो संभव ही होता है और न उपादेय ही। ऐसी स्थिति में शोधार्थी अपनी अपेक्षा की दृष्टि से उक्ति-विशेष में केवल उन्हीं अंशों को ग्रहण करता है जो उसके लिए नितांत उपयोगी और सार्थक होते हैं। ऐसा करते समय शोधार्थी उक्ति-विशेष में बीच-बीच में से अनपेक्षित अंशों को त्याज्य मानकर छोड़ देता है। इसकी सूचना, वह शोध-कार्यविधि में शब्दलोप (एलिप्सिस) के लिए निर्दिष्ट तीन बिंदुओं (...) को छोड़े गए अंश के स्थान पर भरकर देता है (दे. 10.5.6)। इस प्रकार उद्धरण से अभिप्राय खंडन-मंडन प्रक्रिया में केवल स्थितिगत अपेक्षानुसार किसी अन्य अभिमत के ग्रहण से है।

उद्धरण निष्कर्षों तक पहुँचने के लिए विषय-प्रतिपादन में ठीक वैसे ही अपरिहार्य होते हैं जिस प्रकार विज्ञान-क्षेत्र के शोध में स्थूल उपकरण और पूर्वप्राप्त सिद्धांत सक्रिय होते हैं। उद्धरण ग्रहण करते समय शोधार्थी को यह मानकर चलना चाहिए कि उद्धरणों का प्रयोजन विश्लेषणात्मक और निर्णयात्मक ढंग से तर्कपूर्ण पद्धति द्वारा उसके विषय को केवल आगे बढ़ाना ही नहीं होता बल्कि उसकी अभिव्यक्ति को स्वच्छता, स्पष्टता और विकास-क्रम प्रदान करना भी होता है। साहित्यिक शोध में शोधार्थी के पास आलोचक की-सी स्वतंत्रता नहीं रहती। उसके लिए तथ्यपरक उद्धरणों का ग्रहण करना अनिवार्य होता है। वह चाहे पी-एच. डी. या डी. लिट्. के शोध-प्रबंध लिखं रहा हो अथवा एम. लिट्., एम. फिल्. या एम. ए. के किसी प्रश्न-पत्र के विकल्प रूप में लघु-प्रबंध लिख रहा हो, उसके लिए अनिवार्य हो जाता है कि वह विभिन्न स्रोतों से उद्धरण देकर अपने कथन और अभिमत की प्रामाणिकता सिद्ध करे। इस प्रकार शोधार्थी के कथन और अभिमत की प्रामाणिकता की दृष्टि से उद्धरणों को शोध-कार्यविधि का अनिवार्य एवं अपरिहार्य अवयव कहा जा सकता है। वे तथ्यरूपी ईंटों से बने शोधरूपी भवन में सीमेंट का कार्य करते हैं।

10.1 सही और शोधोपयोगी टीप (नोट्स)–संदर्भ-ग्रंथ सूची कार्डों की तैयारी के रूप में शोधार्थी अपने शोध-विषय के प्रतिपादन की दिशा में एक प्रकार से प्रारंभिक भूमिका तैयार कर लेता है। संदर्भोल्लेख कार्ड-सूची को सहेज चुकने पर शोधार्थी उसके उपयोग की दिशा में स्वयं को पूर्णतया तैयार अनुभव करता है क्योंकि इसी कामचलाऊ ग्रंथ-सूची में संगृहीत ग्रंथों के अध्ययन-मनन द्वारा ही उसे तथ्यों का आकलन करना होता है। संदर्भ-ग्रंथ सूची में शोधार्थी विषयगत आवश्यकता की अनुरूपता में बहुत से आधारों को ग्रहण करता है (दे. 11.1)। अब उसे इन आधारों का अध्ययन और अनुशीलन करना होता है। पठन और अध्ययन की यह प्रक्रिया बहुत अधिक समय-साध्य होती है। साथ ही शोध-विषय के महत्त्व और उसके प्रतिपादन की दृष्टि से यह अध्ययन सर्वाधिक महत्त्वपूर्ण होता है। अतः शोधार्थी को बुद्धिमत्तापूर्वक अत्यंत दूरदर्शिता के साथ संदर्भ-ग्रंथों से उपयोगी टीप (नोट्स) लेने की विधि जान लेनी चाहिए। दूसरे शब्दों मे उसे तथ्य-आकलन की पद्धति को अच्छी तरह समझकर चलना चाहिए क्योंकि टीप-रूप में अब वह जो कुछ आकलित करेगा, वही शोध-प्रबंध के लेखन में उसके लिए उद्धरण रूप में व्यवहार्य बनेगा। इसलिए उसे यह समझकर चलना चाहिए कि अच्छी टीप की शर्त है टीप का सही, उपयोगी और पर्याप्त होना, न कि उसका अनपेक्षित और अवांछित रूप में विस्तृत होना।

अच्छी टीप लेने के लिए शोधार्थी को अपने अध्ययन-काल में यह ध्यान रखना होगा कि जिस संदर्भ को वह टीप-रूप में ग्रहण करना चाहता है उसमें निहित विचार, उसके लिए कहाँ तक उपादेय हो सकते हैं। अध्ययन-क्रम में यथासंभव इस प्रवृत्ति से मुक्त रहना चाहिए कि किसी संदर्भ-विशेष का उसे जान-बूझकर खंडन-मंडन करना है अथवा किसी विचार-विशेष को शतशः सही मानकर चलना है अथवा किसी स्थल को वाद-विवाद का विषय बनाना है। दूसरे शब्दों में उसे हर प्रकार के पूर्वग्रह से मुक्त होकर केवल शोध-विषय को ध्यान में रखकर ही टीप लेनी चाहिए। इस दृष्टि को लेकर चलने से यह स्वतः स्पष्ट होता चलेगा कि कामचलाऊ संदर्भ-ग्रंथ सूची की सभी पुस्तकें विषय की दृष्टि से समान महत्त्व की नहीं हैं। उनमें कुछ पुस्तकें अनिवार्यतः अधिक उपयोगी, संगत और अपरिहार्य होंगी और कुछ कम महत्त्व की। यही नहीं विषय की पकड़ के साथ-साथ ऐसा भी प्रतीत हो सकता है कि पहले जो कतिपय पुस्तकें अथवा पत्रिकाएँ इत्यादि उपादेय समझकर सूची में संकलित कर ली गई थीं, वे महत्त्वहीन हों और उन्हें सूची से निकालना पड़े। इसलिए टीप लेते समय शोधार्थी जब एक कसौटी को प्राप्त करके पुस्तकों का अध्ययन करता है, तब उसे यह स्पष्ट पता चलने लगता है कि उसकी संदर्भ-ग्रंथ सूची में संकलित कुछ पुस्तकों को केवल सरसरी दृष्टि से देखना-भर है जबकि अन्य कुछ के अंश ही उसके लिए ग्राह्य हैं तथा कुछ विशिष्ट पुस्तकों को भली प्रकार मंथन करके पचाना भी है। अध्ययन की यही दृष्टि स्रोतों की प्राथमिकता और गौणता के निर्णय में सहायक होती है। अस्तु, शोधार्थी को अपने अध्ययन के लिए प्राथमिक और गौण स्रोतों का मूल्यांकन करके उनकी उपादेयता को समझ लेना चाहिए।

10.2 स्रोत : मूल्यांकन एवं उपादेयता (सोर्स : जजमेंट एंड यूटीलाइजेशन)–जैसाकि संकेत दिया जा चुका है, शोधार्थी को संदर्भ-ग्रंथ सूची कार्डों में उल्लिखित पुस्तकों, पत्रिकाओं और अन्य ऐसे आधारों को अपने विषय और दृष्टि की सापेक्षता में प्राथमिकता और गौणता

के आधार पर परख करनी चाहिए। अपने अध्ययन-क्रम में मूल विषय और प्रतिपाद्य दृष्टि से बँधकर चलने पर यह कार्य अत्यंत सरल होता चलता है। इस प्रकार शीघ्र ही सभी संदर्भों, ग्रंथों का प्राथमिकता और गौणता के आधार पर पुनर्नियोजन हो सकता है। यही पुनर्नियोजन स्रोतगत प्राथमिकता और गौणता कहलाता है।

10.2.1 प्राथमिक स्रोत—पी-एच. डी. जैसी उपाधि के लिए किया गया शोध-कार्य प्रमुखतः प्राथमिक स्रोतों (प्राइमरी सोर्सेज) पर अधिक निर्भर करता है। स्रोतों के प्राथमिक और गौण होने की कोई निश्चित कसौटी नहीं होती। पुस्तकों की तुलना में पत्रिकाएँ भी आवश्यकता की दृष्टि से प्राथमिक स्रोत हो सकती हैं। यह सब विषय पर निर्भर करता है और तदनुरूप जो भी तथ्यावली अधिक वस्तुपरक एवं संगत रूप में उपलब्ध हो, वही शोधार्थी के प्राथमिक स्रोत कहलाएँगे। प्राथमिक स्रोत अत्यंत व्यापक पारिभाषिक शीर्षक है जिसमें कभी-कभी अप्रकाशित सामग्री जैसे—पत्र, डायरी, पांडुलिपियाँ अथवा प्राथमिक दस्तावेज भी हो सकते हैं और इसी प्रकार प्रकाशित पत्र, जीवनियाँ तथा अद्यतन ग्रंथ भी हो सकते हैं, जिनका विषय से सीधा संबंध हो। लेकिन अप्रकाशित सामग्री प्रायः (कतिपय विशिष्ट विषयों को छोड़कर) प्राथमिक स्रोत का कार्य नहीं करती। ऐसे विषयों में प्रायः ऐसे विस्मृत साहित्यकार होते हैं जिनकी पांडुलिपियाँ तथा उन पर कतिपय टीकाएँ या ऐसी ही सामग्री सुलभ होती हैं। इसलिए शोधकर्ता को यथासंभव अधिकारी विद्वानों द्वारा लिखित और प्रकाशित ग्रंथों या लेखों पर ही निर्भर करना चाहिए। कभी-कभी किसी अप्रसिद्ध लेखक/लेखकों की पुस्तकें अथवा लेख जो विषय की दृष्टि से महत्त्वपूर्ण हो सकते हैं, उन्हें भी प्राथमिक स्रोत में स्थान दिया जा सकता है।

10.2.2 गौण स्रोत—किसी पुस्तक अथवा लेख में जब शोधार्थी के विषय से संबद्ध कोई सूचना, तथ्य अथवा अभिमत मिलता है जो अन्यत्र दुर्लभ है अथवा तत्संबंधी मूल ग्रंथ अप्राप्य है तब ऐसी पुस्तक अथवा लेख का महत्त्व बढ़ जाता है। लेकिन शोधार्थी का फिर भी यही प्रयास होना चाहिए कि वह यथासंभव ऐसी सूचना से संबद्ध मूल स्रोत को खोज निकाले। यदि फिर भी मूल स्रोत उपलब्ध न हो सके तो गौण स्रोत का उपयोग किया जा सकता है, परंतु शोधार्थी को बराबर यह ध्यान रखना चाहिए कि गौण स्रोत से संबद्ध लेखक विश्वसनीय है या नहीं ? हिंदी शोध की दुर्दशा का एक कारण यह भी है कि हिंदी शोधार्थी परिश्रम से बचने के लिए गौण स्रोतों को प्राथमिक स्रोतों के रूप में प्रयोग कर लेतें हैं और इसका परिणाम यह होता है कि ऐसा करनेवालों के शोध-प्रबंधों में अधिकतर सूचनाएँ गलत रहती हैं जिसका प्रभाव भावी शोध पर पड़ता है।

अतः प्राथमिक एवं गौण स्रोत के निर्णय हेतु निम्न बातों का ध्यान रखना अत्यंत आवश्यक है—

10.2.3 प्राथमिक स्रोत में सामग्री की विश्वसनीयता को ध्यान में रखते हुए यह देखना चाहिए कि क्या इस सामग्री के आधार पर प्राप्त अनुमान और निष्कर्ष शोध में सहायक हो सकते हैं ?

10.2.4 गौण स्रोत में लेखक की विश्वसनीयता को ध्यान में रखते हुए यह देखना चाहिए कि उसका कथन तथ्यपरक है अथवा अभिमत मात्र, तथा साथ ही उसके द्वारा निर्दिष्ट स्थल की परख के लिए मूल स्रोत उपलब्ध है या नहीं।

10.3 तथ्य और अभिमत (फैक्ट एंड ओपिनियन)–शोध में तथ्य और अभिमत–दोनों ही उद्धरणीय होते हैं क्योंकि यथास्थिति दोनों का अपना-अपना महत्त्व होता है। इस संबंध में शोधार्थी को देखना यह होता है कि जिस अंश को वह तथ्य के रूप में उद्धृत कर रहा है, वह वास्तव में तथ्य है भी। कहीं ऐसा तो नहीं कि वह भ्रांतिवश किसी अधिकारी विद्वान के नाम के प्रभाव में आकर उसके अभिमत को तथ्य मान रहा हो। यहाँ तथ्य और अभिमत का संक्षिप्त में अंतर स्पष्ट कर देना समीचीन होगा। तथ्य मूलतः घटित, अस्तित्ववान या सिद्ध सत्य का नाम है (दे. 6.0)। दूसरी ओर अभिमत उस धारणा का नाम है जो किसी व्यक्ति-विशेष या व्यक्ति-समूह द्वारा किसी तथ्य अथवा किसी विचार-विशेष के खंडन-मंडन के रूप में प्रस्तुत की जाती है। अभिमत अविश्वास की सीमा तक भिन्नता लिये हुए हो सकते हैं जबकि तथ्य प्रत्येक काल एवं स्थिति में अपरिवर्तनशील रहता है। इसलिए शोधार्थी जब किसी अधिकारी विद्वान द्वारा प्रस्तुत किसी तथ्य की व्याख्या का अनुशीलन कर रहा होता है, तब वह उस विद्वान के अभिमत को समझ रहा होता है, न कि तथ्य को। ध्यातव्य यह है कि किसी भी अधिकारी विद्वान का अभिमत अंतिम नहीं हो सकता क्योंकि प्रायः उसके अभिमत के सर्वथा विपरीत, विरोधी और उसी प्रकार तर्कसंगत अभिमत अन्य विद्वानों के भी मिल जाते हैं। अतः शोधार्थी को तथ्य की अपेक्षा के समय तथ्य का ग्रहण करना चाहिए और अपने विषय की अनुरूपता में विविध अभिमतों में से अभिमत चुनने चाहिए। कभी-कभी स्थिति एक और प्रकार की भी हो सकती है जिसमें तथ्य और अभिमत मिश्रित रहते हैं। ऐसा संदर्भ यदि शोधापयोगी हो तो ग्रहण करना चाहिए अन्यथा नहीं।

यहाँ तथ्य, अभिमत और दोनों के मिश्रित होने संबंधी एक अभ्याय दिया जा रहा है जिसे आधार मानकर शोधार्थी अपने शोध-कार्य की दृष्टि को संयत रख सकता है।

10.3.1 तथ्य-अभिमत संबंधी अभ्यास

अध्याय[2] **खंड**

निम्न अवतरणों को पढ़कर निर्णय कीजिए कि वे तथ्य, अभिमत और मिश्रित–इन तीनों में से क्या हो सकते हैं ?

1. 'कामायनी' प्रसाद की रचना है।

☐ तथ्य
☐ अभिमत
☐ मिश्रित

2. 'साहित्य लहरी' सूरदास की प्रामाणिक रचना है जिसका प्रणयन नंददास को नायिकाभेद की शिक्षा देने के लिए किया गया था।

☐ तथ्य
☐ अभिमत
☐ मिश्रित

3. 'पृथ्वीराज रासो' की लघुतम प्रति प्रामाणिक है और उसकी क्रमशः वृहत्तर प्रतियों में समय-समय पर प्रक्षेपण होता रहा है।

☐ तथ्य
☐ अभिमत
☐ मिश्रित

4. अज्ञेय ही प्रयोगवाद के प्रवर्तक हैं क्योंकि उन्हीं के सत्प्रयासों से 'तारसप्तक' में अन्य कवि संकलित हुए। यही नहीं अन्य कवियों की कविता की तुलना में उनकी कविता भी श्रेष्ठतर है।

☐	तथ्य
☐	अभिमत
☐	मिश्रित

5. नेमिचंद्र जैन और प्रभाकर माचवे ही 'तारसप्तक' योजना के मूल प्रणेता हैं। प्रयोगवाद के ढंग की कविता के श्रीगणेश का वास्तविक श्रेय उन्हीं को जाता है। अज्ञेय को तो उन्होंने अपनी योजना बताकर संपादन-भार सौंपा था। केवल संपादन करने-भर से अज्ञेय प्रयोगवाद के प्रवर्तक नहीं हो सकते।

☐	तथ्य
☐	अभिमत
☐	मिश्रित

6. 'आषाढ़ का एक दिन' का कालिदास दुर्बल नहीं है। इस संबंध में स्वयं मोहन राकेश ने 'लहरों के राजहंस' की भूमिका में विस्तार से लिखा है।

☐	तथ्य
☐	अभिमत
☐	मिश्रित

7. मोहन राकेश का 'आधे-अधूरे' नाटक आर्थर मिलर के 'डेथ ऑफ ए सेल्समैन' नामक नाटक की नकल पर लिखा गया है।

☐	तथ्य
☐	अभिमत
☐	मिश्रित

शोधार्थी को इन उपर्युक्त स्थलों का निर्णय करना है कि उनमें से कौन-सा स्थल तथ्य है और कौन-सा अभिमत है अथवा मिश्रित रूप है। इस प्रकार की अभ्यासावली भी शोधार्थी तैयार कर सकता है ताकि उलझन-भरे अवतरणों पर सही निर्णय ले सके। यदि कोई अभिमत तथ्य रूप में कहीं दिया गया है, तो जैसाकि संकेत दिया जा चुका है, उसके मूल स्रोत को खोजने का पूरा प्रयास किया जाना चाहिए। यदि कोई अवतरण शोधोपयोगी है लेकिन वह तथ्यात्मक न होकर अभिमतपरक है तो उसके लेखक की मौलिकता की पुष्टि पाद-टिप्पणी में अवश्य कर देनी चाहिए। शोधार्थी का सभी प्रकार के परस्पर-विरोधी या एकांगी दृष्टिपरक अभिमत से यों ही आकर्षित नहीं हो जाना चाहिए बल्कि उसे तो परस्पर-विरोधी मतवादी विचारकों के मतों की प्रामाणिकता की परीक्षा करते हुए अपना मत स्थिर करना चाहिए।

इस संबंध में (उद्धरणों के प्रसंग में) हिंदी शोध की सबसे बड़ी विडंबना की ओर संकेत किए बिना नहीं रहा जा सकता। यों तो शोध-गोष्ठियों में बड़े-बड़े विद्वान और विभिन्न विश्वविद्यालयों के विभागाध्यक्ष शोधगत विसंगतियों पर आँसू बहाते देखे जाते हैं, परंतु इस प्रकार की विसंगतियों के जनक वही हैं, यह कहना असंगत न होगा। विश्वविद्यालयों में हो

रहा शोध गुटबंदी का शिकार है। पंजीकरण, विषय-सुझाव और निर्देशक-निर्धारण संबंधी अधिकार अधिकतर विश्वविद्यालयों में विभागाध्यक्षों तक ही सीमित हैं। इन विभागाध्यक्षों तथा इनके अंधानुयायी अन्य प्राध्यापकों की मनमानी घृणास्पद स्तर तक चलती है। प्रायः योग्य विद्यार्थियों को, जिनमें आत्मसम्मान होता है, पंजीकृत ही नहीं किया जाता। ऐसे अनेक दृष्टांत मिल सकते हैं जबकि प्रथम श्रेणी में प्रथम आनेवाले विद्यार्थियों का पंजीकरण न होकर उनसे बहुत कम बौद्धिक स्तरवाले विद्यार्थियों का न केवल शोध हेतु पंजीकरण किया गया है, बल्कि उन्हें विश्वविद्यालय की अथवा विश्वविद्यालय अनुदान आयोग की छात्रवृत्तियाँ भी दी गई हैं। इस प्रकार के छात्र अपने अध्ययन-काल में ही विभागाध्यक्ष और अन्य प्राध्यापकों के घर चक्कर लगाना शुरू कर देते हैं।

शोधार्थी को उद्धरण देते समय इस वृत्ति का सर्वथा परित्याग कर देना चाहिए कि उसे किसी को खुश करना है। सभी अभिमत उद्धरणीय नहीं होते। जैसाकि पीछे कहा जा चुका है, शोधार्थी को विभिन्न अभिमतों की विश्लेषणपूर्वक परीक्षा करके अपने विषय की अनुरूपता में अपना मत बनाना चाहिए। इसलिए शोध में केवल उद्धरण करना आवश्यक नहीं है, बल्कि बहुत-से अभिमतों का अन्वय भी ग्रहण किया जा सकता है।

10.4 अन्वय एवं उद्धरण (पैराफ्रेज एंड कोटेशंस)—स्रोत-ग्रंथों से शोधार्थी को दो प्रकार से टीप लेनी चाहिए। ये दो प्रकार हैं—(1) अन्वय और (2) उद्धरण। अन्वय और उद्धरण में यह अंतर होता है कि जहाँ उद्धरण में किसी विद्वान के कथन या अभिमत को शब्दशः पूर्ण व्याकरणिक चिह्नों सहित ग्रहण करता होता है, वहाँ अन्वय में इस प्रकार के बंधन से मुक्ति रहती है। अन्वय का अर्थ है किसी अभिमत का शोधार्थी द्वारा अपनी भाषा में यथावश्यकता प्रस्तुतीकरण। ध्यातव्य केवल इतना है कि अन्वय में मूल दृष्टिबिंदु से अलगाव नहीं होना चाहिए। शोध में अन्वय और उद्धरण—दोनों की उपयोगिता रहती है, लेकिन शोधार्थी को उद्धरणों की भरमार से बचना चाहिए। बुद्धिमत्ता इसी में है कि उद्धरण यथासंभव कम और सही दिए जाएँ। अधिक प्रयास यही होना चाहिए, स्रोतगत सूचना को शोधार्थी अपने शब्दों में साररूप में टीप कर ले।

प्रायः होता यह है कि प्रारंभ में शोधार्थी उद्धरणों के मोह में पड़कर टीप-रूप में केवल उद्धरणों का ही संकलन करता रहता है। जब वह शोध-प्रबंध लिखने बैठता है तो उसके सामने कई कठिनाइयाँ उतपन्न हो जाती हैं। वह निर्णय नहीं कर पाता कि वह किस उद्धरण को छोड़ दे और किसका उपयोग करे। विषय-प्रतिपादन में उसके अपने विचारों पर पहले से संकलित उद्धरण हावी हो उठते हैं। उसकी मौलिकता कुंठित हो जाती है। परिणाम यह होता है कि शोध-प्रबंध अनजाने ही या तो नकल का पुलिंदा बन जाता है या फिर उसमें शोधार्थी का अपना कुछ भी दिखाई नहीं देता। यदि उसमें से उद्धरण निकाल दिए जाएँ तो शोधार्थी का अपना कुछ न के बराबर होता है। यही नहीं, कई बार शोधार्थी उद्धरणों के मोहजाल में फँसकर विषय से भी भटक जाता है। ऐसे भी उदाहण मिलते हैं कि शोध-प्रबंध अनावश्यक रूप से बड़े हो जाते हैं। कुछेक शोध-प्रबंध इसी प्रकार की दृष्टिहीनता के कारण एक हजार से तेरह-चौदह सौ पृष्ठों तक के भी देखने में आए हैं।

ऐसा शोध-प्रबंध जिसमें उद्धरणों को ही लेखनाधार बनाया गया हो, शोध कहलाने का अधिकारी नहीं होता। उद्धरण तो केवल अपनी दृष्टि की प्रामाणिकता अथवा किसी नई एवं

मौलिक धारणा की पुष्टि हेतु तर्क द्वारा किसी पूर्ववर्ती धारणा के खंडन हेतु ही ग्रहण किए जाते हैं। इसलिए उद्धरण-रूप में टीप तभी ग्रहण करनी चाहिए जब–

1. उद्धरण किसी तथ्य एवं अभिमत के समर्थन हेतु सर्वश्रेष्ठ प्रमाण के रूप में किए जाएँ।

2. जब किसी लेखक का विचार असाधारण स्पष्टता, विद्वता और संक्षिप्तता से परिपूर्ण है।

3. जब कोई उद्धरण अपनी अभिव्यक्ति और विषय के कारण अत्यंत सुरुचिपूर्ण प्रतीत होता हो।

> नोट–उद्धरण टीप लेते समय यह विशेष रूप से ध्यातव्य है कि सभी अवतरणों (भले ही वे बहुत संक्षिप्त हों) को उद्धरण चिह्नों (डबल इंवर्टेड कोमा) में रखना चाहिए।

10.4.1 उद्धरण (टीप) कार्ड–उद्धरणों की टीप लेने के लिए संदर्भ-ग्रंथ सूची कार्डों की भाँति उद्धरण कार्डों का प्रयोग करना चाहिए। उद्धरण कार्ड 4'' X 6'' या 5'' X 8'' के होने चाहिए। संदर्भ-ग्रंथ कार्ड जिस पर शोधार्थी किसी स्रोत-ग्रंथ का पूर्ण विवरण पहले ही लिख चुका है उस पर नीचे बचे हुए स्थान पर उद्धरण (टीप) ग्रहण की जा सकती है, लेकिन ऐसा करना सामान्यतः कारंगर नहीं हो पाता। इसका कारण यह है कि कभी-कभी एक ही ग्रंथ से एकाधिक उद्धरण भी ग्रहण करने पड़ सकते हैं। यों भी पृथक् रूप में टीप कार्डों का प्रयोग श्रेयस्कर रहता है।

कई बार शोधार्थी शीघ्रतिशीघ्र टीप उतार लेने का लोभ संवरण नहीं कर पाता। इसलिए वह कार्डों की उपेक्षा करके किसी कापी अथवा खुले कागजों पर टीप उतारने लगता है। यह विधि न केवल तकनीकी आधार पर गलत है बल्कि स्वयं शोधार्थी के लिए बाद में सिरदर्द बन जाती है। उद्धरणों की छँटनी और पुनर्नियोजन, ठीक संदर्भोल्लेख कार्डों की छँटनी और पुनर्नियोजन के समकक्ष अपरिहार्य होता है क्योंकि शोध-प्रबंध के लिखते समय बिखरी सामग्री में से यथा आवश्यकता एकदम कुछ खोज पाना दुष्कर हो जाता है। इसका परिणाम स्पष्ट है कि आवश्यक उद्धरण के समय पर न मिलने से विषय की एकतानता और दृष्टिगत तात्त्विकता को ठेस पहुँचती है। शोधार्थी कागजों के अस्त-व्यस्त ढेर को देखकर विवेक खो बैठता है। इसलिए हर प्रकार से उद्धरण टीप के कार्डों का प्रयोग परमावश्यक है। बाद में इनकी व्यवस्था और पुनर्नियोजन में कठिनाई इसलिए नहीं होती क्योंकि शोधार्थी के पास पहले से ही संदर्भ-कार्ड तैयार रहते हैं जिनमें उल्लिचित स्रोत-सूचना सहायक होती है। उद्धरण कार्डों के संबंध में निम्न बातें ध्यातव्य हैं–

10.4.2 उद्धरण कार्ड संदर्भ-ग्रंथ सूची कार्डों से आकार में निश्चित रूप से बड़े होने चाहिए। यदि संदर्भोल्लेख कार्ड 3'' X 5'' के प्रयोग किए गए हैं तो उद्धरण कार्ड 4'' X 6'' के हो सकते हैं। यदि संदर्भोल्लेख-कार्ड 4'' X 6'' के प्रयुक्त हुए हैं तो उद्धरण कार्ड 5'' X 8'' के प्रयोग में लाने चाहिए। ऐसा करने से संदर्भोल्लेख कार्ड और उद्धरण कार्ड में भिन्नता रहेगी जिससे उनकी व्यवस्था और पुनर्नियोजन में आसानी रहेगी।

10.4.3 उद्धरण कार्डों की प्रयोग-विधि–1. उद्धरण कार्ड का प्रयोग केवल सामने की ओर फ्रंट साइड से किया जाना चाहिए।

2. एक कार्ड पर केवल एक ही उद्धरण लिखा जाना चाहिए। यदि एक ही स्रोत-ग्रंथ में से एकाधिक उद्धरण अपेक्षित हों तो भी पृथक्-पृथक् कार्ड का प्रयोग ही वांछनीय है। अच्छी टीप की यही पहचान है।

3. एक ही स्रोत से लिये गए एकाधिक उद्धरणों के लिए प्रयुक्त पृथक् कार्डों पर क्रमशः संख्यावाचक 1, 2, 3 इत्यादि अथवा क, ख, ग इत्यादि लिखकर उन्हें परस्पर नत्थी कर लेना चाहिए।

4. प्रत्येक उद्धरण कार्ड के सिरे पर शोध-विषय (प्रकरण, उपकरण) संबंधी सार्थक सूचना-शीर्षक लिख लेना चाहिए ताकि शोध-प्रबंध में उनके उपयोग के समय आसानी रहे। इस प्रकार के सूचना-शीर्षक टीप ग्रहण करते समय स्वतः स्फुरित हो जाते हैं क्योंकि शोधार्थी के मस्तिषक में शोध-विषय के विभिन्न पहलुओं को लेकर विचार उठते रहते हैं। इसलिए वह मन-ही-मन यह स्वतः जान लेता है कि कौन-सा उद्धरण प्रबंध में किस स्थल पर उपयोगी रहेगा। उस स्थल-संबंधी किसी अनुमानित शीर्षक को ही कार्ड के सिरे पर लिखना उपयोग रहता है। ज्यों-ज्यों उद्धरण टीप संकलित होती चलती है त्यों-त्यों इस प्रकार के शीर्षकों को लेकर स्पष्टता आती जाती है। इसलिए ऐसे सूचना-शीर्षक बीच-बीच में बदले भी जा सकते हैं। धीरे-धीरे शोधार्थी को स्वयं यह अनुभव हो जाएगा कि ये सूचना-शीर्षक उसके प्रबंध की रूपरेखा के निर्धारण में पर्याप्त सार्थक सिद्ध होंगे।

5. उद्धरण कार्ड के दाएँ कोने में ऊपर उद्धरण स्रोत-संबंधी सूचना का संकेत लिखना चाहिए। शोधार्थी के पास पहले से संदर्भ कार्ड तैयार होते हैं, अतः उद्धरण कार्ड पर उसे उद्धरण की स्रोत आधार-संबंधी समग्र सूचना की पुनरावृत्ति की आवश्यकता नहीं रहती। किसी उद्धरण स्रोत के संकेतार्थ सामान्यतः प्रयुक्त दो विधियाँ नीचे दी जा रही हैं। शोधार्थी इन दोनों में से अपने लिए हितकर कोई भी एक विधि चुन लेने के लिए स्वतंत्र है। ध्यातव्य केवल इतना ही है कि उसे चुनी गई विधि का ही आद्यंत पालन करना है।

6. प्रत्येक उद्धरण कार्ड पर कुंजी-अंक लिख लेने चाहिए। ध्यान रहे कि किसी भी कुंजी-अंक की पुनरावृत्ति न हो। इस प्रकार उद्धरण कार्ड पर भी संदर्भोल्लेख कार्डवाला कुंजी-अंक ही अंकित किया जा सकता है। स्रोत-ग्रंथ का पूरा विवरण चूँकि संदर्भोल्लेख कार्ड में रहता है इसलिए शोध-प्रबंध में उद्धरण के प्रयोग की स्रोत सूचना उद्धरण कार्ड के कुंजी-अंक को देखकर संदर्भोल्लेख कार्ड से प्राप्त की जा सकती है। यह ध्यान रहे कि दोनों कार्डों का कुंजी-अंक एक ही हो।

7. प्रत्येक उद्धरण कार्ड पर स्रोत-ग्रंथ संबंधी संक्षिप्त सूचना लिख ली जाए। संक्षिप्त सूचना से अभिप्राय स्रोत-ग्रंथ अथवा उसके लेखक के नाम के संक्षिप्त रूप से है। लेखक के नाम का संक्षिप्त रूप उसका उप-नाम भी हो सकता है। हिंदी में चूँकि जाति-नाम बहुत से लेखकों के एक समान हैं, इसलिए श्रेयस्कर यही होगा कि उनके प्रथम नाम को हो लिख लिया जाए। ग्रंथ का संक्षिप्त रूप तभी लिखना चाहिए जबकि एक ही लेखक के एकाधिक ग्रंथों का उपयोग किया जा रहा हो।

8. सभी उद्धरणों को डबल इन्वर्टेड कोमा में ही रखना चाहिए।

9. मूल उद्धरण में यदि शोधार्थी आवश्यकता के अनुरूप कुछ जोड़ना चाहता है तो उसे छोटे कोष्ठकों में रखना चाहिए।

10. यदि मूल उद्धरण अनपेक्षित रूप में दीर्घ है तो शोधार्थी उसके अनपेक्षित अंशों को छोड़ सकता है। ऐसे परित्यक्त अंशों की सूचना तीन बिंदु (...) लगाकर देनी चाहिए। यदि अंतिम शब्द अथवा पंक्तियाँ छोड़नी हों तो तीन बिंदु लगाने के पूर्व पूर्णविराम लगाना चाहिए।

11. जैसाकि पीछे बताया जा चुका है, उद्धरणों को बहुतायत से नहीं भरना चाहिए बल्कि अनुद्धरणीय किंतु उपयोगी स्थलों का अन्वय ग्रहण करना चाहिए। इस अन्वय में प्रतिपादित दृष्टिबिंदु को अपने शब्दों में लिखना चाहिए। यदि उस समय शोधार्थी के लिए अपने शब्दों में लिखना कठिन हो और वह मूल शब्दों में ही उसे लिख रहा है तो दोनों स्थितियों में उसे ध्यान रखना चाहिए कि ऐसी टीप को वह डबल इन्वर्टेड कोमा में न रखे, अन्यथा बाद में उसके लिए उद्धरण और अन्वय में अंतर कर पाना कठिन हो जाएगा। ऐसा करने के परिणाम पीछे बताए जा चुके हैं। यहाँ यह और बता देना उचित होगा कि यदि अन्वय रूप में ग्रहण किए गए स्थल को शोधार्थी मूल लेखक के शब्दों में टीप कार्ड पर लिख लेता है तो उसके प्रयोग के समय वह अवश्य ही उसे अपने शब्दों में ढाल ले अन्यथा वह नकल और चोरी का दोषी माना जाएगा।

12. अन्य भाषा से लिये गए उद्धरण के संबंध में यदि शोधार्थी उद्धरण-ग्रहण के समय ही उद्धरण कार्ड के दूसरी ओर उसका अनुवाद भी लिख ले तो बेहतर होता है क्योंकि बहुधा ऐसे उद्धरणों का अनुवाद प्रबंध के कलेवर में देना होता है और मूल उद्धरण पाद-टिप्पणी में देना होता है। अनुवाद का तुरंत लिख लिया जाना कोई अनिवार्य शर्त नहीं है, लेकिन इससे सुविधा अवश्य रहती है।

13. कई लेखकों—सृजनात्मक और आलोचक—दोनों की कुछ पंक्तियाँ अथवा टिप्पणियाँ बहुत बार उद्धृत होने पर सामान्य प्रचलन में आ जाती हैं। ऐसे स्थलों को उद्धरण रूप में यदि ग्रहण न करके चलते में ही लिख दिया जाए तो उससे नकल अथवा चोरी जैसी बू नहीं आती। उदाहरण के लिए 'रामचरितमानस' की पंक्ति 'जाकी रही भावंना जैसी' अथवा आचार्य शुक्ल की पंक्ति 'भक्ति धर्म की रसात्मक अनुभूति है', अथवा डॉ. नगेंद्र की छायावाद की परिभाषा 'छायावाद स्थूल के प्रति सूक्ष्म का विद्रोह है' को हम बिना उद्धरण उल्लेख के प्रयोग कर सकते हैं। ऐसे प्रयोग किसी भी शोध-विषय के प्रतिपादन में पैनेपन की दृष्टि से स्पृहणीय होते हैं क्योंकि इस प्रकार की पंक्तियाँ लोकोक्तिपरक हो जाती हैं।

14. उद्धरण टीप की दृष्टि से स्रोत-ग्रंथों का अध्ययन करते समय शोधार्थी को यह भी ध्यान रखना चाहिए कि कई बार उपर्युक्त प्रकार की लोकोक्तिपरक पंक्तियाँ शोध-प्रबंध के अध्याय-शीर्षकों के रूप में अत्यंत सार्थक एवं अद्वितीय प्रमाणित हो सकती हैं क्योंकि विवेच्य विषय का सारतत्त्व उनमें समाहित रहता है। ऐसी पंक्तियों को तुरंत लिख लेना चाहिए। उदाहरण के लिए डॉ. नामवर सिंह की पुस्तक छायावाद के सभी अध्याय-शीर्षक छायावादी कवियों की प्रसिद्ध कविताओं की पंक्तियों में से ही लिये गए हैं, जैसे शैली-संबंधी अध्याय का शीर्षक है 'खुल गये छंद के बंध', दुर्भाग्यवश हिंदी शोध-प्रबंधों में ऐसे अध्याय-शीर्षक न के बराबर हैं जबकि उनका प्रभाव सामान्य शीर्षकों की तुलना में अधिक घनीभूत होता है। अंग्रेजी शोध-प्रबंधों में यह प्रवृत्ति बहुतायत से मिलती है। इस संबंध में एक-दो उदाहरण यहाँ द्रष्टव्य हैं। एक उपन्यासकार की चरित्र-चित्रण शैली में उसकी विकासवादी दृष्टि को देखते हुए ये दो पंक्तियाँ 'फ्रोम मायोपिया टु विजन' और 'कैरेक्टर

इज नॉट कट इन मार्बल' दो अध्याय-शीर्षकों के लिए प्रयुक्त हुई हैं। कहना न होगा कि इन शीर्षकों से अध्यायों में प्रतिपादित विषय-वस्तु की गरिमा कितनी अधिक बढ़ गई है।

15. इसी प्रकार कविता अथवा गद्य की कुछ पंक्तियाँ अध्याय-शीर्षक रूप में न दी जाकर भी शीर्षक से पूर्व अध्याय के सारतत्त्व रूप में पहले दी जा सकती हैं। हिंदी में ऐसे प्रयास तो हुए हैं लेकिन बहुत कम। उदाहरण के लिए 'कामायनी का दर्शन' अध्याय से पूर्व यदि 'ज्ञान दूर कुछ क्रिया भिन्न है', अथवा 'समरस थे जड़ या चेतन' वाला पद उद्धृत कर दिया जाए तो पाठक को वह निश्चय ही अभिभूत करेगा। यह आवश्यक नहीं कि ऐसे स्थल शोध-विषय से संबद्ध ग्रंथों से ही देने होते हैं। वे कहीं से भी दिए जा सकते हैं। देखना केवल इतना है कि वे संबद्ध विषय की मूल चेतना को उद्घाटित करते हों।

16. उद्धरण केवल उपयोगी और विषय से प्रत्यक्षतः संबद्ध ग्रंथों से ही ग्रहण किए जाने चाहिए। निर्देशक, विभागाध्यक्ष या परीक्षक को प्रसन्न करने की दृष्टि से जान-बूझकर उसकी रचनाओं से बेमेल उद्धरणों को खींचतान के रूप में ग्रहण करने से बचना चाहिए।

17. स्रोत-ग्रंथ जिससे उद्धरण लिया गया है, उसकी सही पृष्ठ-संख्या को उद्धरण कार्ड पर उद्धरण के नीचे लिख लेना चाहिए क्योंकि बाद में पाद-टिप्पणी में उसे लिखना होता है।

10.5 उद्धरण कार्ड पर उद्धरणों एवं अन्वय टीप के नमूने–यहाँ कुंजी-अंक प्रणाली को आधार बनाकर सभी प्रकार के नमूने दिए जा रहे हैं। शोधार्थी इन्हें ध्यान से देखें। यहाँ कुंजी-अंक वही है जो संदर्भोल्लेख कार्ड में है और संदर्भोल्लेख कार्ड में स्रोत-ग्रंथ की समग्र सूचना रहती ही है। यहाँ ग्रंथ-शीर्षक की आवश्यकता नहीं है।

10.5.1 कविता का संक्षिप्त उद्धरण

कुंजी-अंक–

क (1)	सौंदर्य	←सूचना-शीर्षक
"दोष किसी को मत दो/अंधा था मैं।"		←उद्धरण
	पृ. 57	←पृष्ठ-संख्या

नोट : पद्य के ऐसे दो या तीन पंक्तियों के उद्धरण सीधे ही लिखे जा सकते हैं। यति के बाद तिरछी रेखा (ओबलीक लाइन) लगा देनी चाहिए जैसाकि उपर्युक्त उदाहरण में 'दो' और 'अंधा' शब्दों के मध्य (/) लगाकर दिखाया गया है। इस प्रकार के उद्धरण शोध-प्रबंध में चलती पंक्ति में इस प्रकार सुगुंफित किए जाते हैं कि मैं शोधार्थी के विचार से एकतान हो जाए। उद्धरणों का सुगुंफन (डफ्टिंग) बहुत महत्त्वपूर्ण है। वे विचार की एकतानता में चमक पैदा करने के लिए होते हैं। वे किसी प्रकार भी अलग से पड़े हुए प्रतीत नहीं होने चाहिए।

10.5.2 पूर्णपद तथा एक ही ग्रंथ से एकाधिक उद्धरण

कुंजी-अंक →

ख (2) 1	सौंदर्य	←सूचना-शीर्षक
"घिर रहे थे घुँघराले बाल अंस अवलंबित मुख के पास नील घन शावक से सुकुमार सुधा भरने को विधु के पास"		←उद्धरण
	पृ. 57	←पृष्ठ-संख्या

उद्धरण संख्या
↓

कुंजी-अंक → ख (2) 2 दर्शन ←सूचना-शीर्षक

"ज्ञान दूर कुछ क्रिया भिन्न है
इच्छा क्यों पूरी हो मन की
एक-दूसरे से न मिल सके
यह विडंबना है जीवन की" ←उद्धरण

पृ. 284 ←पृष्ठ-संख्या

नोट : इस प्रकार के उद्धरणों का प्रबंध में वहन करते समय यह ध्यान रखना चाहिए कि इन्हें प्रबंध के कलेवर में चलती पंक्ति में तिरछी रेखा डाल डालकर अनुस्यूत नहीं करना होता है, बल्कि अलग से नीचे पद-रूप में ही बिना इन्वर्टेड कोमा के उद्धरण करना होता है (दे. 7.9.1)। एकाधिक उद्धरण होने के कारण कुंजी-अंक के साथ ही उद्धरण संख्या भी सूचित करनी चाहिए।

10.5.3 कविता-संकलन से उद्धरण–जब किसी प्रबंधकाव्य की अपेक्षा किसी एक कवि अथवा एकाधिक कवियों के किसी कविता-संकलन से उद्धरण टीप अपेक्षित हों तो उद्धरण कार्ड पर पृष्ठ-संख्या के साथ ही कविता-शीर्षक का भी उल्लेख करना चाहिए।

इनमें, प्रथम कविता, 'अंधेरे में' मुक्तिबोध के कविता-संग्रह 'चाँद का मुँह टेढ़ा है' में संकलित है और द्वितीय कविता 'व्यर्थ', तारसप्तक में संकलित है। कविता-संकलनों के शीर्षक संदर्भोल्लेख कार्डों में ही दिए जा चुके होने चाहिए।

10.5.4 गद्य के संक्षिप्त एवं बड़े उद्धरण–कविता के संक्षिप्त तथा पूर्णपदीय उद्धरणों की भाँति गद्य के संक्षिप्त एवं बड़े उद्धरणों का प्रबंध में वहन करना होता है। संक्षिप्त उद्धरण चलती पंक्ति में और बड़े उद्धरण कलेवर से अलग रूप में बिना इन्वर्टेड कोमा के व्यवहृत किए जाने चाहिए (दे. 10.6.4)।

(एक कवि का कविता-संकलन)

ग (1) संत्रास ←सूचना-शीर्षक

"खोजता हूँ पहाड़ पठार
जहाँ मिल सके मुझे
मेरी खोई हुई
परम अभिव्यक्ति अनिवार
आत्म संभवा" ←उद्धरण

अँधेरे में, पृ. 310 ←कविता-शीर्षक, पृष्ठ-संख्या

घ (1) संत्रास ←सूचना-शीर्षक

"आज मैं बस व्यर्थ हूँ
सुनसान में निर्जन खड़े
ऊँचे महल-सा" ←उद्धरण

(एकाधिक कवियों का कविता-संकलन)

व्यर्थ, पृ. 70 ←कविता-शीर्षक, पृष्ठ-संख्या

नोट : गद्य के संक्षिप्त उद्धरणों से अभिप्राय अधिकतम चार पंक्तियों तक के उद्धरणों से है। इससे अधिक उद्धृतव्य पंक्तियाँ बड़े उद्धरण कहलाती हैं। उद्धरण कार्ड में तो बड़े उद्धरण भी इन्वर्टेड कोमा में ही रखे जाने चाहिए लेकिन प्रबंध में उनके धड़ से बाहर प्रयोग के समय इन्वर्टेड कोमा की आवश्यकता नहीं होती।

घ (1) आधुनिकता	←सूचना-शीर्षक
"वस्तुतः आधुनिकता परिवर्तित भाव-बोध की वह स्थिति है, जिसका प्रादुर्भाव यान्त्रिक तथा वैज्ञानिक विकास-क्रम के वर्तमान बिंदु पर आकर हुआ है।"	←उद्धरण
पृ. 106	←पृष्ठ-संख्या

घ (1) प्रयोगवाद	←सूंचना-शीर्षक
"प्रयोगवाद में आकर प्रत्येक बात जो परंपरा का खंडन करनेवाली है, सत्य बन गई है। प्रत्येक विचार जो बुद्धि से उपजता है, अनुभूति बन गया है और हर संवेदना चाहे वह सरल हो या जटिल और उलझी हुई, छंद और भाषागत प्रयोगों के कारण कविता मान ली गई है।"	←उद्धरण
पृ. 43	←पृष्ठ-संख्या

10.5.5 शोधार्थी के द्वारा उद्धरण के बीच में कुछ जोड़ना–जैसाकि पीछे बताया जा चुका है कि ऐसे उद्धरणों के बीच में जहाँ शोधार्थी अपनी ओर से कुछ जोड़ना चाहता है, अपने द्वारा जोड़े गए अंश को लघु कोष्ठकों (   ) में रखें।

कुंजी-अंक →	छ (1) युग-बोध	←सूचना-शीर्षक
	"आधुनिक युग (बीसवीं सदी) की अंतर्राष्ट्रीयता का स्वरूप मध्यकालीन अंतर्राष्ट्रीयता से एकदम भिन्न तथा नए रूप में उभरकर सामने आया। इस युग में आधुनिकता और अंतर्राष्ट्रीयता पर्यायवाची प्रतीत होते हैं क्योंकि सभी यह अनुभव करते हैं कि अब अंतर्राष्ट्रीय हुए बिना आधुनिक (विज्ञान, दर्शन, साहित्य, टेक्नोलॉजी के क्षेत्रों में) नहीं हुआ जा सकता।"	←उद्धरण
	पृ. 9	←पृष्ठ-संख्या

10.5.6 आदि, मध्य और अन्त्य शब्दलोपी (एलिप्सिस) उद्धरण–अधिक बड़े उद्धरणों में से शोधार्थी को यथा अपेक्षा कुछ ग्रहण करना होता है। यथास्थिति उसे कभी आदि में तो कभी मध्य में और कभी अंत में कुछ अनपेक्षित शब्दों को छोड़कर उद्धरण टीप लेनी होती है। इसके लिए शब्दलोपी चिह्न तीन बिंदु (...) छोड़े गए स्थान की सूचना के लिए अंकित करने चाहिए।

कुंजी-अंक → ज (1) बौद्धिकता ←सूचना-शीर्षक

"...कविता का मर्म प्रकट करने के लिए इन कवियों को अपना ही सहारा रह गया है।... वह भी क्या काव्य जिसका पारायण और आस्वादन करने के लिए व्यांख्याओं की आवश्यकता पड़े और व्याख्याता भी स्वयं वही हो जो रचयिता है।" ←उद्धरण

पृ. 210 ←पृष्ठ-संख्या

झ (1) मार्क्सवाद और कविता ←सूचना-शीर्षक

"मार्क्सवाद को कविता पर गिलाफ की तरह नहीं चढ़ाया जा सकता। उसके लिए मध्यवर्गीय धोखा खाते रहनेवाले यकीन को, अपनी बौद्धिक चेतना को जागरूक रखना पड़ेगा..." ←उद्धरण

पृ. 108 ←पृष्ठ-संख्या

नोट : यहाँ प्रथम उदाहरण आदि और मध्य लोप का है और द्वितीय उदाहरण अन्त्य का लोप है।

10.5.7 अन्य भाषा से उद्धरण–अन्य भाषा से उद्धरण टीप लेते समय समस्त विधि यथावत् रहेगी। यह शोधार्थी के हित में रहेगा कि वह साथ-साथ उद्धरण कार्ड के दूसरे पृष्ठ पर उद्धरण का अनुवाद भी लिख ले। यदि संभव न हो तो यह कार्य वह प्रबंध में ऐसे उद्धरण के प्रयोग के समय भी कर सकता है। ध्यातव्य यह है कि अनुवाद प्रबंध में अवश्य दिया जाना चाहिए। बहुत से शोधार्थी इसकी उपेक्षा करते हैं। इसके विपरीत कई शोधार्थी अनुवाद तो दे देते हैं लेकिन मूल को पाद-टिप्पणी में नहीं देते। अनुवाद यथासंभव प्रबंध के कलेवर में देते हुए मूल को पाद-टिप्पणी में दिया जा सकता है, किंतु यह प्रसंग और स्थिति पर निर्भर करता है।

कुंजी-अंक → ट (1) युगबोध ←सूचना-शीर्षक

"...In the works of the most characteristically modern writers the contemporary civilization was represented as chaotic, decadent on the point of collapse, anarchic, absurd, the desert of non-values." ←उद्धरण

पृ. 208 ←पृष्ठ-संख्या

झ (1)

"विशिष्टतम लक्षणों से युक्त आधुनिक लेखकों की कृतियों में समसामयिक सभ्यता को अस्त-व्यस्त, ह्रासोन्मुख, पतन के कगार पर स्थित, अराजकतापूर्ण, विसंगत, मूल्यहीनता की मरुभूमि के रूप में अंकित किया गया है।" ←अनुवाद

10.5.8 अन्वय (पैराफ्रेज)–उद्धरणों की भरमार से बचने के लिए बहुत से स्थलों को शोधार्थी को अन्वयरूप में उद्धरण कार्ड पर टीप कर लेना चाहिए। ऐसा करते समय स्थलगत दृष्टिबिंदु को अपने शब्दों में लिखना होता है। यहाँ मूलग्रंथ के मूल उद्धरण को पहले देकर फिर उद्धरण कार्ड पर उसका अन्वय दिया जा रहा है।

मूल-उद्धरण : 'यह सत्य है कि छायावाद काल में जिस पूँजीवाद की नींव हमारे यहाँ पड़ चुकी थी, प्रारंभ में वरेण्य होते हुए भी उसकी बुराइयाँ छायावाद के समाप्त होते न होते उभरने लगी थीं। हमारे यहाँ की मजदूर-समस्या का स्वरूप उभरने लगा था जिसने प्रगतिवाद के लिए ताजा भूमिका तैयार की।'

घ (1) प्रगतिवाद	←सूचना-शीर्षक
ऐतिहासिक धरातल पर प्रगतिवादी काव्यांदोलन की पीठिका छायावाद काल में ही पूँजीवाद के विकास की प्रतिक्रिया के साथ तैयार हुई।	←अन्वय

नोट : अन्वय के कुंजी-अंक पृथक् होने चाहिए। अन्वय कार्डों पर स्रोत-ग्रंथ की पृष्ठ-संख्या लिखने की आवश्यकता नहीं होती। न ही अन्वय को डबल इन्वर्टेड कोमा में रखने की आवश्यकता होती है। हाँ, सूचना-शीर्षक का उल्लेख अवश्य किया जाना चाहिए ताकि प्रबंध-लेखन में उनके उपयोग में सरलता आ सके। अन्वय कार्डों को पृथक् से व्यवस्थित और पुनर्नियोजित करके नत्थी करना चाहिए।

10.5.9 गौणस्रोतीय उद्धरण–स्रोत-ग्रंथ का अध्ययन करते समय शोधार्थी उनमें उद्धृत ग्रंथों से अपने विषय के बारे में मिलनेवाली उपयोगिता की दृष्टि से उन्हें अपनी संदर्भ-ग्रंथ सूची में संकलित करता है। कभी-कभी ऐसे किसी स्रोत-ग्रंथ में कोई उद्धरण जो अन्य किसी ग्रंथ से प्रयुक्त किया गया होता है, शोधार्थी के लिए भी ग्राह्य हो जाता है। बहुत प्रयत्न करने पर भी जब शोधार्थी को ऐसे उद्धरण की प्रामाणिकता की परीक्षा के लिए मूलग्रंथ सुलभ नहीं हो पाता तब वह अपने स्रोत-ग्रंथ को ही ऐसे उद्धरण के स्रोत-आधार के रूप में प्रयुक्त कर सकता है। निश्चय ही ऐसा आधार गौण-स्रोत कहलाएगा। शोधार्थी को ऐसी स्थिति में अपने उद्धरण कार्ड पर जहाँ पृष्ठ-संख्या सूचना का उल्लेख रहता है, वहाँ केवल पृष्ठ-संख्या न लिखकर उसके साथ उससे पूर्व 'उद्धृत' और लिख लेना चाहिए, जैसे–

भारतेंदु के अनुसार–'जब पेट भर खाने को न मिलेगा तो धर्म कहाँ रहेगा।'

इससे जाति-मात्र के सहज धर्म उदरपूर्ण पर ध्यान दीजिए। (उद्धृत, पृ. 60) प्रस्तुत उद्धरण केसरी नारायण शुक्ल द्वारा संपादित 'भारतेंदु के निबंध' नामक पुस्तक में से 'नई कविता का इतिहास', नामक पुस्तक में उद्धृत किया हुआ मिलता है। अब यदि शोधार्थी को मूल पुस्तक नहीं मिल पाती तो वह 'नई कविता का इतिहास' के पृष्ठ साठ पर इसके उद्धृत होने की बात अपने कार्ड पर लिख सकता है। 'नई कविता का इतिहास' की समग्र सूचना संदर्भोल्लेख कार्ड में होगी ही। अब ऐसे उद्धरण में यदि कोई गलती है तो वह 'नई कविता का इतिहास' के लेखक की मानी जाएगी न कि शोधार्थी की। इस संबंध में अधिकतम ध्यान इस बात पर देना चाहिए कि गौणस्रोतीय अध्ययन प्रायः न के बराबर हों।

10.6 शोध-प्रबंध में उद्धरण प्रयोग-विधि–उद्धरण कार्डों पर उद्धरण टीप ले चुकने पर शोधार्थी को चाहिए कि वह सभी कार्डों को अपने विषय की रूपरेखा की अनुरूपता में व्यवस्थित और नियोजित कर ले। ऐसा कर चुकने पर भी उसे यह संतोष नहीं कर लेना चाहिए कि बस अब और उद्धरण टीप की आवश्यकता नहीं है। अध्ययन-क्रम तो पूर्ण शोध-प्रबंध लिखे जा चुकने तक किसी-न-किसी रूप में और किसी-न-किसी स्तर पर जारी रहता है। इस अध्ययन-क्रम में बहुधा ऐसे स्थल हस्तगत हो जाते हैं जो विषय की दृष्टि से अत्यंत महत्त्वपूर्ण होते हैं। शोधार्थी को चाहिए कि वह ऐसे स्थलों की उद्धरण रूप में तुरंत टीप लेकर उन्हें अपनी पूर्वसंकलित उद्धरणावली में यथास्थल नत्थी कर ले। अनुपयोगी उद्धरणों की छँटनी तो बाद में प्रबंध-लेखन के समय शोधार्थी की अपनी प्रस्थापना की अपेक्षा में अग्राह्यता के आधार पर होगी।

इस प्रकार कुछ नए और उपयोगी उद्धरणों की टीप का क्रम तो आद्यंत चलता ही रहता है। एक बार उद्धरण संगृहीत होने पर इतना तो निश्चित ही हो जाता है कि अब शोधार्थी प्रबंध-लेखन के लिए तैयार है और उसे अपनी उद्धरणावली का अपनी प्रस्थापनाओं के समर्थन और इसमें के अग्राह्य मतों का खंडन करते हुए अपनी मान्यताओं की स्थापना के लिए प्रयोग करना है। जिस प्रकार संदर्भोल्लेख और उद्धरण टीप मनचाहे ढंग से संगृहीत नहीं किए जा सकते, ठीक उसी प्रकार उद्धरणों का प्रबंध में प्रयोग अथवा निर्वहन भी मनमाने ढंग से नहीं किया जा सकता। संदर्भोल्लेख और उद्धरण टीप की अपनी-अपनी वैज्ञानिक कार्यविधि की भाँति ही उद्धरण-प्रयोग की भी अपनी वैज्ञानिक कार्यविधि हुआ करती है। समस्त शोध ही वैज्ञानिक कार्यविधि पर निर्भर करता है। इसलिए शोधार्थी को प्रबंध-लेखन कार्य प्रारंभ करने से पूर्व उद्धरण-प्रयोग की कार्यविधि को समझ लेना चाहिए।

उद्धरण-प्रयोग की कार्यविधि को समझते हुए शोधार्थी को अपने द्वारा संकलित उद्धरणावली अपने निर्देशक को दिखाकर उस पर उसके सुझाव प्राप्त करने चाहिए। शोधार्थी को निर्देशक के पास उद्धरणावली भेजते समय यह ध्यान रखना चाहिए कि वह साथ ही अपने विषय की अध्यायों और उप-अध्यायों में वर्गीकृत रूपरेखा (सेंटेंस आउटलाइन) भी भेज रहा है। इस प्रकार की रूपरेखा के आधार पर ही निर्देशक संकलित उद्धरणों की परीक्षा करेगा (देखिए अभ्यास 10.8)।

अब उद्धरण-प्रयोग-विधि समझाने से पूर्व प्रबंध की दृष्टि से उपयोगिता के आधार पर उद्धरणों के स्थूल विभाजन को देख लेना श्रेयस्कर होगा। प्रबंध में सन्निवेशस्थल की दृष्टि से उद्धरणों के तीन वर्ग-प्रकार किए जा सकते हैं : (1) केंद्रीय, (2) विवेच्य, (3) अविवेच्य।

केंद्रीय उद्धरणों से अभिप्राय ऐसे उद्धरणों से है जो ग्रंथ की समग्रता, किसी अध्याय, प्रकरण अथवा उप-अध्याय की केंद्रीय विचारधारा के प्रमापक होते हैं। ऐसे उद्धरण अध्याय-शीर्षक से पूर्व अथवा स्वयं अध्याय-शीर्षक के रूप में व्यवहृत हो सकते हैं। इस संबंध में पीछे बताया जा चुका है कि हिंदी में बहुधा इस प्रकार के उद्धरणों की अपेक्षा की जाती है (देखिए 10.4.3)।

विवेच्य उद्धरणों से तात्पर्य उन उद्धरणों से है जिनका प्रयोग शोधार्थी को प्रबंध में अपनी प्रस्थापनाओं के समर्थन अथवा दूसरों के अग्राह्य मतों के खंडन हेतु अपेक्षित रहता है। इसी अपेक्षा को ध्यान में रखते हुए शोधार्थी उद्धरण कार्डों पर स्रोत-ग्रंथों से उद्धरण टीप

ग्रहण करता है। ऐसे उद्धरणों का सन्निवेश प्रबंध के टेक्स्ट में ही किया जाना चाहिए। इस प्रकार के उद्धरण विवेचन से पहले, विवेचन के मध्य में अथवा विवेचन के बाद में, यथा आवश्यकता और यथा उपयोगिता दिए जाने चाहिए। इस संबंध में कोई निश्चित शर्त नहीं है कि ऐसे उद्धरण विवेचन से पूर्व अथवा मध्य अथवा अंत में ही दिए जाने चाहिए। ध्यातव्य इतना है कि केवल उद्धरण दे देना पर्याप्त नहीं होता बल्कि अपनी स्थापना की अनुरूपता में उनका विवेचन ही विषय की गति का मापदंड हैं।

अविवेच्य उद्धरण ऐसे होते हैं जिनका अधिग्रहण शोधार्थी की प्रस्थापना के लिए आवश्यक होता है लेकिन विवेच्य उद्धरणों की भाँति उनका विवेचन अनिवार्य नहीं होता। इस श्रेणी के उद्धरणों को प्रबंध के कलेवर में देना भी आवश्यक नहीं होता बल्कि उन्हें सामान्यतः पाद-टिप्पणी में ही व्यवहृत किया जाता है। ध्यातव्य इतना है कि ऐसे उद्धरण अथवा जब कभी एक साथ अनेक उद्धरण देने हों तो उनके क्रमायोजन का विशेष ध्यान रखना चाहिए। यह क्रमायोजन (1) देशकाल, (2) महत्त्व अथवा उपयोगिता तथा (3) वर्णानुक्रम; इन तीन आधारों पर किया जा सकता है। मान लीजिए 'शोध' शब्द के अर्थ और प्रयोग का ऐतिहासिक विकास देखना है तो प्रयास यही रहना चाहिए कि जिन प्राचीन ग्रंथों को स्रोत-ग्रंथों के रूप में प्रयुक्त किया जा रहा है उन्हें देशकाल-क्रम में ही प्रयुक्त किया जाए (देखिए 1.8)। यदि विषय को देखते हुए ऐसा संभव न हो तो शेष दो विधियाँ यथा अपेक्षा अपनाई जा सकती हैं।

अब उद्धरण टीप में जिन उद्धरणों को ग्रहण किया गया है, उन्हीं के प्रयोग द्वारा उद्धरण-प्रयोग की कार्यविधि को यहाँ स्पष्ट किया जा रहा है। शोधार्थी इसे बहुत ध्यानपूर्वक समझने की चेष्टा करें।

10.6.1 कविता का संक्षिप्त उद्धरण–'अंधायुग' के कवि धर्मवीर भारती ने धृतराष्ट्र के अंधत्व को चर्मचक्षुओं की दृष्टिहीनता के रूप में चित्रित न करके उसे मनसांध राजा के रूप में चित्रित किया है। उसका मनसांधत्व होना ही महाभारत का कारण रहा है। 'अंधायुग' के धृतराष्ट्र की स्वीकारोक्ति है 'दोष किसी को मत दो/अंधा था मैं।' यहाँ धृतराष्ट्र अपने पुत्रों के प्रति मोहांध होने के कारण अपनी विवेकहीनता के दुष्परिणामों के प्रति पश्चाताप कर रहा है क्योंकि उसकी यही विवेकहीनता युद्ध और तज्जनित विनाश के रूप में 'अंधायुग' लेकर आई है।

> नोट–उपर्युक्त उद्धरण-प्रयोग से स्पष्ट है कि प्रबंध में उसका निर्वहन विवेचन के मध्य में हुआ है। उद्धरण देने के बाद उसकी व्याख्या की गई है। शोधार्थी की इस स्थापना–कि कवि ने धृतराष्ट्र को विवेकहीन व्यक्ति के रूप में चित्रित किया है–की पुष्टि विवेच्य ग्रंथ से उद्धरण लेकर हो जाती है। जहाँ भी उद्धरण का प्रयोग किया गया हो उस पर पाद-टिप्पणी संख्या डाल देनी चाहिए क्योंकि उसी संख्या की पाद-टिप्पणी में स्रोत-ग्रंथ का पूर्ण विवरण देना होता है। यदि प्रबंध के कलेवर में उद्धरण देते समय 'ग्रंथ' और 'लेखक' के नाम दे दिए गए हों तो पाद-टिप्पणी में उनकी आवश्यकता नहीं रहती।

10.6.2 पूर्णपदीय उद्धरण–प्रसाद के सौंदर्यविधान की सबसे बड़ी खूबी यह है कि वे शब्दों में ही सौंदर्य को साक्षात् कर देते हैं। उनकी उपमाएँ सर्वथा नूतन हैं और सौंदर्यगत

सूक्ष्मता की वे केवल व्यंजना ही नहीं करतीं वरन् सुंदर नारी के उठने-बैठने, ढंग-विशेष को भी बिंबात्मकता प्रदान करती हैं। उनके द्वारा श्रद्धा का चित्रण देखते ही बनता है—

घिर रहे थे घुँघराले बाल
अंस अवलंबित मुख के पास
नील घन-शावक से सुकुमार
सुधा भरने को विधु के पास।

नोट—ऐसे पूर्णपदीय उद्धरणों को प्रबंध के कलेवर में संक्षिप्त उद्धरण की भाँति चलती पंक्ति में नहीं देना चाहिए बल्कि इन्हें पृथक् रूप में उद्धृत करना चाहिए। ध्यातव्य यह है ऐसे उद्धरण डबल इन्वर्टेड कोमा में नहीं रखे जाते। उद्धरण प्रबंध लिखते समय और बाद में अंकित करते समय बाईं ओर से कम-से-कम तीन स्थान छोड़कर ही लिखे और टंकित किए जाने चाहिए। संक्षिप्त उद्धरण के प्रसंग में यह ध्यान रखना चाहिए कि चलती पंक्ति और उद्धरण के मध्य तीन स्थानों का अंतराल रहे। पूर्णपदीय उद्धरण की अंतिम पंक्ति पर पाद-टिप्पणी संख्या सूचित करनी चाहिए।

10.6.3 कविता-संकलन से उद्धरण—कविता-संकलन चाहे एक कवि का हो अथवा एकाधिक कवियों का, उसमें से उद्धरण लेकर प्रयोग करने में भी उपर्युक्त संक्षिप्त उद्धरण और पूर्णपदीय उद्धरणों की ही प्रणालियाँ यथास्थिति अपनाई जाएँगी। संबद्ध कविता का उल्लेख पाद-टिप्पणी में किया जाएगा।

10.6.4 गद्य के संक्षिप्त एवं बड़े उद्धरण—गद्य के संक्षिप्त एवं बड़े उद्धरणों का प्रबंध में प्रयोग करते हुए भी कविता के संक्षिप्त और पूर्णपदीय उद्धरणोंवाली क्रियाविधि ही यथा उद्धरण व्यवहार्य है। नीचे दोनों के उदाहरण देकर इन्हें फिर से शोधार्थी के लिए स्पष्ट किया जा रहा है। प्रथम उदाहरण प्रबंध के बीच चलती पंक्ति में उद्धरण-प्रयोग का है और द्वितीय उदाहरण बड़े उद्धरण के अलग से प्रयोग का है।

10.6.5 उद्धरण की सुगुंफनता—अब आधुनिकता को किसी देश-विशेष के संदर्भ में निरपेक्ष स्तर पर नहीं समझा जा सकता। वह वैश्विक और साँझी है क्योंकि अब कोई भी राष्ट्र अंतर्राष्ट्रीय हुए बिना आधुनिक नहीं कहला सकता। अब प्रत्येक राष्ट्र का भावबोध अंतर्राष्ट्रीय भावबोध के रूप में बहुत अंशों में निर्मित होता है। आधुनिक अंतर्राष्ट्रीयता चूँकि अब यांत्रिक और वैज्ञानिक विकास द्वारा संचालित होती है, इसलिए आधुनिक भावबोध की निर्मिति में यांत्रिकी का बहुत योगदान है। इसलिए हमें मानना पड़ेगा : वस्तुतः आधुनिकता परिवर्तित भावबोध की वह स्थिति है, जिसका प्रादुर्भाव यांत्रिक तथा वैज्ञानिक विकास-क्रम के वर्तमान बिंदु पर आकर हुआ है।

नोट—इस उद्धरण-प्रयोग में उद्धरण की सुगुंफनता (डफ्टिंग) द्रष्टव्य है। यहाँ उद्धरण के स्रोत-ग्रंथ अथवा लेखक का नाम नहीं लिया गया है बल्कि शोधार्थी ने अपने विचारप्रवाह में ही उद्धरण को अविभाज्य रूप में जोड़ दिया है। स्रोत-ग्रंथ संबंधी सभी सूचना पाद-टिप्पणी में देनी होगी।

प्रयोगवादी कवियों के पास अनुभूत सत्य की कमी रही है। परंपरा के आवश्यक और निरावश्यक खंडन को उन्होंने कविता के भावपक्ष की अनिवार्य शर्त माना है। भाव की तुलना

में विचार को उन्होंने महत्त्व दिया है; लेकिन यह देखने का प्रयास कभी नहीं किया कि जिसे वे विचार समझते हैं, उसमें कुछ भी विचारतत्त्व है या नहीं। प्रयोग के वाद रूप के नारे के अधीन कुछ भी अटपटा या असंगत किसी भी शैली में लिख देना उनके निकट नए प्रयोग की शर्त बन गई। इस सारी स्थिति को समेटते हुए प्रयोगवादी कवियों पर शंभुनाथ सिंह का यह व्यंग्य द्रष्टव्य है–

> प्रयोगवाद में आकर प्रत्येक बात जो परंपरा का खंडन करनेवाली है, सत्य बन गई है। प्रत्येक विचार जो बुद्धि से उपजता है, अनुभूति बन गया है और हर संवेदना चाहे वह सरल हो या जटिल और उलझी हुई, छंद और भाषागत प्रयोगों के कारण कविता मान ली गई है।
>
> नोट–ऐसे उद्धरण में कविता के पूर्णपदीय उद्धरणों के समान द्रष्टव्य यह है कि उन्हें डबल इन्वर्टेड कोमा में नहीं रखना है और लेखन तथा टंकण–दोनों में बाईं ओर तीन स्थान छोड़कर लिखना है। उद्धरण की सभी पंक्तियाँ प्रथम पंक्ति के नीचे समानांतर और दो स्थानों का अंतराल देकर लिखनी और टंकित करनी हैं। इस उद्धरण में स्रोत-ग्रंथ के लेखक का नाम दे दिया गया है, ग्रंथ का नहीं। अतएव ग्रंथ का नाम पाद-टिप्पणी में दिया जाना चाहिए (दे. 11.0)।

10.6.6 शोधार्थी के द्वारा उद्धरण के बीच में कुछ जोड़ना और शब्दलोपी उद्धरण–संक्षिप्त एवं बड़े गद्य उद्धरणों की क्रियाविधि ही बीच में कुछ जोड़कर ग्रहण किए गए उद्धरणों तथा शब्दलोपी उद्धरणों के प्रबंध में प्रयोगों के समय व्यवहृत की जानी चाहिए। यदि उद्धरण संक्षिप्त है तो उसे चलती पंक्ति में ही दे दिया जाना चाहिए और यदि वह बड़ा है तो उसे पंक्ति से पृथक् करके नीचे अलग से उद्धृत किया जाना चाहिए।

10.6.7 अन्य भाषा से उद्धरण–अन्य भाषाओं में हिंदी शोधार्थी प्रायः संस्कृत या अंग्रेजी से उद्धरण ग्रहण करता है। पीछे बताया जा चुका है कि अन्य भाषा के उद्धरणों का अनुवाद प्रबंध के कलेवर में दिया जाना चाहिए और उसका मूल पाद-टिप्पणी में अनिवार्यतः दिया जाना चाहिए। इस संबंध में अपवाद केवल इतना हो सकता है कि संस्कृत के कतिपय सूक्तिपरक उद्धरण प्रबंध के कलेवर में भी दिए जा सकते हैं। उनका अनुवाद देने की प्रायः आवश्यकता नहीं होती क्योंकि ऐसी सूक्तियाँ सामान्यतया प्रचलित होती हैं और यों भी हिंदी पाठक उनका भाव समझ सकता है। फिर भी यदि शोधार्थी चाहे तो उनका अनुवाद पाद-टिप्पणी में दे सकता है। अंग्रेजी के उद्धरणों का अनुवाद अनिवार्यतः प्रबंध के कलेवर में ही दिया जाना चाहिए। संक्षिप्त उद्धरण चलती पंक्ति में और बड़े उद्धरण पंक्ति से अलग स्वतंत्र रूप में दिए जाने चाहिए। यहाँ संस्कृत और अंग्रेजी के सूक्तिपरक तथा बड़े उद्धरण उदाहरण देकर अन्य भाषा से उद्धरणों के प्रयोग की विधि को समझाया जा रहा है।

आधुनिक युग में सभी वैज्ञानिक और विज्ञान-विरोधी दर्शनों का मूल प्रतिपाद्य अतिभौतिक सत्ता के घटाटोप को छिन्न-भिन्न करके मनुष्य को ही सर्वोपरि सिद्ध करना रहा है। मनुष्य की इस सत्ता की सर्वोच्चता पर यों तो विगत युगों में भी ऐसा ही विश्वास मिलता है, जैसेकि : 'न हि मानुषात् श्रेष्ठतरं किञ्चित' जैसी सूक्तियों से पता चलता है। परंतु ऐसा विश्वास प्राणि-जगत की तुलना में ही मनुष्य को सर्वोपरि मानते हुए किया गया था, न कि आध्यात्मिक और ईश्वरीय शक्ति की तुलना में आधुनिक युग में मनुष्य को सभी प्रकार की शक्ति का

अर्थ और इति सिद्ध किया गया है।

> नोट—यहाँ द्रष्टव्य है कि संस्कृत की सूक्ति को चलती पंक्ति में ही उद्धृत कर दिया गया है। इसके हिंदी अनुवाद की विशेष् आवश्यकता नहीं है।

आनंदवर्धन ने ऐतिहासिक वृत्तों में भी उत्पाद्य वस्तु के समावेश का परामर्श देते हुए कहा है—'यदि उस इतिवृत्त में रस के प्रतिकूल स्थिति देखें तो उसे तोड़कर भी स्वतंत्र रूप से रस के अनुकूल दूसरी कथा का सृजन कर दें। केवल इतिवृत्त के निर्वाह से कवि का कोई प्रयोजन नहीं क्योंकि उसकी सिद्धि इतिहास से हो जाती है।'

> नोट—यहाँ पर चलती पंक्ति में उद्धरण का मूल संस्कृत रूप नहीं दिया गया है। इसका यह मूल 'तत्रेतिवृत्ते यदि रसानुगुणं स्थितिं पश्येत्तदेमां भङ्क्त्वापि स्वतंत्रतया रसानुगुणं कथान्तरमुत्पादयेत्। न हि कवेरितिवृत्तमात्रनिर्वाहेण किंचित्प्रयोजनम् इतिहासादेव तत्सिद्धे।' संस्कृत रूप पाद-टिप्पणी में दिया जाएगा।

आधुनिक युगबोध को लेकर लिखे गए पाश्चात्य आधुनिक लेखकों के ग्रंथों के स्वरूप पर प्रकाश डालते हुए स्टीफेन स्पेंडर ने स्पष्ट रूप से लिखा है—'विशिष्टतम लक्षणों से युक्त आधुनिक लेखकों की कृतियों में समसामयिक सभ्यता को अस्त-व्यस्त, ह्रासोन्मुख, पतन के कगार पर स्थित, अराजकतापूर्ण, विसंगत, मूल्यहीनता की मरुभूमि के रूप में अंकित किया गया है।'

> नोट—कहना न होगा कि उपर्युक्त उद्धरण जिस अंग्रेजी उद्धरण का हिंदी अनुवाद है, उसके इस मूल रूप : In the works of the most characteristically modern writers the contemporary civilization was represented as chaotic, decadent, on the point of collapse, anarchic, absured, the desert of non-value. को पाद-टिप्पणी में अवश्य देना चाहिए।

10.6.8 अन्वय—अन्वय उद्धृत नहीं किया जाता बल्कि वह तो शोधार्थी की ही विचाराधारा और स्थापना का अविभाज्य अंग बन जाता है। उसके लिए केवल इतनी-सी शर्त है कि जिस स्थल-विशेष का अन्वय ग्रहण किया गया है, उसकी भाषा मूल लेखक की भाषा होनी चाहिए। उसकी श्रेष्ठता की पहचान यही है कि वह किसी प्रकार भी ऐसा प्रतीत न हो कि शोधार्थी ने उसे कहीं से उधार लिया है अथवा चुराया है (दे. 7.8.7)।

10.6.9 गौणस्रोतीय उद्धरण—गौणस्रोतीय उद्धरणों का प्रबंध में निर्वहन उनके संक्षिप्त अथवा बड़े होने की अनुरूपता में अपनाई गई कार्यविधि के अनुसार किया जाना चाहिए। ऐसे उद्धरणों में पाद-टिप्पणी में यह बताना अनिवार्य है कि उद्धरण अमुक ग्रंथ में उद्धृत है, जिससे यह अनुमान सहज ही लगाया जा सकता है कि शोधार्थी को मूल ग्रंथ उपलब्ध नहीं हो सका, इसीलिए उसने गौण स्रोत से यह उद्धरण ग्रहण किया है (दे. 10.5.9)।

10.7 उपसंहार—अंत में उद्धरणों के संबंध में दो और विशेष बातों की ओर ध्यान आकृष्ट करना चाहूँगा।

उपाधि-निरपेक्ष स्तर पर स्वतंत्र रूप में बहुत से आलोचना ग्रंथ लिखे जाते हैं जिनमें कई ग्रंथ निश्चय ही उच्चस्तरीय होते हैं। ऐसे ग्रंथ शोधार्थियों के लिए भी बहुत उपादेय होते हैं। इन ग्रंथों में भी बहुत से ग्रंथों को स्रोत-ग्रंथों के रूप में व्यवहृत करते हुए उनसे उद्धरण

ग्रहण किए गए होते हैं, लेकिन कई बार पाद-टिप्पणियाँ अथवा संदर्भ-ग्रंथ सूची में बिलकुल नहीं दी गई होती। इससे शोधार्थी को विशेषकर और सामान्य पाठक को सामान्यतः ऐसे ग्रंथों में प्रयुक्त उद्धरणों के स्रोत-ग्रंथों को खोज पाने में कठिनाई होती है। परिणाम यह होता है कि आलोचना-ग्रंथ आलोचना और स्थापना की दृष्टि से उत्तम होते हुए भी पूर्ण उपादेय नहीं बनता। ऐसे ग्रंथों के उदाहरणस्वरूप डा. नामवर सिंह के 'छायावाद' और 'कविता के नए प्रतिमान' ग्रंथों को देखा जा सकता है। दोनों ही ग्रंथ आलोचना के क्षेत्र में श्रेष्ठ ग्रंथों में से हैं, लेकिन दोनों में ही स्रोत-ग्रंथों की सूचना का अभाव है। इसलिए इन ग्रंथों की उपादेयता एक प्रकार से न्यून हो जाती है। अस्तु, शोध-प्रबंध के समानांतर ही आलोचना-ग्रंथों में भी प्रयुक्त उद्धरणों में संबद्ध स्रोत-ग्रंथों की पूर्ण सूचना अनिवार्यतः दी जानी चाहिए।

कई लेखक अपनी नवीनतम कृति में अपनी पूर्ववर्ती कृतियों से बहुत से उद्धरण देने का लोभ संवरण नहीं कर पाते। ऐसे बहुत से उद्धरण सायास ही भरे जाते हैं क्योंकि विवेच्य विषय अथवा स्थापना से ऐसे उद्धरणों की सीधी संगति नहीं बैठती। फिर भी लेखक आत्मप्रदर्शन के मोहवश खींचतान करके संगति बिठाने का प्रयास करता है। ऐसा करने से विषय और आलोचना को तो ठेस पहुँचती ही है, साथ ही शोधार्थी भी उद्धरण की स्पष्टता की पहचान खोकर उलझन में पड़ जाता है।

10.8 उद्धरण कार्ड-संबंधी अभ्यास—कुंजी-अंकों को क्रम में व्यवस्थित करके शोधार्थी को उद्धरण कार्डों को अपने उपयोग की दृष्टि से पुनर्नियोजित कर लेना चाहिए। इस पुनर्नियोजित कार्ड-समूह के बंडल के ऊपर शोधार्थी को एक कार्ड लगा देना चाहिए जिसमें अपना नाम, विषय, अध्याय-शीर्षक, प्रकरण-शीर्षक, उप-अध्याय तथा उप-शीर्षक इत्यादि सूचनाएँ लिखी हों। यह ध्यान रखना चाहिए कि ये सूचनाएँ सही-सही लिखी गई हों। कहीं ऐसा न हो कि उद्धरण कार्ड किसी अन्य अध्याय अथवा उप-अध्याय से संबंधित हों और सूचना में कुछ और लिख दिया गया हो। तदनंतर ये उद्धरण कार्ड शोधार्थी को अपने निर्देशक के पास भेजने चाहिए ताकि वह अध्याय अथवा उप-अध्याय जिससे कि उद्धरण कार्ड संबंधित हैं, उनके प्रकाश में संकलित उद्धरणों की परीक्षा कर सके। निर्देशक की स्वीकृति मिलने पर ही शोधार्थी को उद्धरणों का प्रयोग करना चाहिए।

कार्यकारी रूपरेखा

नाम... दिनांक...............................

निर्देशक..................................अध्याय / उप-अध्याय.........................

शोध-विषय :...

स्थापना (एक-दो वाक्यों में)..

....

....

रूपरेखा नीचे के खाली स्थान और इसके पृष्ठ भाग का अध्यायगत संपूर्ण रूपरेखा के अतिम स्पष्ट विवरण के लिए शोधार्थी प्रयोग करें।

संदर्भ

1. 'अनुसंधान का विवेचन', पृ. 67
2. यहाँ अध्याय और खंड से आशय शोधार्थी के शोध-विषय के किसी निश्चित अध्याय अथवा उस अध्याय खंड से है जिसके लिए संदर्भ रूप में उसे किसी कथन को तथ्य, अभिमत या मिश्रित रूप होने का निर्णय करना है ताकि ऐसी टीप को शोध-प्रबंध लिखते समय वह उद्धरण रूप में उसी अध्याय अथवा खंड में प्रयुक्त कर सके।

पाद-टिप्पणियाँ

11.0 अर्थ एवं प्रयोजन–शोध आद्यंत ऋण पर निर्भर करता है। ऋण शोधार्थी को विविध स्रोत-ग्रंथों से उद्धरणों के रूप में ग्रहण करना पड़ता है। किंतु शोधार्थी का काम उद्धरण ग्रहण कर लेने पर ही पूर्ण नहीं हो जाता। जिस प्रकार सामान्य जीवन में ऋण की लिखत-पढ़त रहती है, शोध में भी उद्धरण-ऋण का पूर्ण विवरण अनिवार्य है। यह ऋण कहाँ से, किस ग्रंथ के किस संस्करण अथवा खंड से लिया गया है, आदि का पूरा ब्यौरा शोधार्थी को जुटाना होता है। जिस प्रकार उद्धरण शोधार्थी की प्रस्थापना अथवा तथ्याख्यान को प्रमाणीकृत करते हैं उसी प्रकार पाद-टिप्पणियाँ उद्धरणों की प्रामाणिकता को सिद्ध करती हैं।

शोध, ज्ञान के पहलू-विशेष के स्पष्टीकरण और अभिवर्धन की दिशा में एक महत्त्वपूर्ण कदम होता है। शोधार्थी का शोधगत उद्देश्य अपनी स्थापनाओं को साहित्य-मर्मज्ञों तक पहुँचाना होता है; लेकिन शोधार्थी की स्थापनाएँ उद्धरणों के आलोक में ही चमकती हैं। इसलिए जब कोई व्यक्ति किसी शोध-ग्रंथ का पारायण करता है तब वह केवल शोधार्थी की स्थापनाओं अथवा उसके तार्किक खंडन-मंडन द्वारा अभिभूत होकर ही अपनी जिज्ञासा को शांत नहीं मान लेता। उसके मन में स्वाभाविक जिज्ञासा जगती है कि वह शोधार्थी द्वारा प्रयुक्त स्रोत-ग्रंथों का भी कुछ पारायण करे। ऐसा इसलिए होता है कि शोधार्थी की स्थापनाएँ प्रबुद्ध पाठक के मन में नए विचारों को जन्म देती हैं। इन विचारों को लेकर वह कोई लेख लिखने अथवा उपाधिपरक या स्वतंत्र शोध करने की दिशा में भी प्रेरित हो सकता है। इसलिए वह चाहेगा कि वह शोध के क्षेत्र में जिस शोध-प्रबंध से प्रभावित हुआ है, वहीं से उसे स्रोत-ग्रंथों, लेखों इत्यादि का विवरण प्राप्त हो जाए ताकि वह उनका पारायण कर सके। इसके अतिरिक्त शोधार्थी द्वारा अपने शोध-प्रबंध में प्रयुक्त उद्धरणों की प्रामाणिकता की सिद्धि के लिए उद्धरणों के स्रोत-ग्रंथों का विवरण जुटाना अनिवार्य है। उद्धरणों से संबंधित स्रोत-ग्रंथों का यह विवरण जुटाने के लिए शोध-कार्यविधि में पाद-टिप्पणियों का विधान रहता है। इस प्रकार पाद-टिप्पणी का सामान्य अर्थ है शोध-प्रबंध के प्रत्येक पृष्ठ के पाद भाग में उस पृष्ठ पर प्रयुक्त उद्धरणों के स्रोत-ग्रंथों के पूर्ण विवरण का प्रस्तुतीकरण। पाद-टिप्पणी में स्रोत-ग्रंथों के अतिरिक्त अन्य ऐसी महत्त्वपूर्ण सूचनाएँ भी दी जा सकती हैं जिनका उल्लेख प्रबंध के कलेवर में असंभव होता है। ऐसी सूचना किसी प्रसंग की विशद व्याख्या के संबंध में हो सकती है जो अगले अध्याय, प्रकरण इत्यादि में दी जा रही है या किसी अन्य ग्रंथ में उपलब्ध है।

इस प्रकार पाद-टिप्पणी का अभिप्राय और प्रयोजन शोधार्थी को सुविधापूर्वक समझने और साथ-साथ पाठक को उसका परीक्षण करने की सुविधा प्रदान करता है।

अब प्रश्न यह खड़ा होता है कि स्रोत-ग्रंथ संबंधी सभी सूचना संदर्भ-ग्रंथ सूची में तो रहती है फिर पाद-टिप्पणी में ऐसी सूचना प्रदान करना क्या केवल पुनरावृत्ति नहीं होगी ? उत्तर सहज है, नहीं। कारण कि प्रबंध में जहाँ जिस पृष्ठ पर उद्धरण का समावेश किया गया है, यदि वहाँ पर प्रयुक्त उद्धरण की स्रोत संबंधी सूचना नहीं दी गई होगी तो यह कैसे पता

चलेगा कि वह उद्धरण कहाँ से लिया गया है। संदर्भ-ग्रंथ सूची में भले ही इस स्रोत-ग्रंथ का उल्लेख हो, लेकिन वह प्रयुक्त उद्धरण संबंधी सूचना जुटाने में अनुपयोगी ही रहेगा। प्रबंध के विभिन्न पृष्ठों में विभिन्न ग्रंथों से उद्धरण लिए जाते हैं। संदर्भ-ग्रंथ सूची में उल्लिखित ग्रंथ, यह सही है कि प्रबंध में प्रयुक्त उद्धरणों के ही स्रोत-ग्रंथ हैं, लेकिन किस उद्धरण के लिए कौन-सा ग्रंथ है—यह निर्णय संभव नहीं हो सकता। इसलिए जिस पृष्ठ पर जो भी उद्धरण प्रयुक्त किया गया है, उसी पृष्ठ पर पाद-टिप्पणी के रूप में उस उद्धरण संबंधी सूचना प्रदान करना आवश्यक है। यही नहीं पाद-टिप्पणियों और संदर्भ-ग्रंथ सूची के स्वरूप और सूचना प्रस्तुतीकरण में भी कार्यविधि की दृष्टि से बहुत अंतर होता है। इसलिए यहाँ पहले पाद-टिप्पणियों और संदर्भ-ग्रंथ सूची के इस स्वरूपगत अंतर को समझ लेना श्रेयस्कर होगा।

11.1 संदर्भ-ग्रंथ सूची एवं पाद-टिप्पणियों में व्यवहार्य अंतर–1. संदर्भ-ग्रंथ सूची में लेखक का नाम उलटा कर (जाति-नाम, उप-नाम पहले, प्रमुख नाम बाद में) दिया जाता है जबकि पाद-टिप्पणियों में लेखक/लेखकों का नाम सीधे रूप में ही दिया जाता है। (देखिए 11.2.1)।

2. संदर्भ-ग्रंथ सूची में लेखक और ग्रंथ को नाम देने होते हैं। इसके विपरीत पाद-टिप्पणी में उनका उल्लेख करते समय यह देखना होता है कि कहीं ऐसा उल्लेख उद्धरण के साथ प्रबंध के कलेवर में ही तो नहीं कर दिया गया हो, उसका उल्लेख फिर पाद-टिप्पणी में करने की आवश्यकता नहीं रहती।

3. पाद-टिप्पणी में प्रकाशक का नाम संदर्भ-ग्रंथ सूची में किए गए प्रकाशनोल्लेख की भाँति ही करना होता है, लेकिन यदि स्रोत-ग्रंथ के रूप में किसी ग्रंथ का उपयोग एकाधिक बार किया जाता है तो प्रत्येक बार प्रकाशनोल्लेख की आवश्यकता नहीं होती। केवल एक बार प्रकाशनोल्लेख आवश्यक होता है।

4. यदि सूचना कोष्ठकगत न हो तो स्रोत-ग्रंथ संपादित अथवा अनूदित रचना हो (एक ही लेखक के द्वारा) तो 'संपा.' या 'अनु.' शब्दों का प्रयोग ग्रंथ-शीर्षक से पहले ही किया जाता है (दे. 11.6)। ध्यातव्य है कि संदर्भ-ग्रंथ सूची में इन शब्दों के बाद पूर्णविराम का प्रयोग किया जाता है जबकि पाद-टिप्पणी में अल्पविराम का। यदि संपादित अथवा अनूदित रचना में से (जो एकलेखकीय नहीं हैं) संपादक अथवा अनुवादक से भिन्न किसी अन्य लेखक के लेख से उद्धरण लिया जा रहा है तो इस संबंध में संदर्भ-ग्रंथ सूची वाली विधि ही अपनाई जाएगी। दूसरे शब्दों में, ऐसी स्थिति में 'संपा.' या 'अनु.' शब्दों का उल्लेख ग्रंथ-शीर्षक के बाद किया जाता है और तदनंतर संपादक या अनुवादक का नामोल्लेख किया जाता है (दे. 9.4.2)। प्रारंभ में उद्धरण से संबंधित लेखक और फिर उसके लेख की सूचना दी जाती है।

5. पाद-टिप्पणी में जिस ग्रंथ से उद्धरण ग्रहण किया जा रहा है उस स्रोत-ग्रंथ के उद्धरण अंशवाही पृष्ठ की निश्चित संख्या दी जाती है। संदर्भ-ग्रंथ सूची में यह शर्त केवल पत्रिकाओं से ग्रहण किए जानेवाले उद्धरणों से संबंधित लेखों के संदर्भ में ही लागू होती है। प्रायः इसका भी पालन नहीं किया जाता।

6. पाद-टिप्पणी में एक स्रोत-ग्रंथ के एकाधिक प्रयोग के समय उसके नाम का संक्षिप्त रूप भी व्यवहृत हो सकता है, यथा 'कामायनी' के लिए 'कामा.' 'रामचरितमानस' के लिए 'रा.' इत्यादि।

उपर्युक्त विवेचित अंतर को समझ लेने से पाद-टिप्पणियों की सार्थकता स्वतः ही सिद्ध हो जाती है। अब पाद-टिप्पणी के स्वरूप अर्थात् पाद-टिप्पणी में किन बातों का विशेष ध्यान रखना चाहिए, यह समझ लेना आवश्यक है।

11.2 पाद-टिप्पणी : ध्यातव्य बातें–1. शोधार्थी को प्रबंध-लेखन के समय प्रत्येक पृष्ठ लिखते हुए इस बात का ध्यान रखना चाहिए कि लिखे जा रहे पृष्ठ पर वह कितने उद्धरणों को प्रयोग कर चुका है। उसे पाद-टिप्पणियों में उस पृष्ठ पर प्रयुक्त उद्धरणों की सूचना जुटानी है, इसलिए अनुमान से पृष्ठ के नीचे के भाग में पाद-टिप्पणियों के लिए स्थान बचाना है। कई बार शोधार्थी प्रबंध-सामग्री लिखता चला जाता है और उसे इस बात का ध्यान ही नहीं रहता कि उसे पाद-टिप्पणियों के लिए भी स्थान छोड़ना है। बाद में उसे सारा पृष्ठ फिर से लिखना पड़ता है। टंकणकर्ता को भी प्रबंध के मूल भाग और टिप्पणी के लिए अपेक्षित स्थान का ध्यान रखकर ही चलना चाहिए।

2. यदि किसी उद्धरण का उल्लेख ही पाद-टिप्पणी में करना हो तो उद्धरण की लंबाई के अनुसार ही प्रबंध के मूल भाग और पाद-टिप्पणी में ऐसे उद्धरण के लिए अपेक्षित स्थान को देखकर नहीं, दोनों के मध्य विभाजक रेखा खींच देनी चाहिए। ऐसी स्थिति में कई बार मूल भाग एक-दो पंक्ति का ही हो सकता है और पाद-टिप्पणी उद्धरणवाही होने के कारण पृष्ठ का शेष स्थान घेर सकती है। कभी-कभी पाद-टिप्पणी में उद्धृतव्य उद्धरण बहुत दीर्घ होने के कारण अगले पृष्ठ पर पाद-टिप्पणी में भी चलता रह सकता है। हिंदी में तो अंग्रेजी आदि अन्य भाषाओं के उद्धरणों के मूल भी पाद-टिप्पणी में उद्धृतव्य होते हैं, इसलिए मूल भाग लिखते समय पाद-टिप्पणी के लिए अपेक्षित स्थान पहले से निश्चित करके चलना और भी आवश्यक है।

3. मूल और पाद-टिप्पणी के मध्य दोहरा स्थान (डबल स्पेस) छोड़ा जाना चाहिए। इसके पश्चात् बाईं ओर से लगभग डेढ़ इंच लंबी रेखा खींची जानी चाहिए। टंकण में गिनकर पंद्रह स्थान लंबी (फिफ्टीन-स्पेस लांग) रेखा एकरूपता बनाए रखने के लिए खींची जानी चाहिए। यही रेखा मूल और पाद-टिप्पणी के मध्य विभाजक रेखा का काम करती है। हिंदी में शोध-प्रबंधों में प्रायः इस रेखा को डेढ़ इंच लंबी अथवा पंद्रह स्थान छोड़कर खींचने या टंकित करने की अपेक्षा पूरे पृष्ठ पर खींच या टंकित कर दिया जाता है। ऐसा करना कार्यविधि की दृष्टि से गलत ही माना जाएगा। इस पुस्तक में जहाँ-जहाँ भी पाद-टिप्पणियाँ दी गई हैं, वहीं-वहीं इस बात का विशेष ध्यान रखा गया है कि यह रेखा शोध-कार्यविधि के अनुसार हो। शोधार्थी ऐसे स्थलों को देख सकते हैं।

4. पाद-टिप्पणियों को अरबी (1, 2, 3) अथवा हिंदी अंक (१, २, ३) लगाकर चिन्हित करना चाहिए। इस संबंध में कई विधियाँ देखने को मिलती हैं। कई शोधार्थी प्रत्येक पृष्ठ पर नए सिरे से पाद-टिप्पणी संख्या अंकित करते हैं। इस पद्धति में प्रत्येक नए पृष्ठ पर जितनी पाद-टिप्पणियाँ होती हैं, सभी एक से लेकर प्रारंभ होती हैं और अंतिम संख्या तक चलती हैं। इस पद्धति का दोष यह है कि पहले टंकण में और फिर मुद्रण में पांडुलिपि के पृष्ठों की संख्या बदल जाने पर पाद-टिप्पणियों का क्रम भी बदल जाता है। इसलिए बार-बार यह ध्यान रखना पड़ता है कि कहीं गलती से पाद-टिप्पणी की पांडुलिपि वाली ही संख्या न डल जाए। यह विधि त्याज्य है।

दूसरी विधि यह भी हो सकती है कि प्रत्येक अध्याय में पाद-टिप्पणियों की संख्या लगातार एक से लेकर पचास-साठ (जितनी भी पाद-टिप्पणियाँ उस अध्याय में हों) तक डालते चले जाएँ। इसी प्रकार नए अध्याय में यही विधि अपनाई जाए। इस विधि में पहली विधि के से उलझावों से मुक्त रहा जा सकता है। यह विधि वरेण्य है। कई बार प्रत्येक पृष्ठ पर पाद-टिप्पणी न देकर अध्याय के अंत में लगातार एक साथ अध्याय में आई सभी टिप्पणियों और उद्धरण-स्रोतों को इकट्ठा ही दे दिया जाता है। स्वतंत्र आलोचना-ग्रंथों के लिए यह विधि वरेण्य हो सकती है, शोध-प्रबंध के लिए नहीं, क्योंकि इसमें पाठक को स्रोत-ग्रंथ संबंधी सूचनाएँ प्राप्त करने में कठिनाई का सामना करना पड़ता है।

दूसरी विधि के आधार पर एक अन्य विधि को भी विकसित किया गया है। इसके अंतर्गत पाद-टिप्पणियों की संख्या को केवल अध्यायगत आधार पर लगातार अंकित नहीं किया जाता वरन् संपूर्ण प्रबंध में ही उन्हें लगातार अंकित किया जाता है। यह विधि भी बहुत उत्तम नहीं है क्योंकि जब अंक संख्या तीन में, जैसे 105 पहुँच जाती है तो सुरुचिपूर्ण नहीं रहती।

यहाँ यह बताना आवश्यक है कि अंग्रेजी (केवल) पत्र-पत्रिकाओं के उद्धरण संबंधी पाद-टिप्पणियों में रोमन अंकों (i, ii, iii, iv) को ही अपनाना चाहिए जैसे 'अगस्त 15, 1947' अथवा '15 अगस्त 1947' में से किसी एक को अपनाना चाहिए न कि दोनों को। पाद-टिप्पणी के संख्यांकन में द्वितीय विधि का अपनाया जाना सर्वोत्तम है।

5. प्रत्येक पाद-टिप्पणी के संख्यांक को टिप्पणी से थोड़ा ऊपर उठाकर अंकित करना चाहिए, जैसे ([1]'कामायनी', पृ. 20)। यही क्रम उद्धरणों को मूल में अनुस्यूत करते समय अपनाना चाहिए। उद्धरणों के ऊपर चिन्हित संख्या भी उद्धरण की समाप्ति पर डबल कोमा के तनिक ऊपर उठाकर लिखी जानी चाहिए। इस पुस्तक में उद्धरण और पाद-टिप्पणी के संख्यांकों को देखा जा सकता है कि वे किस प्रकार ऊपर उठाकर लिखे गए हैं। पाद-टिप्पणी संख्याकों के बाद बिंदु विराम चिह्न नहीं लगेगा।

6. यदि एक पाद-टिप्पणी एकाधिक पंक्तियों की हो तो उसकी प्रत्येक पंक्ति केवल एक स्थान (सिंगल स्पेस) के अंतराल पर लिखी जानी चाहिए।

7. प्रत्येक पाद-टिप्पणी को नए परिच्छेद के रूप में लिखा जाना चाहिए। एक ही पृष्ठ पर उद्धृत एकाधिक पाद-टिप्पणियों में दो स्थान (डबल स्पेस) का अंतराल रहना चाहिए।

8. प्रत्येक पाद-टिप्पणी के अंत में पूर्ण-विराम का प्रयोग किया जाना चाहिए। इस संबंध में खड़ी पाई (।) की अपेक्षा बिंदु (.) रूप में विराम का प्रयोग अधिक संगत प्रतीत होता है क्योंकि उसे पृष्ठ-संख्या के बाद लगाने पर खड़ी पाई को संख्या मान लेने का भ्रम हो सकता है।

9. यदि कोई पाद-टिप्पणी विस्तृत हो तो उसे वाक्य से मध्य में ही छोड़कर अगले पृष्ठ पर पाद-टिप्पणी में ही चालू रखा जा सकता है।

10. यदि पाद-टिप्पणी में शोधार्थी को कुछ सूचना देनी हो तो उसे कोष्ठकों में देना चाहिए।

11. एक ही पृष्ठ पर यदि एक ही स्रोत-ग्रंथ में से एकाधिक बार उद्धरण ग्रहण किए गए हों तो दूसरी बार ग्रंथ का पूर्ण विवरण देना आवश्यक नहीं रहता। ऐसी स्थिति में हिंदी

में 'वही' शब्द का और अंग्रेजी में 'Ibid' शब्द का प्रयोग किया जाता है। शोध की वर्तमान प्रणाली में इन दोनों शब्दों के प्रयोग को अब अच्छा नहीं माना जाता। अधुनातन कार्यविधि के अनुसार दोबारा उसी स्रोत-ग्रंथ को पाद-टिप्पणी में देते हुए केवल ग्रंथ का नाम देना ही उत्तम विधि माना जाता है। सुविधा के लिए 'वही' का प्रयोग अच्छा है। ध्यातव्य यह है कि किसी एक ही अंग्रेजी ग्रंथ से एक ही पृष्ठ पर दोबारा उद्धरण आने पर पाद-टिप्पणी में 'Ibid' का प्रयोग न करके 'वही' का प्रयोग किया जाना चाहिए।

12. जहाँ किसी अन्य भाषा से उद्धरण ग्रहण किया गया है तो उस उद्धरण का हिंदी अनुवाद प्रबंध के कलेवर में उद्धरणीय स्थल पर ही दे दिया जाना चाहिए और उसके मूल को पाद-टिप्पणी में उद्धृत करके तदनंतर उसके नीचे स्रोत-सूचना देनी चाहिए। हिंदी में यह विधि प्रायः अपनाई जाती है परंतु मैं अन्य भाषा के मूल के पाद-टिप्पणी में अनिवार्यतः कर दिए जाने के पक्ष में नहीं हूँ। इसका कारण यह है कि जब शोधार्थी मूल का अनुवाद और पाद-टिप्पणी में स्रोत-ग्रंथ का पूरा विवरण दे रहा है तो मूल की आवश्यकता ही कहाँ रह जाती है। ऐसा करने से तो प्रबंध में व्यर्थ में कुछ पृष्ठ बढ़ जाते हैं।

11.2.1 संदर्भ-ग्रंथ सूची एवं पाद-टिप्पणी में स्रोत-ग्रंथोल्लेख के अंतर का उदाहरण–अब इससे पूर्व कि पाद-टिप्पणियों के उदाहरण देकर उन्हें स्पष्ट किया जाए, यहाँ एक बार स्थूल तौर पर संदर्भ-ग्रंथ सूची में स्रोत-ग्रंथोल्लेख और उसके पाद-टिप्पणीगत उल्लेख के अंतर को निम्न उदाहरण द्वारा समझा जा सकता है–

हिंदी

संदर्भ-ग्रंथ सूची : माथुर, गिरिजाकुमार, नई कविता : सीमाएँ और संभावनाएँ (दिल्ली : अक्षर प्रकाशन, 1963)

पाद-टिप्पणी–गिरिजाकुमार माथुर, 'नई कविता : सीमाएँ और संभावनाएँ' (दिल्ली, अक्षर प्रकाशन : 1963), पृ. 35

अंग्रेजी

संदर्भ-ग्रंथ सूची–Huxley, Aldous, Literature and Science (New York, Harper & Row : 1963)

पाद-टिप्पणी–Aldous Huxley, Literature and Science (New York, Harper & Row : 1963), P. 10

> **नोट**–उपर्युक्त उदाहरणों से स्पष्ट हो जाता है कि संदर्भ-ग्रंथ सूची और पाद-टिप्पणी में स्रोतग्रंथोल्लेख में बहुत कम अंतर करना होता है। मोटे तौर पर यह अंतर लेखक के नाम को लेकर ही दिखाई पड़ता है। संदर्भ-ग्रंथ सूची में लेखक का नाम उलटाकर लिखना होता है जबकि पाद टिप्पणी में वह सीधे रूप में ही उल्लेख्य रहता है। शेष जो भी अन्य सूक्ष्म अंतर है वह आगे पाद-टिप्पणियों के उदाहरणों में यथास्थल संकेतिक किया जाएगा।

अब यहाँ पाद-टिप्पणियों के उदाहरण द्रष्टव्य हैं।

11.2.2 लेखकोल्लेख : एक लेखकीय ग्रंथ–यदि प्रबंध में प्रयुक्त किए गए स्रोत-ग्रंथ

का लेखक एक ही व्यक्ति है तो उसका पूरा नाम बिना उलटाए ही पाद-टिप्पणी में लिखना होता है, यथा–

हिंदी→[1] गिरिजाकुमार माथुर

या→[2] (डा.) शंभुनाथ सिंह

अंग्रेजी→[3] Aldous Huxley

नोट–यहाँ ध्यातव्य है कि पाद-टिप्पणी का संख्यांक पाद-टिप्पणी से ऊपर उठा कर लिखा गया है। यदि किसी नाम के साथ (डा.) जुड़ा है तो उसे कोष्ठकों में देना चाहिए। संख्यांक के साथ विरामचिह्न नहीं लगेगा।

11.2.3 दो अथवा अधिक लेखकीय ग्रंथ–यदि किसी ग्रंथ के लेखक दो हों तो लेखकों के नाम सीधे रूप में ही पाद-टिप्पणी में देकर उनके मध्य अल्पविराम लगाना चाहिए। यदि किसी ग्रंथ के लेखक दो से अधिक हों तो पाद-टिप्पणी में सबके नाम लिखने की आवश्यकता नहीं होती, बल्कि प्रथम लेखक का नाम लिखकर उसके बाद 'तथा अन्य' शब्दों का प्रयोग करना चाहिए। इस संबंध में निम्न उदाहरण देखे जा सकते हैं–

दो लेखकीय ग्रंथ

हिंदी→[4] गोविन्दलाल छाबड़ा, लक्ष्मणदत्त गौतम

अंग्रेजी→[5] Rene Welleck, Austen Warren

द्वयाधिक लेखकीय ग्रंथ

हिंदी→[6] डा. नगेंद्र तथा अन्य

अंग्रेजी→[7] Ray Faulkner and others

11.3 ग्रंथोल्लेख–पाद टिप्पणी में लेखक/लेखकों का नाम उपर्युक्त विधि से लिख चुकने पर ग्रंथ-शीर्षक का उल्लेख करना होता है। ध्यान रहे कि लेखक और ग्रंथ के नाम के मध्य अल्पविराम का विधान रहता है। संदर्भ-ग्रंथ सूची में जिस प्रकार ग्रंथ-शीर्षक को रेखांकित किया जाता है, उसी प्रकार पाद-टिप्पणी में भी ग्रंथ-शीर्षक को रेखांकित करना होता है। हिंदी शोध में प्रायः इसकी उपेक्षा की जाती है लेकिन शोध क्रियाविधि की दृष्टि से यह अनिवार्य है। इस संबंध में निम्न उदाहण देखे जा सकते हैं–

11.3.1 एक लेखक और उसका ग्रंथ

हिंदी→[1] गिरिजा कुमार माथुर, नयी कविता : सीमाएँ और संभावनाएँ

(डा.)[2] शंभुनाथ सिंह, प्रयोगवाद और नई कविता

अंग्रेजी→[3] Aldous Huxley, Literature and Science

नोट–ग्रंथ-शीर्षक को इसी प्रकार रेखांकित करना है। ध्यातव्य यह है कि यदि एक ही पाद-टिप्पणी एक से अधिक पंक्ति में आए तो दोनों पंक्तियों के मध्य एक स्थान (सिंगल स्पेस) का अंतराल रहना चाहिए। दो पृथक् पाद-टिप्पणियों में दो स्थान (डबल स्पेस) का अंतराल रहना चाहिए।

11.3.2 दो लेखक और उनका ग्रंथ

हिंदी→[4] गोविन्दलाल छाबड़ा, लक्ष्मणदत्त गौतम, **कहानीकार भगवतीप्रसाद वाजपेयी :**

संवेदना और शिल्प

अंग्रेजी→[5] Rene Welleck, Austen Warren **Theory of Literature**

11.3.3 तीन अथवा अधिक लेखक और उनका ग्रंथ

हिंदी→[6] डा. नगेंद्र तथा अन्य, **हिंदी साहित्य का इतिहास**

अंग्रेजी→[7] Ray Faulkner and others, **Art Today**

11.4 प्रकाशन संबंधी सूचनाएँ–पाद-टिप्पणी में लेखक और ग्रंथ के नामों का उल्लेख कर दिए जाने के पश्चात् ग्रंथ की प्रकाशन संबंधी सभी सूचनाएँ लिखनी होती हैं। यदि ग्रंथ एकाधिक खंडीय हो तो प्रयुक्त किए जा रहे खंड का उल्लेख आवश्यक है। संदर्भ-ग्रंथ सूची में तो ग्रंथ के कुल खंडों की संख्या देनी होती है, लेकिन पाद-टिप्पणी में केवल प्रयुक्त किए जा रहे खंड का ही उल्लेख करना होता है। ग्रंथ-शीर्षक के उल्लेख के पश्चात् प्रकाशन संबंधी सूचना-क्रम में प्रकाशन-स्थान, प्रकाशन का नाम, प्रकाशन-वर्ष इत्यादि का उल्लेख छोटे कोष्ठकों का प्रारंभिक भाग '(' ही आएगा, अल्पविराम की आवश्यकता नहीं है। कोष्ठक के अन्दर प्रकाशन-स्थान के उल्लेख के पश्चात् कोलन (:) लगाकर प्रकाशक का नाम लिखना चाहिए। जिन रचनाओं में प्रकाशन-वर्ष दिया हुआ न हो तो उनमें यदि संस्करणोल्लेख है तो वह कर देना चाहिए। संस्करणोल्लेख के भी न होने की स्थिति में 'ति. न.' (तिथि नहीं) लिखना चाहिए। निम्न उदाहरणों से यह समग्र रूप में स्पष्ट हो जाएगा–

हिंदी→[1] गिरिजाकुमार माथुर, **नई कविता : सीमाएँ और संभावनाएँ** (दिल्ली : अक्षर प्रकाशन, 1963)

नोट–प्रकाशन का संक्षिप्त रूप 'प्रका.' भी लिखा जा सकता है, जैसे–

[2]शंभुनाथ सिंह, **'प्रयोगवाद और नई कविता'** (वाराणसी : समकालीन प्रकाशन, 1963)

नोट–कोष्ठक के बंद होने पर पूर्ण-विराम (.) लगाना चाहिए।

अंग्रेजी→[3] Aldous Huxley, Literature and Science (New York : Harper & Row 1963).

11.4.1 दो अथवा अधिक लेखकीय ग्रंथ–दो अथवा अधिक लेखकों के ग्रंथों के संदर्भ में भी प्रकाशन संबंधी सूचना के उल्लेख की यही विधि रहेगी। केवल लेखकों संबंधी सूचना में अंतर हो सकता है। इस संबंध में पहले बताया जा चुका है कि द्विलेखकीय ग्रंथ के लेखकों के नाम बीच में अल्पविराम लगाकर लिखने चाहिए तथा उससें अधिक लेखकों के होने पर लेखक का नाम लिखकर उसके बाद 'तथा अन्य' शब्दों का प्रयोग करना चाहिए।

11.5 संस्करणोल्लेख–पाद-टिप्पणी में यों तो प्रत्येक स्रोत-ग्रंथ का संस्करणोल्लेख करना आवश्यक होता है, लेकिन जिन शोध-ग्रंथों के प्रथमेतर संस्करण प्रयुक्त किए जा रहे हैं, उनका उल्लेख तो अनिवार्य है। यदि शोधार्थी संस्करणोल्लेख नहीं करता तो उसका यही अर्थ लिया जाता है कि वह प्रथम संस्करण ही प्रयुक्त कर रहा है। यदि किसी ग्रंथ में प्रकाशन-वर्ष दिया हुआ न हो तो उस ग्रंथ का संस्करणोल्लेख करना अनिवार्य है। यदि प्रकाशन-वर्ष और संस्करण–दोनों ही न दिए हों तो 'ति. न.' (तिथि नहीं) लिखकर इस बात का संकेत करना चाहिए। ऐसे अंग्रेजी ग्रंथों के संबंध में n. d. (no date) लिखा जाता है। अब यहाँ सभी प्रकार के उदाहरण दिए जा रहे हैं–

11.5.1 प्रथमेतर संस्करण

डा. शंभुनाथ सिंह, **प्रयोगवाद और नई कविता**, द्वि. संस्क. (वाराणसी : समकालीन प्रका. 1966)।

नोट–ग्रंथ-शीर्षक और संस्करणोल्लेख के मध्य अल्पविराम का विधान रहता है। संस्करण का संक्षिप्त रूप 'सं' न होकर 'संस्क.' है। संस्करणोल्लेख के बाद कोष्ठक में दी जानेवाली प्रकाशन सूचना से पूर्व अल्पविराम नहीं लगेगा। प्रकाशन-वर्ष के न दिए होने पर, इसी प्रकार संस्करणोल्लेख करना होता है। कोष्ठक में प्रकाशन-स्थान के पश्चात् केवल प्रकाशन-वर्ष नहीं होगा।

11.5.2 संस्करण और प्रकाशन-वर्ष न होने पर–यदि ग्रंथ में संस्करणोल्लेख और प्रकाशन-वर्ष–दोनों ही न दे रखे हों तो उस स्थिति में जैसा कि संकेत दिया जा चुका है ति. न. (तिथि नहीं) लिखना चाहिए। ध्यान रहे कि ति. न. प्रकाशन-सूचना देने के बाद कोष्ठक के बंद होने पर लिखना चाहिए, कोष्ठक के भीतर अथवा कोष्ठक से पहले या ग्रंथ-शीर्षक के बाद नहीं।

हिंदी–[4] (डा.) नगेंद्र, **पाश्चात्य काव्यशास्त्र–सिद्धांत और वाद** (दिल्ली : हिंदी विभाग, दिल्ली विश्वविद्यालय) ति. न.

अंग्रेजी–[5] William R. Parker, **Milton** (London : Clarendon Press) n. d.

11.6 संपादित तथा अनूदित ग्रंथ–संपादित अथवा अनूदित ग्रंथों से शोधार्थी दो स्तरों पर उद्धरण ग्रहण करता है। एक स्तर पर वह स्वयं संपादक अथवा अनुवादक के ही संपादकीय अथवा ग्रंथ में संकलित किए गए किसी लेख से उद्धरण ग्रहण करता है। दूसरे स्तर पर वह संपादित अथवा ग्रंथ में से किसी अन्य सहकारी लेखक के लेख अथवा अनुवाद भाग से उद्धरण ग्रहण करता है। पाद-टिप्पणी में इन दोनों ही स्थितियों का उल्लेख पृथक्-पृथक् ढंग से करना होता है, जिनके उदाहरण नीचे दिए जा रहे हैं–

11.6.1 संपादित ग्रंथ–जब संपादक ही उद्धरण अंश का लेखक हो।

हिंदी–[6] सुंदरलाल कथूरिया संपा., **आधुनिक साहित्य : विविध परिदृश्य** (दिल्ली : वाणी प्रका., 1973)

अंग्रेजी–[7] Leonard Huxley (ed.), **Life and Letters of T. H. Huxlay** (Houghton Mifflin : New York, 1923)

नोट–यहाँ यह ध्यान देना आवश्यक होगा कि संपादक के नाम और 'संपा.' शब्द के मध्य अल्पविराम नहीं लगेगा वल्कि 'संपा.' और ग्रंथ-शीर्षक के मध्य लगेगा।

11.6.2 संपादकेतर लेखक–जब उद्धरणांश का लेखक संपादक न होकर, संपादित रचना में संकलित कोई अन्य लेखक हो तो लेखक के रूप में उसी का उल्लेख किया जाना चाहिए। यही नहीं, उद्धरणांश संबंधी लेख-शीर्षक को भी डबल इन्वर्टेड कोमा में देना होता है। तदनंतर ग्रंथ-शीर्षक का उल्लेख करके फिर 'संपा.' शब्द कोष्ठक में लिखकर ग्रंथ के संपादक का नामोल्लेख करना चाहिए और फिर प्रकाशन संबंधी सूचना देनी चाहिए, यथा–

हिंदी–[8] विजयेंद्र स्नातक, **'नीरजा'**, **महादेवी**, **इन्द्रनाथ मदान (संपा.)**, **(राधाकृष्ण प्रकाशन, दिल्ली, 1973)**

अंग्रेजी–[9] Henry James, **The Novels of George Eliot Richard Staug** (ed.) Discussion of George Eliot (Beston : D.C. Heath & Co. 1960)

11.6.3 अनूदित ग्रंथ–पाद-टिप्पणी में अनूदित ग्रंथों से लिए उद्धरणांशों संबंधी ग्रंथों का विवरण भी संपादित ग्रंथों की भाँति दो स्तरों पर देना होता है। यदि उद्धरण स्वय अनुवादक से संबंधित हो तो सीधे ही लेखक रूप में उसका नाम लिखकर तदनंतर 'अनु.' शब्द कोष्ठक में लिखना होता है। ध्यान रहे कि अनुवादक के नाम और 'अनु.' शब्द के मध्य अल्पविराम नहीं लगेगा। यदि उद्धरण मूल लेखक का है तो लेखक रूप में उसी का नाम पहले लिखना होगा। उसके बाद अल्पविराम लगाकर पुस्तक का नाम और फिर अनुवादक के नाम के बाद 'अनु.' शब्द कोष्ठक में देना होता है। फिर कोष्ठकों में प्रकाशन संबंधी सूचना देनी होती है। निम्न उदाहरण इन दोनों स्थितियों के परिचायक हैं–

11.6.4 अनुवादक

हिंदी–[10] रामावतार विद्यालंकार (अनु.), **'पंचदशी'** (बिजनौर : कृष्णकुमार शर्मा रतनगढ़, वि. 1991), भूमिका, पृ. 3

अंग्रेजी–[11] Martin Fido (trans) **'The Social Novel in England'**, (London-Routledge & Kegan Paul, 1973) p. 5

नोट–ऐसे उद्धरण भूमिका में से ही लिए जाते हैं।

11.6.5 अनूदित मूलपाठ–जब उद्धरण अनूदित ग्रंथ के मूलपाठ से लिया गया हो तो उस उद्धरणांश का लेखक अनुवादक को न मानकर ग्रंथ के मूल लेखक को ही मानना होगा। इसलिए पाद-टिप्पणी में पहले मूल लेखक का नाम, फिर अल्पविराम के बाद ग्रंथ-शीर्षक का उल्लेख करते हुए पुनः अल्पविराम लगाकर अनुवादक का नामोल्लेख करते हुए कोष्ठक 'अनु.' शब्द द्वारा यह सूचित करना होता है कि प्रस्तुत ग्रंथ अनूदित है। प्रकाशन संबंधी विवरण कोष्ठक में देना होता है।

हिंदी–[12] विद्यारण्य स्वामी, **'पंचदशी'**, रामावतार विद्याभास्कर (अनु.), (बिजनौर–कृष्णकुमार शर्मा, रतनगढ़, वि. 1991)

अंग्रेजी–[13] Louis, Cazamian **'The Social Novel in England'** Martin Fido (trans), (London : Routledge & Kegan Paul, 1973)।

11.7 समष्टि ग्रंथकार (कार्पोरेट आथर्स)–समष्टि ग्रंथकार के अर्थ और पाद-टिप्पणी में उसके प्रस्तुतीकरण की विधि के लिए दे. 11.9 क्योंकि ऐसे ग्रंथों के संदर्भ-ग्रंथ सूची और पाद-टिप्पणीगत प्रस्तुतीकरण में कोई अंतर नहीं होता।

11.8 विविध ग्रंथ एवं लेखादि

11.8.1 बहुखंडीय ग्रंथ (मल्टीवाल्यूम्ड बुक)–संदर्भ-ग्रंथ सूची में बहुखंडीय ग्रंथ के कुल खंडों की संख्या सूचित करनी होती है, लेकिन पाद-टिप्पणी में उसके प्रयुक्त किए जा रहे खंड की ही सूचना देनी होती है। मान लीजिए कि कोई ग्रंथ चार खंडों में है और कोई तीन खंडों में, लेकिन शोधार्थी इन ग्रंथों के क्रमशः दूसरे और तीसरे खंडों से ही उद्धरण ग्रहण करता है, तो उसे पाद-टिप्पणी में इन दूसरे और तीसरे खंडों का उल्लेख करना है न कि कुल खंड-संख्या का।

हिंदी–[14] रामकिंकर उपाध्याय, **'मानस मुक्तावली'**, द्वि. खं. (कलकत्ता : बिरला

अकादमी, 1974)

अंग्रेजी–[15] Robert Spiller and others, Literary History of the 'United States' 3rd vol. (London : Macmillan & Co., 1948).

11.8.2 अज्ञातलेखक ग्रंथ (ऐनोनिमस वर्क)–इस संबंध में देखिए 12.9.2। ऐसे ग्रंथों का पाद-टिप्पणीगत उल्लेख संदर्भ-ग्रंथ-सूचीगत उल्लेख के ही समान होगा।

11.8.3 विश्वकोश लेख (एन्साइक्लोपीडिया आर्टिकल)–विश्वकोश में से लिये गए उद्धरण का पाद टिप्पणीगत स्वरूप किसी संपादित ग्रंथ के पाद-टिप्पणीगत स्वरूप के समान ही होगा। उद्धृत अंश से संबंधित लेखक का उल्लेख ही पहले करना होता है। उसके बाद अल्पविराम लगाकर डबल इन्वर्टेड कोमा में उस लेख का उल्लेख करना होता है जिसमें से वह उद्धरण लिया गया हैं। तदनंतर विश्वकोश शीर्षक देकर उसे रेखांकित करना होता है और फिर अल्पविराम लगाकर विश्वकोश के उस खंड की संख्या देनी होती है जिसमें वह लेख संकलित है। शेष प्रकाशन सूचना कोष्ठकों में ही देनी होती है।

हिंदी→[16] सत्येंद्र 'लोक कथा', 'हिंदी विश्वकोश', खं. 10 (1968), पृ. 330-32

अंग्रेजी→[17] David Lorimer, 'Barushaski', Language,' 'Encyclopedia Britannica', Vol. IV (1952), pp. 449-50

11.3.4 पत्रिका लेख (मैगजीन आर्टिकल)–पाद-टिप्पणी में पत्रिका लेख से लिए उद्धरण के संबंध में भी विवरणविधि विश्वकोश लेख से लिए गए उद्धरण के संदर्भ में दिए गए ब्यौरे के समान ही होगी।

हिंदी→[18] (डा.) हरिश्चंद्र वर्मा, ''शोध-प्रबंध की रूपरेखा के निर्माण की वैज्ञानिक पद्धति'', 'संभावना', 5-6 (अप्रैल 1977)

अंग्रेजी→[19] George Saintsbury, "Middlemarch", 'Academy', IV, (January 1873)

11.3.5 समाचार-पत्र लेख (न्यूजपेपर आर्टिकल)–पाद-टिप्पणी से पत्रिकागत लेख विवरण के समान ही समाचार-पत्र लेख का विवरण देना होता है। यदि लेख संपादकीय हो तो संपादक का नाम लेखक के रूप में लिखना है। कोष्ठकों में प्रकाशन-स्थान के बाद प्रकाशन-तिथि का उल्लेख करना होता है लेकिन इन दोनों के मध्य अल्पविराम नहीं लगाना है।

हिंदी→[20] शंभु चतुर्वेदी, ''गाँधीवादी साहित्यकार'', 'नवभारत टाइम्स' दिल्ली, 11 जु., 1976)

अंग्रेजी→[21] Prem Bhatia, 'Not Worth the Candle', 'The Tribune' (Chandigarh, Sept. 17, 1977)

यदि पृष्ठ का उल्लेख करना हो तो वह प्रकाशन सूचना के बाद कोष्ठकों के बंद होने पर किया जाना चाहिए।

[22]Mulk Raj Anand, 'How I became a Writer', 'The Tribune' (Chandigarh, Jan. 29, 1978), p. 5

11.8.6 हस्तपत्र (पैंफलेट)–दे. 12.9.0, प्रकाशन-माला (सिरीज) दे. 12.9.8, पुस्तक समीक्षा (बुक रिव्यू) दे. 12.9.10, पत्रक (लीफलेट) दे. 12.9.11, साक्षात्कार (इंटरव्यू)

दे. 12.9.13।

नोट–इन सभी की पाद-टिप्पणी के लिए विवरण-विधि संदर्भ-ग्रंथ सूची में दी गई विधि ही होगी। केवल लेखक का नाम नहीं उलटाना है। अन्य परिवर्तनीय अंश पिछले उद्धरणों से स्पष्ट हो जाते हैं।

11.9 पाद-टिप्पणियाँ–नमूने (सैंपुल फुटनोट्स)–यहाँ पुस्तकों एवं पत्र-पत्रिकाओं के पाद-टिप्पणीगत कुछ नमूने दिए जा रहे हैं जिनमें सब प्रकार के सरल और अपेक्षाकृत अधिक सूचनागर्भित नमूने हैं। शोधार्थी इन्हें ध्यानपूर्वक देखें–

1. अज्ञेय, 'आत्मनेपद', प्र. संस्क. (काशी–भारतीय ज्ञानपीठ, 1960), पृ. 10
2. 'आत्मनेपद', पृ. 35
3. वही, पृ. 52

नोट–जब किसी ग्रंथ को पहली बार पाद-टिप्पणी में दिया जा रहा हो तो उसका पूर्ण विवरण दिया जाना चाहिए जैसे कि संख्यांक (1) में दिया गया है। जब एक ही पृष्ठ पर लगातार क्रम में उसी पुस्तक से उद्धरण लिया गया हो तो दूसरी बार 'वही' लिखकर भी पृष्ठ का उल्लेख किया जा सकता है, लेकिन वर्तमान शोध-कार्यविधि में पुनः केवल ग्रंथ का नाम लिखकर पृष्ठोल्लेख करना चाहिए। यही विधि वरेण्य है। यदि ग्रंथ और लेखक का नाम उद्धरण के साथ ही दे दिया गया है और ग्रंथ का उपयोग पहली बार न हो रहा हो तो पाद-टिप्पणी में लेखक और ग्रंथ-शीर्षक के उल्लेख की आवश्यकता नहीं रहती। सीधे ही पृ. संख्या दे देना पर्याप्त होता है।

4. (डा.) गणपतिचंद्र गुप्त, 'हिंदी साहित्य का वैज्ञानिक इतिहास', प्र. संस्क. (चंडीगढ़–भारतेंदु भवन)
5. (डा.) नगेंद्र, 'आधुनिक हिंदी कविता की मुख्य प्रवृत्तियाँ', तृ. संस्क. (दिल्ली–नेशनल पब्लिशिंग हाउस, 1966)
6. (डा.) कृष्ण बल (संपा.), 'भारतीय काव्यशास्त्र', प्र. संस्क. (दिल्ली–राधाकृष्ण प्रका., 1969)
7. (डा.) बलदेव उपाध्याय, 'संस्कृत साहित्य का इतिहास', सप्तम संस्क. (वाराणसी–शारदा मंदिर, 1965)
8. (डा.) नगेंद्र (प्र. संपा.), 'पाश्चात्य काव्यशास्त्र की परंपरा', प्र. संस्क. (दिल्ली–हिंदी विभाग, दिल्ली विश्वविद्यालय) ति. न., पृ. 38
9. मम्मट, 'काव्य प्रकाश' (टीका.), हरिशंकर वर्मा (बनारस–चौखंबा संस्कृत पुस्तकालय, 1951), पृ. 50
10. राजशेखर, 'काव्य मीमांसा', (अनु.) पं. केदारनाथ शर्मा, (पटना–बिहार राष्ट्रभाषा परिषद्, 1954), पृ. 80
11. A.S. Diamond, 'The History and Origin of Language' : London— Methuen & Co, 1960), p. 92
12. C.Day Lewis, 'The Poetic Image' 10th ed. (London—Jonathan Cape, 1961), p. 88

13. Don Cameron Allen, ed. 'Four Poetson Poetry' (Bal nore—Hopkins Press, 1959), p. 112
14. William K. Wimsatt & Others, 'Literary Criticism' (Calcutta—Oxford and IBH Publishing Co., 1964), p. 218
15. George Watson, ed., 'The New Cambridge Bibliography of English Literature' III (Cambridge—Cambridge Univ. Press, 1969), p. 278. Hereafter Cited as 'NCBEL'
16. Henery James, 'The Novels of George Eliot', ed., Richard Stang, 'Discussions of George Eliot' (Boston—D.C. Heath & Co., 1960), p. 85
17. Louis Cazamian, 'The Social Novel in England', Martin Fido (trans.)—London (Routledge & Kegan Paul 1973), p. 105
18. George Saintsbury, Middlemarch, 'Academy'. IV (17 January, 1873), p. 15
19. David L. R. Lorimer, Burushaski Language, 'Encyclopedia Britannica' Vol. IV, (1962), pp. 449-50
20. सत्येंद्र, 'लोककथा', 'हिंदी विश्वकोश', खं. 10 (1968), पृ. 330-32
21. (डा.) हरिश्चंद्र वर्मा, शोध-प्रबंध की रूपरेखा के निर्माण की वैज्ञानिक पद्धति, संभावना', 5.6 (अप्रैल, 1977), पृ. 67
22. शंभु चतुर्वेदी, 'गाँधीवादी साहित्यकार', 'नवभारत टाइम्स', (दिल्ली—11 जु. 1976)

संदर्भ-ग्रंथ सूची

12.0 आवश्यकता–जब शोधार्थी शोध हेतु अपने विषय का चयन कर लेता है और विश्वविद्यालय में पंजीकरण द्वारा उसके विषय को स्वीकृति मिल जाती है तब वह विषय संबंधी उपलब्ध सामग्री की खोज के लिए तैयार हो जाता है। दूसरे शब्दों में तब उसके लिए तथ्यों की खोज अनिवार्य हो जाती है क्योंकि शोधार्थी को तथ्यों के निरीक्षण-परीक्षण और विश्लेषण द्वारा ही अपनी स्थापना (थीसिस) को आगे बढ़ाना होता है। इन आधीत तथ्यों को ही शोधार्थी अपने शोध-प्रबंध में उद्धरण-रूप में ग्रहण करता है। उद्धरणों की पुष्टि और प्रामाणिकता के लिए उनके संदर्भ का उल्लेख अनिवार्य होता है। इसलिए शोध की वैज्ञानिक कार्यविधि में संदर्भोल्लेख का महत्त्व अक्षुण्ण होता है। उद्धरणों की आवश्यकता और सही पहचान (दे. 10) तो प्रबंध लिखते समय अथवा यों कहिए कि अपने अभिमत की उप-स्थापना के समय ही संभव हो सकती है। उससे पूर्व शोधार्थी मोटे तौर पर अपने विषय और अभिमत की अनुरूपता एवं अनुकूलता में संबद्ध ग्रंथों में से उपयोगी सामग्री का संकलन करता है। यह सामग्री यदि सही ढंग से नहीं इकट्ठी की जाती है तो बाद में उसके उपयोग के समय उसके स्रोत सहित प्रमाणित करना होता है। इस प्रकार उद्धरण संदर्भ संबंधी ग्रंथ को ही संदर्भ-ग्रंथ कहा जाता है।

सामग्री-संकलन के समय संदर्भ-ग्रंथ सूची को साथ-साथ तैयार कर लेना शोध-प्रबंध-लेखन में कई दृष्टियों से अनिवार्य है। शोधार्थी को उद्धरणों की प्रामाणिकता पाद-टिप्पणियों में प्रस्तुत करनी होती है। इसलिए पहले से उल्लिखित संदर्भ ही ऐसी प्रामाणिकता प्रदान करने में समर्थ होंगे। इसके पश्चात् शोध-प्रबंध के अंत में संदर्भ-ग्रंथ सूची जोड़नी होती है जिसमें शोध-प्रबंध में व्यवहृत तथ्यावली से संबद्ध स्रोत-ग्रंथों का पूर्ण विवरण दिया जाता है। यदि शोधार्थी के पास पहले से ही सभी संदर्भोल्लेख होंगे तो संदर्भ-ग्रंथ सूची की तैयारी में उसे कठिनाई नहीं होगी। पाद-टिप्पणियों की प्रामाणिकता और प्रामाणिक सविवरण संदर्भ-ग्रंथ सूची को शोध-प्रबंध में होना कोई निरर्थक विधान नहीं है प्रत्युत् वे एक बड़े उद्देश्य को सार्थकता प्रदान करते हैं। शोध-प्रबंध अंततः साहित्य के किसी पहलू-विशेष की व्याख्या होता है। जब कोई पाठक किसी शोध-प्रबंध को पढ़ता है तब उसमें उद्धृत अंशों से भी आकृष्ट होता है। पाठक के मन में उद्धृत अंशों से संबद्ध संदर्भ-ग्रंथों को पढ़ने की जिज्ञासा भी हो सकती है। यदि शोध-प्रबंध में संदर्भ-ग्रंथों का विवरण उपलब्ध नहीं होगा तो संभवतः पाठक को कठिनाई का सामना करना पड़ेगा। इसमें शोध-प्रबंध की प्रामाणिकता तो संदेहास्पद हो ही जाएगी, साथ ही उसकी उपयोगिता भी कम हो जाएगी। एक विचार, अन्य विचार को जन्म देता है। शोध का उद्देश्य भी यही है कि वह नए विचारों को स्फूर्त करे, ज्ञान का प्रसार करे। ज्ञान के इस प्रसारण में शोधार्थी का मत-अभिमत जितना सहायक होता है, उतने ही सहायक संदर्भ-ग्रंथ भी हो सकते हैं। अस्तु, किसी शोध-प्रबंध के अध्ययन क्षणों में यदि किसी पाठक का मन किसी धारणा-विशेष की ओर आकृष्ट होता हो, तो वह उस धारणा के परिमार्जन और विकास हेतु बहुत से उन ग्रंथों का अवलोकन करना चाहेगा, जो उसके मन

में ऐसी धारणा के प्रेरक रहे हैं। इसलिए संदर्भोल्लेख पाद-टिप्पणियों की प्रामाणिकता और संदर्भ-ग्रंथ सूची के पूर्ण विवरण हेतु उपादेय होते हैं, वहीं पर शोध-प्रबंध-लेखन से पूर्व की स्थिति में वे अन्वेषित स्रोतों एवं सामग्री-संकलन के निश्चय के अवधारक होते हैं।

दुर्भाग्यवश संदर्भोल्लेखों को लेकर हिंदी शोध की स्थिति अब तक शोचनीय ही कही जा सकती है। इसमें कुछ दोष शोधार्थी का रहा है और अधिक दोष हिंदी में तत्संबंधी व्यावहारिक एवं प्रामाणिक वैज्ञानिक कार्यविधि के अभाव का। हिंदी शोधार्थी का दोष तो यह है कि वह इस कार्य को अधिक मेहनत का कार्य मानकर आलस्यवश टालता रहता है, हालाँकि उसे इसके परिणाम कई रूपों में भुगतने पड़ते हैं। संदर्भोल्लेख ग्रंथ उसके पास न होने के कारण और पुस्तकें पुस्तकालय अथवा उनके उपलब्धि संस्थानों या स्थानों पर लौटा दिए जाने पर, पाद-टिप्पणियाँ देते समय उसे संदर्भ-ग्रंथ के उद्धरण पृष्ठ, प्रकाशन-स्थान और प्रकाशन-वर्ष संबंधी सूचना जुटाने हेतु पुनः अपेक्षित ग्रंथों की खोज करनी पड़ती है। यह कार्य अत्यंत कष्टसाध्य होता है। कई बार बहुत से संदर्भ-ग्रंथ कई कारणों से फिर से मिल भी नहीं पाते। ठीक ऐसी ही कठिनाई संदर्भ-ग्रंथ सूची तैयार करते समय सामने आती है। जब संदर्भ-ग्रंथ सूची फिर से उपलब्ध न हो और विश्वविद्यालय में शोध-प्रबंध प्रस्तुत करने की तिथि निकट आ गई हो तो कई शोधार्थी विवेक खो बैठते हैं और अनुमान से ही गलत सूचनाएँ भर देते हैं जो अपने-आप में एक बेहद घटिया काम है।

संदर्भ-ग्रंथ सूची के अभाव में जिस दूसरे संकट की बात मैं कह रहा था, वह है एक निश्चित वैज्ञानिक कार्यविधि का अभाव। अंग्रेजी में शोधार्थियों के लिए पी. एम. एल. ए. इत्यादि के रूप में ऐसी निर्देशिकाएँ उपलब्ध हैं।[1] हिंदी में इस अभाव का जो कुपरिणाम देखने में आता है, वह यह है कि शोधार्थी मनमाने ढंग से पाद-टिप्पणियाँ और संदर्भ-ग्रंथ सूचियाँ प्रस्तुत करते हैं। लेखक का नाम, पुस्तक का नाम, प्रकाशन-स्थान, प्रकाशन-वर्ष, संस्करण, खंड, संपादन, एकाधिक लेखकों के नाम, संपादित कृतियों में लेखों के शीर्षक और लेखक के नाम, माध्यमिक और गौण स्रोतों इत्यादि के प्रस्तुतीकरण में मनमानी देखने को मिलती है। कुछ पुस्तकें जो शोध-कार्यविधि को लेकर लिखी गई हैं उनमें इस संबंध में बहुधा पद्धतिगत इतनी छूट दी गई है कि शोधार्थी पर कोई अंकुश नहीं रह जाता।

पाद-टिप्पणियों संबंधी एक समाहारपरक वैज्ञानिक पद्धति तो (दे. 9.1.6) आगे बताई गई है। यहाँ संदर्भ-ग्रंथ सूची किस प्रकार तैयार करनी चाहिए, इस संबंध में यथासंभव एक अत्यंत व्यावहारिक और प्रामाणिक कार्यविधि को मानक रूप दिया जा रहा है।

12.1 संभावित स्रोत–संदर्भ-ग्रंथ सूची यद्यपि अन्वेषित स्रोतों के संबंध में पूर्ण जानकारी प्रदान करती है; लेकिन यहाँ पर केवल संदर्भ-ग्रंथ सूची संबंधी वैज्ञानिक कार्यविधि ही बताई जाएगी। स्रोत अन्वेषण, प्राथमिक, माध्यमिक और गौण स्रोत, स्रोत उपयोग और टीप लेने संबंधी कार्यविधि अन्यत्र (दे. 10.2, 10.3) बताई गई है। संदर्भों के उल्लेख हेतु हमें निश्चय ही स्रोत आधारों का उपयोग करना होता है। ये स्रोत आधार निम्न हो सकते हैं–

1. मूल पुस्तकें (टेक्स्ट बुक्स)–जैसे काव्य, उपन्यास, कहानी-संग्रह इत्यादि।
2. संदर्भ-ग्रंथ जैसे विश्वकोश, शब्दकोश, साहित्यकोश तथा जीवनीकोश इत्यादि।
3. पुस्तकें–आलोचना-ग्रंथ।
4. पत्र-पत्रिकाएँ, समाचार-पत्र इत्यादि।

5. वृहल्लेख (मोनोग्राफ्स)।
6. पैंफलेट।
8. हस्तलिखित ग्रंथ (मैन्युस्क्रिप्ट्स)।
7. रिपोर्ताज एवं संस्मरण।
9. सरकारी दस्तावेज।
10. कुछ अधिकारी विद्वानों एवं विशेषज्ञों से साक्षात्कार तथा पत्र व्यवहार।

उक्त आधारों में से हम क्रमशः 1, 2, 3, 4 को प्राथमिक आधार, 5, 6, 7 को माध्यमिक आधार और 8, 9, 10 को गौण आधार कह सकते हैं। विषय की अनुरूपता में इनमें से माध्यमिक और गौण आधारों में से कुछ का परस्पर विपर्यय भी हो सकता है।

12.2 संदर्भ-ग्रंथ कार्ड (बिब्लिओग्रैफिक कार्ड)–अपने विषय की अपेक्षाओं को ध्यान में रखते हुए शोधार्थी को उपर्युक्त संदर्भ आधारों में तथ्य के महत्त्व की दृष्टि से स्रोत रूप में आधारों को निश्चित कर लेना चाहिए। जैसाकि संकेत दिया जा चुका है, विषय-महत्त्व की दृष्टि से इन आधारों का क्रम परिवर्तित हो सकता है और एक आधार का अनुशीलन दूसरे आधार संबंधी महत्त्वपूर्ण सूचनाएँ जुटा सकता है। उदाहरणार्थ विश्वकोश अथवा मूल-ग्रंथों में से कई ऐसे संदर्भ-ग्रंथों की सूचना मिल सकती है जो शोधार्थी के लिए अत्यंत उपयोगी और अपरिहार्य हों। इसी प्रकार अन्य आलोचनात्मक ग्रंथों और पत्र-पत्रिकाओं में से भी ऐसे उपयोगी संदर्भ सहज ही मिल सकते हैं। कौन-सा आधार ऐसी सूचनाएँ प्रदान करने में अधिक सार्थक होगा या है–इसका कोई सर्वमान्य मानदंड नहीं हो सकता क्योंकि यह तो शोध-विषय की अपेक्षाओं पर निर्भर करता है।

जब शोधार्थी इन आधारों के प्रकाश में अपने विषय से संबंधित सामग्री की खोज के उद्देश्य से इनका अनुशीलन करता है तो उसके लिए आवश्यक हो जाता है कि उपयोगी लगनेवाले ग्रंथों तथा प्रत्येक आधार के विवरण को वह अपने पास लिखित रूप में रखे। इसका कारण यह है कि ये ही आधार-ग्रंथ बाद में शोधार्थी के लिए संदर्भ-ग्रंथों का कार्य करते हैं। प्रारंभ में विषय और तत्संबंधी दृष्टि के पूर्ण स्पष्ट न होने के कारण कुछ महत्त्वपूर्ण विवरण अनुपयोगी लग सकते हैं। इसके विपरीत कुछ अनुपयोगी विवरण महत्त्वपूर्ण लग सकते हैं। इसका निर्णय तो विषय के आगे बढ़ने पर स्पष्टता और निखार के आने के साथ-साथ होता रहता है और शोधार्थी अनावश्यक रूप में संकलित निरुपयोगी संदर्भ-ग्रंथों का परित्याग कर सकता है तथा उपयोगी ग्रंथों की सूची को लिखित रूप में तैयार करना तो शोधार्थी की शोध-कार्यविधि का आवश्यक अंग है। इसी संकलित सूची को ही तो वह कामचलाऊ संदर्भ-ग्रंथ सूची (टेंटेटिव वर्किंग बिब्लिओग्रैफी) कह सकता है। जिसके आधार पर उसका आगे का विषय संबंधी अध्ययन-मनन निर्भर करता है। ऐसी सूची तैयार न करने के खतरों की ओर पीछे संकेत किया जा चुका है।

संदर्भ-ग्रंथों की सूचना के संकलनार्थ कार्ड-पद्धति का प्रयोग सर्वश्रेष्ठ कहा जा सकता है। हिंदी शोधार्थी इस पद्धति को बहुत मेहनत का काम मानकर अपनाने से पराङ्मुख ही देखे जाते हैं, जबकि इसके प्रयोग के लाभ स्वतः स्पष्ट हैं। सरलता, स्पष्टता, वैज्ञानिकता की दृष्टि से हमें कार्ड बनाने को बहुत कष्टसाध्य कार्य नहीं मानना चाहिए। प्रत्येक संदर्भ-ग्रंथ के संदर्भग्रहण हेतु पृथक् 3'' X 5'' अथवा 4'' X 6'' के कार्ड का प्रयोग करना चाहिए।

3'' X 5'' का कार्ड शोध की दृष्टि से मानक कार्ड माना जाता है, परंतु बाद में उद्धरणों, को भी कार्डों पर ही ग्रहण करने की दृष्टि से कार्ड 4'' X 6'' के भी हो सकते हैं। उद्धरण संदर्भ-ग्रंथ के पूर्ण विवरण के लिख लिए जाने के बाद शेष बचे स्थान और कार्ड की उलटी ओर के स्थान पर लिखे जा सकते हैं। कार्य के गति पकड़ने पर यथा आवश्यकता हम नए संदर्भ-ग्रंथों की सूचना संबंधी नए कार्ड बना सकते हैं और पहले बने किंतु अब निरुपयोगी कार्डों का परित्याग कर सकते हैं। यथास्थिति और यथा आवश्यकता शोधार्थी इन कार्डों को नियोजित और पुनर्नियोजित कर सकता है। इस प्रकार कार्योपयोगी संदर्भ-ग्रंथ सूची तैयार हो जाती है। बाद में जब शोध-प्रबंध पूर्ण हो जाता है तो शोधार्थी को अपने प्रबंध के अंत में संदर्भ-ग्रंथ सूची देनी होती है। उस समय यह कार्य अत्यंत सहज और आसान हो जाता है क्योंकि तब शोधार्थी को कुछ विशेष नहीं करना होता। उसका काम केवल आकारादि-क्रम में (लेखकों के आधार पर) पुस्तकों को नियोजित करना-भर रह जाता है। संदर्भोल्लेख-कार्ड (बिब्लिओग्रैफिक कार्ड) पर क्या और किस क्रम में लिखें—इसका पूरा विवरण यहाँ दिया जा रहा है। हिंदी शोधार्थी को चूँकि हिंदी और अंग्रेजी दोनों भाषाओं के ग्रंथों पर निर्भर करना पड़ता है; इसलिए यहाँ दोनों भाषाओं से उदाहरण देकर संदर्भोल्लेख समझाए जा रहे हैं। हिंदी में संदर्भोल्लेख को लेकर प्रथम बार मानकीकरण का प्रयास किया जा रहा है। इस मानकीकरण में पाश्चात्य कार्यविधि विशेषकर 'एम.एल.ए. स्टाइल शीट' को ही आधार बनाया गया है।

12.3 लेखक सूचना—संदर्भोल्लेख विवरण लिखते समय कार्ड पर सर्वप्रथम लेखक का नाम लिखना चाहिए। नामोल्लेख में लेखक के जाति-नाम (सर-नेम) या नाम के अंतिम भाग या उप-नाम (लास्ट नेम) को पहले लिखना चाहिए; जैसे—

हिंदी—माथुर, गिरिजाकुमार

या सिंह, शंभुनाथ

अंग्रेजी—Huxley, Aldous

जिस नाम के साथ उप-नाम या जाति-नाम कुछ भी न हो उसे यथावत लिखना चाहिए, जैसे—नगेंद्र।

यहाँ दो बातें विशेष रूप से ध्यातव्य हैं—(1) किसी नाम के साथ प्रयुक्त 'डॉ.' शब्द का प्रयोग संदर्भोल्लेख में आवश्यक नहीं है। यदि लिखना ही हो तो उसे छोटे कोष्ठक में इस प्रकार लिखना चाहिए—डॉ. सिंह, शंभुनाथ या (डॉ.) नगेंद्र। (2) एम.एल. ए. स्टाइल शीट के अनुसार तथा यथाप्रथा लेखक के उप-नाम अथवा जाति-नाम के पश्चात् अल्पविराम (,) का होना माना जाता है। इस आधार पर उपर्युक्त लेखकों के नाम इस प्रकार लिखे जाने चाहिए थे—माथुर, गिरिजाकुमार तथा सिंह, शंभुनाथ। परंतु मैं इसे अनिवार्य नहीं मानता।

कई पुस्तकों के लेखक दो भी होते हैं। ऐसी स्थिति में पहले लेखक का ही नाम उलटाना चाहिए और दूसरे का नहीं। दूसरे नाम को ज्यों-का-त्यों लिखना चाहिए, जैसे—

हिंदी—छाबड़ा, गोविंदलाल तथा लक्ष्मणदत्त गौतम

अंग्रेजी—Wellek Rene and Austen Warren

ध्यातव्य है कि दो लेखकों के नामों के मध्य अल्पविराम होना चाहिए।

यदि किसी ग्रंथ के लेखक तीन अथवा उससे अधिक हों तो केवल प्रथम लेखक का

उलटाया गया नाम देकर शेष सभी लेखकों के लिए 'तथा अन्य' का प्रयोग करना चाहिए, जैसे–

हिंदी–नगेंद्र तथा अन्य

अंग्रेजी–Faulker, Ray and others

12.4 ग्रंथ सूचना–संदर्भ-ग्रंथ सूची कार्ड पर लेखक/लेखकों का नाम उपर्युक्त विधि से लिख चुकने पर ग्रंथ का नाम लिखना चाहिए। लेखक/लेखकों और ग्रंथ के नाम के मध्य अल्पविराम का विधान होना चाहिए। प्रत्येक ग्रंथ के नाम को रेखांकित करना चाहिए। हिंदी में प्रायः ऐसा नहीं किया जाता, लेकिन ऐसा करने से ग्रंथ की अलग पहचान तो होगी ही; साथ ही वैज्ञानिकता और सौंदर्यबोध भी बढ़ेगा। इस संबंध में निम्न उदाहरण देखें–

12.4.1 एक लेखक और उसका ग्रंथ

हिंदी–माथुर, गिरिजाकुमार, 'नई कविता : सीमाएँ और संभावनाएँ'।

सिंह, शंभुनाथ, 'प्रयोगवाद और नयी कविता'।

अंग्रेजी–Huxley Aldous, Literature and Science.

12.4.2 दो लेखक और उनका ग्रंथ

हिंदी–छाबड़ा, गोविंदलाल तथा लक्ष्मणदत्त गौतम, 'कहानीकार भगवती प्रसाद वाजपेयी : संवेदना और शिल्प'।

अंग्रेजी–Wellek, Rene and Austen Warren, 'Theory of Literature'.

12.4.3 तीन अथवा अधिक लेखक और उनका ग्रंथ

हिंदी–नगेंद्र तथा अन्य, 'हिंदी साहित्य का इतिहास'

अंग्रेजी–Faulkner, Ray and others, 'Art Today'.

12.5 प्रकाशन संबंधी सूचनाएँ–संदर्भ-ग्रंथ सूची कार्ड में लेखक और ग्रंथ के नामों का उल्लेख कर दिए जाने के पश्चात् ग्रंथ की प्रकाशन संबंधी सभी सूचनाएँ भरनी होती हैं। यदि ग्रंथ एकाधिक खंडों का हो तो उसकी कुल खंड संख्या भी लिखनी चाहिए (दे. 12.)। बाद में संदर्भ-ग्रंथ सूची को अंतिम रूप देते समय प्रयोग किए गए खंड की संख्या ही लिखनी चाहिए। ग्रंथोल्लेख के पश्चात् प्रकाशन संबंधी सूचना में, प्रकाशन-स्थान, प्रकाशन का नाम, प्रकाशन-वर्ष इत्यादि छोटे कोष्ठकों ( ) में लिखने चाहिए। ध्यान रहे कि ग्रंथ के नाम और प्रकाशन-सूचना के मध्य कोष्ठक का प्रारंभिक भाग '(' ही होना चाहिए। किसी अल्पविराम इत्यादि की आवश्यकता नहीं है। कोष्ठक के अंदर प्रकाशन-स्थान लिखने के पश्चात् कोलन (:) लगाना चाहिए। तदनंतर प्रकाशन-नाम लिखना चाहिए और फिर अल्पविराम (,) लगाकर प्रकाशन-वर्ष लिखना चाहिए। जिन रचनाओं में प्रकाशन-वर्ष दिया हुआ नहीं हो उनमें यदि संस्करण का उल्लेख हो तो वह कर देना चाहिए। संस्करणोल्लेख के भी न होने की स्थिति में ति. न. (तिथि नहीं) लिखना चाहिए। इस संदर्भ में निम्न उदाहरण देखिए–

हिंदी–माथुर, गिरिजाकुमार, 'नई कविता : सीमाएँ और संभावनाएँ', (दिल्ली : अक्षर प्रकाशन, 1963)।

नोट–प्रकाशन का संक्षिप्त रूप 'प्रका.' भी लिखा जा सकता है।

सिंह, शंभुनाथ, 'प्रयोगवाद और नई कविता', (वाराणसी : समकालीन प्रकाशन, 1966)

कोष्ठक के बंद होने पर पूर्णविराम लगाना चाहिए। पूर्णविराम हिंदी के अनुसार (।) हो, यह आवश्यक नहीं। वह अंग्रेजी ढंग (.) का भी हो सकता है। 'धर्मयुग' जैसी पत्रिकाएँ इसे ही प्रयोग में लाती रहीं। संदर्भोल्लेख में तो अंग्रेजी ढंग का पूर्णविराम ही अधिक सुरुचिपूर्ण लगता है।

अंग्रेजी–Huxley, Aldous, `Literature and Science' (New York : Harper & Row : 1963).

अब यहाँ पर संदर्भोल्लेख-कार्ड का नमूना देकर इस सारी प्रणाली को स्पष्ट किया जाएगा।

12.5.1 एक लेखकीय ग्रंथ

माथुर, गिरिजाकुमार,[1] **नई कविता : सीमाएँ और संभावनाएँ,**[2] दिल्ली[3] : अक्षर प्रकाशन,[4] 1963[5]

1. लेखक
2. ग्रंथ-शीर्षक
3. प्रकाशन-स्थान
4. प्रकाशक
5. प्रकाशन-वर्ष

....

के लिए ....

→ ....

....

काल नं. → 744.3
B 2

Huxley, Aldous,**Literature and Science** (New York : Harper & Row, 1963)

....

....

....

....

....

878.5
a.4

12.5.2 द्विलेखकीय ग्रंथ

छाबड़ा, गोविंदलाल तथा लक्ष्मणदत्त गौतम, **कहानीकार भगवतीप्रसाद वाजपेयी : संवेदना तथा शिल्प,** (दिल्ली : आदर्श साहित्य प्रकाशन, 1972)

....

....

....

....

580.4 C.4

Wellek, Rene and Austen Warren, **Theory of Literature,** (Australia : Penguin Book Ltd., 1963

....

....

....

....

878.5
a.4

नोट–यही विधि त्रिलेखकीय अथवा उससे अधिक लेखकों के ग्रंथ के संदर्भोल्लेख में अपनाई जाएगी। कार्ड का पृष्ठ भाग पूरी तरह 'नोट्स' के प्रयोग में लाया जा सकता है, जो इस प्रकार होगा–

....
....
....
....
....
....

12.5.3 प्रकाशन-वर्ष न होने पर–जिस ग्रंथ में प्रकाशन-वर्ष न दिया गया हो, उसमें जैसाकि पहले बताया जा चुका है 'ति. न.' (तिथि नहीं) लिखना चाहिए; लेकिन ध्यान रहे कि 'ति. न.' कोष्ठक के बाहर लिखना चाहिए, यथा :

(डा.) नगेंद्र, **पाश्चात्य काव्यशास्त्र : सिद्धांत और वाद,** (दिल्ली : हिंदी वि., दिल्ली विश्वविद्यालय) ति. न.
....
....
....
....
....
288.3..
k.2..

नोट–यदि प्रकाशन-वर्ष न देकर संस्करण दे रखा हो तो **'संस्करण'** सूचना कोष्ठक के भीतर नहीं देना चाहिए। उपर्युक्त पुस्तक के ही उदाहरण से समझा जा सकता है।

(डॉ. नगेंद्र, 'पाश्चात्य काव्यशास्त्र : सिद्धांत और वाद', प्र. संस्क, (दिल्ली : हिंदी वि., दिल्ली विश्वविद्यालय)।

संस्करणोल्लेख करने पर ति. न. की आवश्यकता नहीं है। काल नं. इसलिए लिख लेना चाहिए ताकि आवश्यकता पड़ने पर पुस्तकालय को लौटाई गई पुस्तक फिर आसानी से मिल सके। काल नं. के अतिरिक्त (1) पुस्तकगत विशिष्ट सामग्री का संकेत, (2) पुस्तक संबंधी निजी प्रतिक्रियाएँ भी कार्ड में लिखी जा सकती हैं।

12.5.4 संस्करण विशेष (प्रथमेतर संस्करण)–जब किसी रचना के संस्करण का उल्लेख विशेष रूप से वांछनीय हो तो संस्करण-उल्लेख प्रकाशन सूचना से पहले किया जाना चाहिए। शेष विधि पहले की भाँति (देखिए 11.5.1) रहेगी, यथा–

हिंदी–उपाध्याय, बलदेव, 'संस्कृत साहित्य का इतिहास', सप्तम संस्क. (वाराणसी : शारदा मंदिर, 1965)

अंग्रेजी–Speaight Robert, `George Eliot', 2nd ed., (London : Arthur Barker Ltd., 1968)

> **नोट**–इसमें ध्यातव्य इतना ही है कि संस्करणोल्लेख के उपरांत प्रकाशन सूचना देते समय संस्करणोल्लेख और प्रारंभिक कोष्ठक चिन्ह के मध्य अल्पविराम नहीं लगेगा।

12.6 संपादित ग्रंथ–संदर्भोल्लेख कार्ड में संपादित ग्रंथ संबंधी विवरण लिखने के दो ढंग हो सकते हैं : (1) पुस्तक के संपादित होने की सूचना देते हुए शेष सभी पहले दिए गए उदाहरणों की भाँति देना है और (2) जब संपादित ग्रंथ में से किसी लेख-विशेष का संकेत देना हो तो उस लेख के लेखक और लेख-शीर्षक को संपादित रचना और रचनाकार की तुलना में प्राथमिक महत्त्व देना होता है। निम्न उदाहरणों से यह स्पष्ट हो जाएगा–

12.6.1 प्रथम विधि

हिंदी–कथूरिया, सुंदरलाल (संपा.), 'आधुनिक साहित्य : विविध परिदृश्य' (दिल्ली : वाणी प्रका., 1973)

अंग्रेजी–Huxley, Leonard (ed., 'Life and Letters of T.H. Huxley' (New York : Houghton Mifflin, 1923)

12.6.2 प्रथम विधि का नमूना

कथूरिया, सुंदरलाल (संपा), **आधुनिक साहित्य विविध परिदृश्य** (दिल्ली : वाणी प्रकाशन, 1973)
....
....
....
....
580.4 C.4.........
rB..4................

Huxley, Leonard (ed.), **Life and Letters of T.H. Huxley** (New York, Houghton Mifflin 1973)
....
....
....
....
615.9
N.M.1

नोट–प्रथम विधि में ध्यातव्य है कि संपादक के नाम और 'संपा.' शब्द के मध्य अल्पविराम नहीं लगेगा, बल्कि वह ग्रंथ-शीर्षक और 'संपा.' शब्द के बीच लगेगा।

11.6.3 दूसरी विधि

हिंदी–स्नातक, विजयेंद्र, 'नीरजा', इन्द्रनाथ मदान (संपा.) महादेवी, (राधाकृष्ण प्रकाशन : दिल्ली, 1973)।

अंग्रेजी–James Henery, "The Novels of George Eliot," Richard Stang (ed). Discussions of George Eliot, (D.C. Heath & Co Boston 1960)।

12.6.4 दूसरी विधि का नमूना

स्नातक, विजयेंद्र 'नीरजा', इंद्रनाथ मदान (संपा.)
महादेवी, (दिल्ली : राधाकृष्ण प्रकाशन, 1973)
....
....
....
....

219.8................
Kn.4..................

James, Henry, "The Novels of George Eliot", Richard Stang (ed), **Discussions of George Eliot** (Boston : D.C. Heath & Co., 1960)
....
....
....
....

413.8
K.U.12

नोट–इस विधि में कुछ बातों पर विशेष ध्यान अपेक्षित रहता है। इसमें लेख के लेखक के नाम को ही उलटाना है, संपादक के नाम को नहीं। लेख-शीर्षक को डबल इन्वर्टेड कोमा में रखना है। तदनंतर संपादक का नाम, जिसे उलटाना नहीं है। कोष्ठक में 'संपा.' लिखना है और शेष प्रकाशन संबंधी सभी सूचना पूर्ववत् छोटे कोष्ठक में देनी है। पत्रिका-लेख के संबंध में भी लगभग यही विधि अपनाई जाती है जिसका परिचय आगे दिया जाएगा।

12.7 अनूदित ग्रंथ–संदर्भोल्लेख-कार्ड अनूदित ग्रंथ की सूचना भरते समय सर्वप्रथम उलटाए गए रूप में मूल लेखक का नाम लिखना चाहिए। तत्पश्चात् अल्पविराम लगाकर ग्रंथ-शीर्षक को रेखांकित करना चाहिए। उसके बाद अल्पविराम लगाकर अनुवादक का नाम (बिना उलटाए), उसके बाद कोष्ठक में (अनु.) लिखना चाहिए। शेष प्रकाशन संबंधी सूचना पूर्ववत् लिखनी चाहिए। इस संबंध में निम्न उदाहरण देखिए–

हिंदी–विद्यारण्य स्वामी, 'पंचदशी', रामावतार विद्याभास्कर (अनु.) (बिजनौर : कृष्णकुमार शर्मा रतनगढ़, वि. 1991)

अंग्रेजी–Cazamian, Louis : `The Social Novel in England', Martin Fido (Trans.) (London : Routledge & Kegan Paul, 1973).

विद्यारण्य स्वामी **पंचदशी,** रामावतार विद्याभास्कर (अनु.) (बिजनौर : कृष्णकुमार शर्मा रतनगढ़, वि. 1991)
....
....
....
....
28.1................
G-n.5...............

Cazamian, Louis, The Social Novel in England. Martin Fido, Trans. (London : Routledge & Kegan Paul, 1973)
....
....
....
....
5-1
J.NU.2

12.8 समष्टि ग्रंथकार (कार्पोरेट आथर्स)–कभी-कभी किसी ग्रंथ का कोई एक लेखक-विशेष नहीं होता। ऐसे ग्रंथ प्रायः किसी विश्वविद्यालय, सोसाइटी, कमेटी, राजकीय विभाग अथवा ब्यूरो इत्यादि में से किसी एक के द्वारा प्रकाशित किए जाते हैं। ऐसी दशा में ऐसे ग्रंथ का रचयिता समष्टिकारक कहलाएगा। सन्दर्भोल्लेख में ऐसे ग्रंथ के रचनाकार के रूप में उसकी रचनाकार संस्था का उल्लेख करना चाहिए, यथा–

अलीगढ़ मुस्लिम विश्वविद्यालय, निदेशालय, जनरल एजुकेशन रीडिंग मैटीरियल प्रोजेक्ट, 'हिंदी साहित्य संग्रह' (मुंबई : एशिया पब्लिशिंग हाउस, 1963)।

12.9 विविध ग्रंथ एवं लेख

12.9.1 बहुखंडीय ग्रंथ (मल्टीवाल्यूम्ड बुक)–यदि कोई ग्रंथ एकाधिक खंडीय हो तो संदर्भोल्लेख कार्ड में उसके कुल खंडों की संख्या लिख लेनी चाहिए। बाद में शोध-प्रबंध में जो खंड प्रयुक्त किया गया हो, संदर्भ-ग्रंथ सूची को अंतिम रूप देते समय उसी की सूचना भरनी चाहिए, यथा–

हिंदी–उपाध्याय, रामकिंकर, 'मानस मुक्तावली', चार खंड (कलकत्ता : बिड़ला अकादमी, 1947)।

अंग्रेजी–Spiller, Robert and others, Literary 'History of the United States', 3 Vols. (London, Macmillan & Co. 1948).

अब यदि शोध-प्रबंध में, मान लीजिए 'मानस मुक्तावली' का द्वितीय खंड और 'Literary History of the United States' का तृतीय खंड प्रयोग किया गया है तो अंतिम संदर्भ-ग्रंथ सूची में शेष यथावत् लिखकर केवल चार खंड के स्थान पर 'द्वि. खं.' और '3 Vols.' के स्थान पर '3rd Vol.', लिखना होगा (दे. 12.9.3)।

12.9.2 अज्ञात लेखक ग्रंथ (ऐनोनिमस बर्क)–संदर्भोल्लेख कार्ड में जब ऐसे ग्रंथ का उल्लेख करना हो, जिसका लेखक अज्ञात हो, उस स्थिति में सीधे ही ग्रंथ-शीर्षक का उल्लेख पहले करके शेष जानकारी सामान्य ग्रंथ की जानकारी की भाँति देनी चाहिए, यथा–

हिंदी–'व्यंग्योपदेश', (चित्रकूट : ओमर वैश्य धर्मशाला, 1942)।

अंग्रेजी–'The Birth of Merlin', Nicolaus Delius (ed.) (Germany : R.L. Friderichs, 1856).

12.9.3 विश्वकोश लेख (एन्साइक्लोपीडिया आर्टिकल)–संदर्भोल्लेख कार्ड में विश्वकोश लेख का उल्लेख करते समय देख लेना चाहिए कि क्या उस लेख के लेखक का नाम दिया हुआ है। यदि ऐसा हो तो कार्ड में इस संबंध में उल्लेख की स्थिति संपादित पुस्तक के लेख और उसके लेखक के उल्लेख के समान ही होगी। विश्वकोश संदर्भ में संदर्भित खंड की संख्या और लेख की पृष्ठ-संख्या की सूचना अवश्य लिख लेनी चाहिए, यथा–

हिंदी–सत्येंद्र, ''लोककथा'', 'हिंदी विश्वकोश', खंड 10 (1968) पृ. 330-32

अंग्रेजी–Lorimer, David L. R., "Burushaski Language". Encyclopaedia Britannica, Vol. IV (1952) pp. 449-50.

> नोट–ध्यान रहे कि लेख-शीर्षक डबल इन्वर्टेड कोमा में रखा जाएगा और विश्व-कोश-शीर्षक सिंगल इनवर्टेड कोमा में होगा तथा प्रकाशन-वर्ष लघुकोष्ठकों में दिया जाएगा।

12.9.4 पत्रिका लेख (मैगजीन आर्टिकल)–संदर्भोल्लेख कार्ड में पत्रिकालेख की सूचना का उल्लेख करते समय यह क्रम अपनाना होगा–पहले लेख के लेखक का नाम, तदनंतर अल्पविराम के पश्चात् 'डबल इन्वर्टेड कोमा', में लेख-शीर्षक, फिर अल्पविराम, उसके बाद पत्रिका नाम का सिंगल इन्वर्टेड कोमा में फिर पत्रिका की अंक संख्या, फिर लघु कोष्ठकों में पत्रिका की प्रकाशन-तिथि, यथा–

हिंदी–डॉ. वर्मा, हरिश्चंद्र, ''शोध-प्रबंध की रूप-रेखा के निर्माण की वैज्ञानिक पद्धति'', 'संभावना', 5-6 (अप्रैल 1977)।

अंग्रेजी–Saintsbury, George, "Middlemarch", 'Academy', IV (1 January 1873).

12.9.5 समाचार-पत्र लेख (न्यूज-पेपर आर्टिकल)–संदर्भोल्लेख कार्ड में समाचार-पत्र लेख संबंधी उल्लेख की विधि भी पत्रिकागत लेख की ही भाँति रहेगी। यदि समाचार-पत्र में लेखक का नाम न दिया गया हो तो लेख-शीर्षक को ही पहले लिखना होता है। संपादकीय में इस संबंध में या तो लेखक रूप में 'संपादक' का नाम लिखना चाहिए अथवा सीधे ही लेख-शीर्षक लिखकर उसके संपादकीय होने की सूचना देनी चाहिए। यथासंभव लेख संबंधी पृष्ठ-संख्या और कालम का भी उल्लेख कर देना चाहिए। अब जो विधि इस संबंध में अपनाई जाती है, वह इस प्रकार है–

1. लेखक का नाम। संपादकीय हो तो संपादक का नाम अथवा लेख-शीर्षक के बाद 'संपादकीय' शब्द पूरा लिखकर तत्संबंधी सूचना देनी चाहिए। 'संपा.' नहीं लिखना है क्योंकि वह संपादित रचना का व्यंजक संक्षेप रूप है, प्रत्युत 'संपादकीय' पूरा लिखना है।

2. लेख-शीर्षक डबल इन्वर्टेड कोमा में, कोष्ठकों में नहीं।

3. समाचार-पत्र का नाम 'लेख-शीर्षक' के बाद अल्पविराम लगाकर, रेखांकित करना है।

4. प्रकाशन-स्थान और प्रकाशन-तिथि, समाचार-पत्र शीर्षक के पश्चात् बिना अल्पविराम

लगाए कोष्ठकों में लिखने होते हैं। ध्यान रहे प्रकाशन-स्थान और प्रकाशन-तिथि के मध्य अल्पविराम नहीं लगेगा।

5. कोष्ठक के बंद करने के बाद लेख के पृष्ठ और यदि लेख छोटा हो तो कॉलम की सूचना लिखनी चाहिए।

इस संबंध में निम्न उदाहरण देखे जा सकते हैं–

हिंदी–चतुर्वेदी, शंभु, "गाँधीवादी साहित्यकार", 'नवभारत टाइम्स' (दिल्ली 11 जु., 1976)

अंग्रेजी–Bhatia, Prem, "Not Worth the Candle", 'The Tribune', (Chandigarh, Sept. 17, 1977).

यदि पृष्ठ-संख्या और कॉलम का उल्लेख करना हो तो निम्न उदाहरण से स्पष्ट हो जाएगा–

Anand, Mulak Raj, "How I became a Writer", 'The Tribune' (Chandigarh, jan. 29, 1978), p. 5, Col. 1.5.

12.9.6 राजकीय दस्तावेज या प्रकाशन (गवर्नमेंट डाक्यूमेंट ओर पब्लिकेशन)–प्रायः ऐसे प्रकाशनों में लेखक का नाम दिया हुआ नहीं होता। ऐसी स्थिति में संबद्ध राजकीय विभाग, मंत्रालय, ब्यूरो तथा निदेशालय इत्यादि का ही रचयिता-रूप में उल्लेख कर लेना होता है। जब लेखक का नाम दिया गया हो तब कोई कठिनाई होती ही नहीं। इस प्रकार के दस्तावेजों और प्रकाशनों के संबंध में निम्न पद्धति अपनानी चाहिए–

1. सर्वप्रथम ऊपर पृथक् पंक्ति में संबद्ध विभाग, ब्यूरो, मन्त्रालय अथवा निदेशालय की सूचना।

2. लेखक-नाम।

3. यदि लेखक का नाम न दिया गया हो तो सीधे ही दस्तावेज या प्रकाशन का शीर्षक लिखकर उसे रेखांकित करना चाहिए।

4. प्रकाशक, प्रकाशन-स्थान और प्रकाशन-वर्ष कोष्ठक में लिखने चाहिए।

उदाहरण

विज्ञापन एवं दृश्य प्रचार निदेशालय, सूचना और प्रसारण मंत्रालय, भारत सरकार।
निजामी, जेड अहमद, 'जमात-ए-इस्लामी' (नई दिल्ली : इंद्रप्रस्थ प्रेस, 1976)।
जब लेखक का नाम न दिया गया हो–
हिंदी–वाणिज्य मंत्रालय, भारत सरकार।
'नई आर्थिक नीति', (दिल्ली : राजकीय प्रेस, 1975)।
अंग्रेजी–Department of Commerce, U.S.A.
'Foregin Commerce Year Book' (Washington : Govt. Printing Office, 1958).

12.9.7 हस्तपत्र (पैंफलेट)–पुस्तिकाएँ राजकीय और निजी (प्राइवेट)–दोनों प्रकार की हो सकती हैं। राजकीय पुस्तिका के संदर्भोल्लेख में संबद्ध मंत्रालय, ब्यूरो अथवा निदेशालय का स्पष्ट उल्लेख होना चाहिए। यदि निजी अथवा अराजकीय पुस्तिका है तो सामान्य ग्रंथ

में अपनाई गई विधि के अनुसार ही उसका उल्लेख किया जाना चाहिए। यदि पुस्तिका सरकारी अथवा गैर-सरकारी संस्था द्वारा प्रकाशित की गई है तो उपर्युक्त सरकारी दस्तावेज की उल्लेख-पद्धति को अपनाना चाहिए। कुल विधि इस प्रकार होगी–

1. पहले संस्था का नाम, यदि पुस्तिका सरकारी या गैर-सरकारी संस्था द्वारा प्रकाशित है। यह ऊपर अलग पंक्ति में होना चाहिए।

2. लेखक का नाम। यदि संस्थागत पुस्तिका में लेखक का नाम न दिया गया हो तो उस स्थिति में पुस्तिका-शीर्षक लिखकर उसे रेखांकित कर देना चाहिए।

3. पुस्तिका-शीर्षक रेखांकित।

4. प्रकाशन-स्थान, प्रकाशक और प्रकाशन-वर्ष कोष्ठकों में।

उदाहरण

विज्ञापन एवं दृश्य प्रचार निदेशालय, सूचना एवं प्रसारण मंत्रालय, भारत सरकार।
पटेल, रजनी, अनुशासित लोकतंत्र, पुस्तिका (नई दिल्ली, 1976)।

नोट–ध्यान रहे कि पुस्तिका-शीर्षक और प्रकाशन-सूचना के मध्य 'पुस्तिका' शब्द द्वारा, संदर्भ के पुस्तिका होने की सूचना अवश्य देनी है। तदर्थ 'पु.' न लिखकर पूरा 'पुस्तिका' शब्द ही लिखना चाहिए क्योंकि 'पु.' 'पुस्तक' का संक्षेप है।

12.9.8 **प्रकाशनमाला (सीरीज)**–जब किसी ऐसे ग्रंथ का उल्लेख करना हो जो किसी प्रकाशन संस्था द्वारा सीरीज में प्रकाशित हुआ हो तो संबद्ध खंड में यदि लेखक का नाम दिया हो तो उसका उल्लेख करते हुए उसके लेख-शीर्षक को डबल इन्वर्टेड कोमा में लिखना चाहिए। तदनंतर सीरीज के खंड-शीर्षक को रेखांकित करते हुए अल्पविराम के पश्चात् खंड-संख्या की सूचना देनी चाहिए और फिर प्रकाशन-सूचना। यदि लेखक का नाम अनुपलब्ध हो तो लेख-शीर्षक से ही संदर्भोल्लेख शुरू करना चाहिए।

उदाहरण

हिंदी–"रीतिमुक्त," 'हिंदी साहित्य का बृहत इतिहास,' भाग 7, भगीरथ मिश्र, (संपा.) वाराणसी : नागरी प्रचारिणी सभा, 1973).

अंग्रेजी–Bush, Douglas, "English Literature in the Earlier Seventeenth Century," F.P. Wilson and Bonamy Dobree (eds), Oxford History of English Literature, (Oxford : Claandon Press, 1945)

12.9.9 **अप्रकाशित शोध-प्रबंध (अनपब्लिश्ड थीसिस)**–कई शोध-विषय निहित दृष्टि के आधार पर पूर्ववर्ती संपन्न शोध से समानता रखते हैं। ऐसी स्थिति में यदि पूर्व संपन्न शोध अप्रकाशित भी हो तो उसकी प्रति शोधकर्ता अथवा संबद्ध विश्वविद्यालय के पुस्तकालय में सुलभ हो सकती है। स्रोत अन्वेषण के लिए ऐसे प्रकाशित शोध-प्रबंध में बहुत से संदर्भ-ग्रंथों की सूची मिल सकती है। शोधार्थी को चाहिए कि वह संदर्भोल्लेख-कार्ड पर ऐसे अप्रकाशित शोध-प्रबंध का विवरण लिख ले। उदाहरण के लिए यदि कोई 'मानवीय मूल्यों की दृष्टि से नई कविता का अध्ययन' विषय पर संपन्न शोध पर्याप्त सहायता दे सकता है। ऐसे अप्रकाशित शोध-प्रबंध का विवरण इस प्रकार लिखना चाहिए।

सिंहल, बैजनाथ, मानवीय मूल्यों की दृष्टि से नई कविता का अध्ययन, अप्र. शो. प्र. (कुरुक्षेत्र विश्वविद्यालय पुस्तकालय, 1973)

नोट–ग्रंथ-शीर्षक के उल्लेख के उपरांत, अप्रकाशित शोध-प्रबंध के प्राप्ति-स्थान की सूचना से पूर्व, 'अप्र. शो. प्र.' लिखकर शोध-प्रबंध के अप्रकाशित होने की सूचना अवश्य देनी चाहिए।

12.9.10 पुस्तक समीक्षा (बुक रिव्यू)–बहुत-सी पत्रिकाओं और समाचार-पत्रों में बहुत से सृजनात्मक और आलोचनात्मक ग्रंथों की समीक्षाएँ प्रकाशित होती रहती हैं। शोधार्थी के विषय की अनुरूपता में इनमें से कुछ समीक्षाएँ महत्त्वपूर्ण भी होती हैं। संदर्भोल्लेख-कार्ड पर इसका ब्यौरा इस क्रम में लिखना चाहिए–

1. मूल लेखक का नाम।
2. ग्रंथ-शीर्षक डबल इन्वर्टेड कोमा में, फिर अल्पविराम।
3. पत्रिका का नाम रेखांकित।
4. (समी.) समीक्षक शब्द के लिए।
5. समीक्षक का नाम जो उलटाना नहीं है।
6. पत्रिका की प्रकाशन सूचना।

उदाहरण

सिंह, कुँवरपाल, "हिंदी उपन्यास : सामाजिक चेतना", शशिभूषण सिंहल (समी.) 'संभावना', (कुरुक्षेत्र–हिंदी विभाग, कुरुक्षेत्र विश्वविद्यालय अप्रैल-जुलाई, 1977)।

12.9.11. पत्रक (लीफलेट)–यदि किसी पत्रक में उपयोगी सूचना हो तो संदर्भोल्लेख कार्ड में उस पत्र का उल्लेख निम्न प्रकार से करना चाहिए–

निदेशक हरियाणा लोकसंपर्क विभाग।

'हरियाणा ने 20सूत्री कार्यक्रम को सफल कैसे बनाया' पत्रक (चंडीगढ़, 1976)।

12.9.12 पत्र (लैटर)–कभी-कभी शोधार्थी को अपनी शंकाओं के समाधान हेतु विषय के विशेषज्ञों से पत्र-व्यवहार करना पड़ जाता है। ऐसे खुले पत्र प्रकाशित पत्र कहलाते हैं। पत्रोत्तर में विशेषज्ञ से शोधार्थी को जो उत्तर प्राप्त होता है, उसे वह अपने शोध-प्रबंध में उद्धृत कर सकता है। संदर्भ-ग्रंथ सूची में स्रोत रूप में उस पत्र का उल्लेख किया जाना चाहिए। शोधार्थी द्वारा लिखे गए पत्र को संदर्भ-ग्रंथ सूची में यथा आवश्यक स्थान दिया जा सकता है। इस प्रकार शोधार्थी के पत्र और विशेषज्ञ के उत्तर संबंधी पत्रों के उल्लेख में निम्न विधि होगी–

1. सिंहल बैजनाथ, पत्र प्रेषित हरिश्चंद्र वर्मा, दि. 15 मई, 1973, भिवानी (हरिश्चंद्र वर्मा के निजी संग्रहालय में)।

2. वर्मा हरिश्चंद्र, पत्रोत्तर बैजनाथ सिंहल, दि. 22 मई, 1973, रोहतक (बैजनाथ सिंहल के निजी संग्रहालय में)।

12.9.13 साक्षात्कार (इंटरव्यू)–कई बार शोधार्थी को अपनी शंकाओं के निवारण हेतु एक प्रश्नावली तैयार करके विषय के विशेषज्ञों से साक्षात्कार भी करना पड़ जाता है। संदर्भोल्लेख में साक्षात्कार का विवरण निम्न विधि से दिया जाना चाहिए।

1. विशेषज्ञ का नाम उलटाकर।
2. विशेषज्ञ का पद अथवा वर्तमान पता।
3. (साक्ष.) साक्षात्कार का संक्षेप शब्द।
4. साक्षात्कार का स्थान।
5. साक्षात्कारकर्ता का नामोल्लेख।
6. साक्षात्कार-तिथि।
7. 'डबल इन्वर्टेड कोमा' में साक्षात्कार का मुख्य विषय।

उदाहरण

हिंदी–शर्मा, विनयमोहन, अ. हि. वि., कुरुक्षेत्र विश्वविद्यालय, (साक्ष.), कुरुक्षेत्र, बैजनाथ सिंहल, 17 जु. 1965, 'शैलीविज्ञान'।

अंग्रेजी–Kalia, B. K., Head., Deptt. of English, Kurukshetra, University (Interview), Kurukshetra, D.S. Dalal, Aug. 8, 1975 'Victorisan Philosophy with special reference the theory of Progress.

संदर्भ ग्रंथ सूची में सभी संभावित आधारों के उल्लेख का यही व्यावहारिक रूप हो सकता है। यहाँ यथासंभव सबके उदाहरण और प्रारंभ में कुछेक के नमूने देकर सभी आधारों को स्पष्ट कर दिया गया है। प्रयत्न यही रहा है कि हिंदी में भी इस दिशा में एक वैज्ञानिक, व्यावहारिक और मानक रूप स्थिर हो सके। हिंदी भाषा और टंकण को ध्यान में रखकर संदर्भोल्लेख और अंतिम संदर्भ-ग्रंथ सूची की तैयारी में अधिकतम सरलीकरण पर ध्यान दिया गया है। हिंदी शोधार्थी को बहुधा अंग्रेजी ग्रंथों को भी स्रोत-ग्रंथों के रूप में प्रयोग करना पड़ता है। इसीलिए साथ-साथ अंग्रेजी ग्रंथों से भी उदाहरण जुटाए गए हैं।

अंतिम प्रारूप एवं टंकण

13.0 अंतिम प्रारूप–जब शोधार्थी अपने पंजीकृत विषय पर अपनी रूपरेखा और वर्गीकृत अध्यायों (यथा आवश्यकता फेर-बदल के साथ) की अनुरूपता में शोध-प्रबंध लिख चुका होता है तब निश्चय ही वह अपने प्रबंध के परीक्षार्थ प्रस्तुतीकरण की दिशा में आगे बढ़ जाता है। प्रबंध के परीक्षार्थ प्रस्तुत करने के लिए उसका टंकित होना आवश्यक है। इसलिए शोधार्थी को टंकण की तकनीक और औपचारिकताओं से तो परिचित होना ही चाहिए, लेकिन शोध-प्रबंध के पूरे लिख लिये जाने और टंकित होने के बीच भी कुछ औपचारिकताएँ रह जाती हैं। इन औपचारिकताओं को हम अंतिम प्रारूप (फाइनल ड्राफ्ट) के अंतर्गत गिन सकते हैं।

13.1 प्रमुख औपचारिकताएँ–सर्वप्रथम शोधार्थी का कर्त्तव्य यह हो जाता है कि वह लिखे गए प्रबंध को तर्क और प्रवाह की दृष्टि से उसकी समग्रता में पढ़ें। इस प्रकार पढ़ने में उसे यह ध्यान रखना चाहिए कि उसका प्रबंध उसके विषय की मूल-चेतना और उसके द्वारा पुनरावृत्त कार्यकारी रूपरेखा की सीमाओं में तो है। यदि कहीं उसे लगे कि वह भटक गया है और इस कारण विषयांतर हो रहा है तो उसे ऐसे स्थलों पर पुनर्विचार करके उन्हें तुरंत ठीक कर लेना चाहिए। इस प्रकार अपनी स्थापना (थीसिस) के औचित्य के प्रति पूर्णतः आश्वस्त होने पर वह प्रबंध के शेष भागों में कार्यविधि के वैज्ञानिक व्यवहार की वैज्ञानिकता को देखने के लिए तैयार हो सकता है। इसी क्रम में शोधार्थी को उद्धरण परीक्षण, संदर्भ-ग्रंथ सूची के अंतिम स्वरूप की परीक्षा के साथ पूर्ण प्रबंध को व्याकरण की दृष्टि से भी देखना चाहिए।

इतना देख लेने भर से भी हम यह नहीं मान सकते कि प्रबंध टंकण के लिए सर्वांशतः तैयार है। सभी शेष औपचारिकताओं की दृष्टि से शोधार्थी के लिए एक अभ्यास आगे दिया जा रहा है (दे. 13.5)। शीर्षक-पृष्ठ (टाइटल पेज), विषय-सूची, भूमिका एवं प्राक्कथन, अध्यायगत शीर्षक-उपशीर्षक, अनुच्छेद, संकेताक्षर, उद्धरण-चिह्न, क्षेपक, संख्यांकन, तिथियाँ, पाद-टिप्पणियाँ, परिशिष्ट एवं अनुक्रमणी (इंडेक्स) इत्यादि का लिखना और उनके सही होने की जाँच करना शेष रह जाता है। इस सबको मिलाकर हम 'व्यवस्था-क्रम' की परख की संज्ञा दे सकते हैं। इसके पश्चात् टंकण-कार्य के लिए प्रबंध तैयार समझा जाना चाहिए, लेकिन इसकी स्वीकृति निर्देशक से लेनी होती है। टंकण की भी अपनी औपचारिकताएँ होती हैं जिनमें कागज, टाइप, रिबन, कार्बन इत्यादि के साथ-साथ टंकण में अन्य कई सावधानियों का ध्यान रखना पड़ता है, जिनमें हाशिया, उद्धरणों का सही वहन और पाद-टिप्पणियों की सही योजना इत्यादि को गिना जा सकता है। साथ-साथ टंकणगत अशुद्धियों का शुद्धीकरण भी करते चलना चाहिए। इस प्रकार पूरे प्रबंध के टंकित हो चुकने पर उसका पृष्ठांकन (पेजिनेशन) किया जाना चाहिए। अंत में टंकित प्रबंध की जिल्द बँधवाई जाती है जिसमें कई प्रकार से सावधानी की अपेक्षा रहती है। अब टंकण से पूर्व और टंकण के समय और उसके पश्चात् की इन औपचारिकताओं को पृथक्-पृथक् रूप में समझ लेना आवश्यक है।

शोध-चेतना और विषयगत स्थापना की दृष्टि से लिखे गए प्रबंध का अध्ययन कर लेने पर, शेष औपचारिकताओं की पूर्ति से पूर्व शोधार्थी के लिए वैज्ञानिक कार्यविधि के अनुपालन की परीक्षा अनिवार्य होती है। इस परीक्षण में उसे उद्धरण, पाद-टिप्पणियाँ और संदर्भ-ग्रंथ सूची के अंतिम प्रारूप को देखना होता है।

13.1.1 उद्धरण–शोधार्थी उद्धरण-तंत्र से परिचित होता है। वह प्रबंध लिखते समय प्रायः जागरूक रहता है कि उसने यथासंभव उद्धरण मूल स्रोतों से ही ग्रहण किए हैं और वह अनावश्यक उद्धरणों की भरमार से बचा रहा है। उद्धरण-प्रयोग-विधि से वह शोध की वैज्ञानिक कार्यविधि समझते समय परिचित हो चुका होता है। अब प्रबंध-लेखन के पश्चात् उसके लिए केवल इतना अनिवार्य हो जाता है कि वह उद्धरण-प्रयोग-विधि तो देखे ही, साथ ही प्रयुक्त उद्धरणों के औचित्य, सहजता और उनकी स्रोत सूचना की प्रामाणिकता की भी परख करे। यदि कोई उद्धरण खटकनेवाला है अथवा खींचतानवाला लगता है तो उसे या तो प्रबंध में से निकालकर या उसे ठीक करके विचार-प्रवाह की रक्षा करे। जहाँ आवश्यक हों, क्षेपक दिए जा सकते हैं।

13.1.2 पाद-टिप्पणियाँ–उद्धरणों की मौलिकता का परिचय पाद-टिप्पणियों के द्वारा ही संभव होता है। इसलिए जिस पृष्ठ पर जो उद्धरण प्रयोग में आता है उसी पृष्ठ के पाद भाग में उस उद्धरण की स्रोत-सूचना पाद-टिप्पणी के रूप में दी जाती है। पाद-टिप्पणी देने की एक निश्चित वैज्ञानिक विधि होती है जिसमें पाद-टिप्पणी की संख्या, टिप्पणी उल्लेख से थोड़ा ऊपर लिखी जाती है। पृष्ठ के कलेवर और पाद-टिप्पणी के मध्य एक निश्चित आकार की रेखा खींची जाती है। स्रोतगत सूचना में लेखक, संपादक, अनुवादक और ग्रंथ का नाम तथा प्रकाशन-सूचना और उद्धरणगत पृष्ठ का उल्लेख रहता है। इनमें लेखक इत्यादि का नाम संदर्भ-ग्रंथ सूची में दिए गए नाम की भाँति उलटाकर नहीं लिखा जाता और ग्रंथ-शीर्षक को रेखांकित किया जाता है। यथाविधि अर्धविराम, कोष्ठक और पूर्णविराम लगाए जाते हैं (दे. 10.6.11.9)। शोधार्थी को अब प्रबंध लिख चुकने पर पाद-टिप्पणी परीक्षण के समय पाद-टिप्पणी विधि की अनुरूपता में इन सभी बातों को सूक्ष्मता से देखना चाहिए। यदि पाद-टिप्पणी विधि के किसी पहलू को लेकर संदेह पैदा हो तो तुरंत संबद्ध उद्धरण-कार्ड निकालकर उससे मिलान कर लेना चाहिए। प्रत्येक पृष्ठ पर पाद-टिप्पणियों की नए सिरे से संख्या न डालकर एक पूरे अध्याय में लगातार संख्यांकन करना चाहिए।

13.1.3 संदर्भ-ग्रंथ सूची–पाद-टिप्पणियों की ही भाँति संदर्भ-ग्रंथ सूची का भी परीक्षण करना चाहिए। इसके लिए, सभी संदर्भ-ग्रंथ सूची कार्डों का अकारादि क्रम में आयोजन कर लेना चाहिए। फिर संदर्भ-ग्रंथ सूची की वैज्ञानिक विधि के अनुसार इस सूची को अंतिम रूप देना चाहिए (दे. 12.3 से 12.9.12)। संदर्भ-ग्रंथ सूची के अंतिम प्रारूप में ध्यातव्य यह है कि अलग-अलग भाषाओं के संदर्भ-ग्रंथों एवं पत्रिकाओं की सूची पृथक्-पृथक् बनाकर उन्हें फिर एक निश्चित क्रम में व्यवस्थित करना चाहिए।

13.2 अन्य औपचारिकताएँ–इस परीक्षण के उपरांत शोधार्थी को अब टंकण से पूर्व की अन्य औपचारिकताओं का लेखन और उस लेखन का परीक्षण करना चाहिए। इन औपचारिकताओं को हम निम्न क्रम में देख सकते हैं।

13.2.1 प्रबंध शीर्षक-पृष्ठ–प्रबंध शीर्षक-पृष्ठ पर, जैसाकि नाम से ही पता चलता है,

प्रबंध के विषय का उल्लेख करना होता है। शोधार्थी को इस संबंध में ध्यान रखना चाहिए कि उसका यह विषयोल्लेख अक्षरशः विश्वविद्यालय में पंजीकृत विषय की अनुरूपता में ही हो। उसमें तनिक-सा फेर-बदल कर देने से कई प्रकार की व्यावहारिक एवं तकनीकी कठिनाइयाँ उत्पन्न हो सकती हैं। स्वयं परीक्षा के लिए प्रस्तुतीकरण के समय बदले हुए विषय को देखते हुए (चाहे यह बदलाव एक ही शब्द का क्यों न हो और उससे विषय की मूल-चेतना में भी कोई अंतर न आता हो) संबद्ध विश्वविद्यालय प्रबंध को स्वीकार नहीं करता। शीर्षक के अतिरिक्त शीर्षक-पृष्ठ पर और कई प्रकार की सूचनाएँ जुटानी होती हैं। इन सूचनाओं में संबद्ध विश्वविद्यालय, जहाँ से शोध परीक्षार्थ प्रस्तुत किया जा रहा है, उसका उल्लेख आवश्यक है। इसके साथ ही यह उल्लेख भी आवश्यक है कि प्रबंध पी-एच. डी. अथवा डी. लिट्. में से किस उपाधि के लिए प्रस्तुत किया जा रहा है। विश्वविद्यालय और उपाधि का उल्लेख विषय-शीर्षक के तुरंत नीचे कोष्ठकों में किया जाना चाहिए। इसके पश्चात् यह लिखना चाहिए कि प्रस्तुत प्रबंध शोध-शर्तों की दृष्टि से सत्यांश के उद्घाटन का प्रयास हिंदी प्रबंधों में प्रायः ऐसा नहीं लिखा जाता जबकि अंग्रेजी के प्रबंधों में 'इन पार्शियल फुल्फिलमेंट ऑफ रिक्वायरमेंट्स' लिखा रहता है। ऐसा लिखना यों सही है कि कोई भी प्रबंध 'रिसर्च' न होकर 'पीस ऑफ रिसर्च' ही तो होता है। कोई भी व्यक्ति अपने प्रबंध में शोध की भावी संभावनाओं को समेट लेने का दावा नहीं कर सकता।

इसके पश्चात् शोधार्थी का नाम और उसके नीचे उसकी शैक्षिक योग्यता जैसे एम. ए. इत्यादि का उल्लेख होना चाहिए। इसके पश्चात् कुछ नीचे बाईं ओर निर्देशक का नाम, पद और शैक्षिक योग्यता का उल्लेख करते हुए अंत में नीचे विश्वविद्यालय का नामोल्लेख और प्रबंध प्रस्तुतीकरण की तिथि दी जानी चाहिए।

ध्यान रहे प्रबंध शीर्षक-पृष्ठ छपवाया जाता है, जिसकी एक प्रति जिल्द पर बाहर और एक जिल्द के भीतर लगाई जाती है।

13.2.2 शीर्षक-पृष्ठ का प्रारूप

नई कविता के नाट्यकाव्य

[कुरुक्षेत्र विश्वविद्यालय की पी-एच. डी. उपाधि के लिए प्रस्तुत शोध-प्रबंध]

(शोध-दृष्टि से सत्यांश के उद्घाटन का प्रयास)

लेखक :

डॉ. हरिचंद्र वर्मा

एम.ए. (संस्कृत, हिंदी),

पी-एच. डी. (संस्कृत)

निर्देशक

डॉ. विनयमोहन शर्मा

एम.ए., पी-एच. डी.

आचार्य एवं अध्यक्ष, हिंदी विभाग

कुरुक्षेत्र विश्वविद्यालय, कुरुक्षेत्र

सितंबर, 1970

13.2.3 प्राक्कथन एवं भूमिका–शोध-प्रबंध में प्राक्कथन अथवा भूमिका का अत्यत महत्त्वपूर्ण स्थान होता है। शोधार्थी, शोध-लेखन के समय जब अन्य ग्रंथों का पारायण करता है तब वह उन ग्रंथों की भूमिका अवश्य पढ़ता है जिसके आधार पर वह उन ग्रंथों की आंतरिक संपदा का अनुमान लगाता है। इसी प्रकार शोध की भूमिका भी शोधगत स्थापना की सूचक होती है। भूमिका में शोधार्थी को अपने विषय-क्षेत्र में तब तक हुए शोध का संक्षिप्त-सा परिचय देते हुए अपने प्रस्तावित योगदान को बताना होता है। इसके लिए उसे प्रत्येक अध्याय में प्राप्त निष्कर्षों और स्थापनाओं का संक्षिप्त किंतु सुतीक्ष्ण विवरण देना होता है। तदनंतर प्रयुक्त ग्रंथों एवं अपने निर्देशक और सहयोगियों के लेखन के प्रति आभार प्रकट करना होता है। यह सब जितनी अधिक गंभीरता से प्रस्तुत किया जाएगा, प्रबंध की भूमिका उतनी ही सार्थक बन पड़ेगी।

13.2.4 विषय-सूची–प्रबंध में विषय-सूची देने के दो ढंग हैं–(1) केवल विभिन्न अध्यायों के शीर्षकों का क्रमिक उल्लेख और (2) अध्याय-शीर्षकों के साथ-साथ अध्यायगत उपशीर्षकों का उल्लेख भी। इनमें से कौन-सी विधि अपनाई जाए, इसका कोई आत्यंतिक नियम नहीं है। वस्तुतः यह विषय पर निर्भर करता है। कई विषयों में प्रथम विधि का अपनाया जाना पर्याप्त होता है, लेकिन कई ऐसे विषय होते हैं जिनमें प्रथम विधि से काम नहीं चलता। ऐसे विषयों में अध्यायगत उपशीर्षकों का उल्लेख आवश्यक हो जाता है।

विषय-सूची को इस प्रकार हम अध्याय-वर्गीकरण (चैप्टराइजेशन) की संज्ञा दे सकते हैं। यह अध्याय-वर्गीकरण मोटे तौर पर प्रारंभिक रूपरेखा (सिनाप्सिस) निर्माण के समय ही निश्चित-सा हो जाता है। बाद में इसमें थोड़ा-बहुत अंतर प्रतिपादनगत गरिमा को देखते हुए शब्दाधार पर किया जा सकता है, जोकि जितना अधिक सूक्तिपरक होगा, उतना ही आकर्षक और संगत भी प्रतीत होगा (दे. 10.4.3)। प्रत्येक अध्याय के सामने पृष्ठ-संख्या भी देनी होती है। टंकित प्रबंध में यह पृष्ठ-संख्या बदल जाती है, अतः इस बात का शोधार्थी को ध्यान रखना चाहिए।

विषय-सूची में अध्यायगत विवरण के अतिरिक्त परिशिष्ट, संदर्भ-ग्रंथ सूची और अनुक्रमणी (इंडेक्स) का भी विवरण रहता है। यह विवरण अध्यायगत विवरण के बाद आता है। विषय-सूची के प्रारंभ में भूमिका का उल्लेख रहता है। ध्यातव्य यह है कि भूमिका का पृष्ठांकन और विषय-सूची का पृष्ठांकन रोमन अंकों में यथा i, ii, iii, iv में होना चाहिए। तदनंतर प्रथम अध्याय के प्रथम पृष्ठ से लेकर अनुक्रमणी (इंडेक्स) तक पृष्ठांकन अरबी अंकों में यथा 1, 2, 3, 4 में होना चाहिए।

13.2.5 संक्षेपिका–परीक्षार्थ प्रस्तुत किए गए प्रबंध के साथ विश्वविद्यालय नियमावली के अधीन तीन सौ से पाँच सौ शब्दों तक में पूरे प्रबंध की स्थापनागत संक्षेपिका भी प्रस्तुत करनी होती है। शोधार्थी को बहुत सूझ-बूझ और गंभीरता से इस प्रकार संक्षेपिका को तैयार करना चाहिए कि इतने थोड़े में वह अपनी प्रबंधगत सभी विशेषताओं को बता सके। संक्षेपिका अलग से टंकित की जाती है और उसकी जिल्द भी अलग ही बनाई जाती है। प्रबंध के शीर्षक-पृष्ठ की छपवाई गई प्रति ही संक्षेपिका की जिल्द के बाहर और भीतर लगाई जानी चाहिए।

13.2.6 परिशिष्ट–परिशिष्ट प्रबंध का अनिवार्य भाग नहीं होता। परिशिष्ट का अर्थ

है–बचा-खुचा। यह भी प्रबंध के विषय पर निर्भर करता है कि उसमें परिशिष्ट हो या नहीं। इसके लिए शोधार्थी को अपने निर्देशक से सलाह लेनी चाहिए। परिशिष्ट में यदि शोधार्थी के लिए उसका लिखना अनिवार्य है तो केवल उन बातों का वर्णन होना चाहिए जो प्रबंध के अध्यायों में विवेचित नहीं हो सकती थीं।

13.2.7 अनुक्रमणी (इंडेक्स)–हिंदी के शोध-प्रबंधों में प्रायः अनुक्रमणी नहीं दी जाती। लेकिन अनुक्रमणी का बहुत महत्त्व होता है जिसे शोधार्थी जानता है क्योंकि प्रबंध-लेखन के समय उसने अनुक्रमणी की ही सहायता से बहुत से ग्रंथों में से उपयोगी स्थलों को सहज ही खोजकर अपेक्षित सामग्री ग्रहण की होती है। अनुक्रमणी में शोध में विवेचित सभी स्थापनाओं, संदर्भ-ग्रंथों और लेखकों का यह उल्लेख रहता है कि वे प्रबंध में किस-किस पृष्ठ पर आए और विवेचित हुए हैं। टंकित प्रबंध में अनुक्रमणी में यह पृष्ठ-संख्या बदल जाती है। अतः शोधार्थी को चाहिए कि वह टंकित प्रबंध को देखकर ही पुनः अनुक्रमणीगत पृष्ठों को व्यवस्थित करके ही टंकित करे।

13.2.8 संकेताक्षर सूची–प्राक्कथन भूमिका के पश्चात् प्रबंध में यत्र-तत्र प्रयुक्त संकेताक्षरों की वर्णानुक्रम में सूची प्रस्तुत की जानी चाहिए। कुछ शोधार्थी यह सूची परिशिष्ट में देते हैं जोकि गलत है। संकेताक्षर सूची दो प्रकार की होती है : (1) शोध के ढाँचे के सूचक शब्दों के संकेत और (2) शोधार्थी द्वारा अपने विषय की अनुरूपता में अपनाए गए संकेत। इनमें प्रथम प्रकार की संकेत-सूची तो सभी शोधार्थियों के लिए सामान होनी चाहिए लेकिन हिंदी में इसके व्यवहार में मनमानी की जाती है। मानक संकेत-सूची के लिए (दे. 13.6) इस संकेत-सूची को प्रबंध में देने की आवश्यकता नहीं होती क्योंकि यह तो सर्वविदित होती है। शोधार्थी को केवल दूसरे प्रकार की संकेत-सूची अपने प्रबंध में जुटानी चाहिए क्योंकि वह उसके प्रबंध की अनुरूपता में उसकी निजी सूची होती है।

> **नोट**–ध्यान रहे कि प्रबंध में किसी भी अध्याय-शीर्षक अथवा उप-अध्याय-शीर्षक को न तो रेखांकित करना है और न उनके बाद पूर्णविराम लगाना है।

13.3 टंकण–अब निर्देशक की अनुमति मिलते ही शोधार्थी अपने प्रबंध को टंकित करवा सकता है क्योंकि टंकित प्रबंध ही परीक्षार्थ प्रस्तुत करने का नियम है। टंकण जितना अधिक शुद्ध, सुरुचिपूर्ण एवं कलापूर्ण होगा प्रबंध का बाह्य स्वरूप उतना ही सुंदर एवं आकर्षक बन पड़ेगा।

13.3.1 कागज–टंकण का यह सौंदर्य बहुत कुछ बढ़िया कागज पर निर्भर करता है। यदि शोधार्थी घटिया कागज पर प्रबंध को टंकित करवाता है तो निश्चय ही टंकण सुंदर नहीं लगेगा क्योंकि कागज के पतलेपन और चमक के अभाव में टंकण खिलेगा नहीं। अतः इस दृष्टि से बीस पौंड वजन के 'बांड पेपर' को ही मानक कागज माना जाता है। शोधार्थी को या तो 18'' X 22'' का बांड पेपर लेकर उसे 9'' X 11'' आकार में कटवा लेना चाहिए अथवा 9'' X 11'' आकार का कटा-कटाया कागज खरीदना चाहिए। अपने प्रबंध की कुल पृष्ठ-संख्या को देखते हुए, शोधार्थी को परीक्षार्थ प्रस्तुत की जानेवाली प्रतियों से एक अतिरिक्त प्रति तक के लिए टंकण हेतु पर्याप्त कागज खरीदना चाहिए।

13.2.2 हाशिया–टंकण करते समय प्रत्येक पृष्ठ पर ऊपर-नीचे दाएँ-बाएँ हाशिया छोड़ना न केवल टंकणगत कलात्मकता में अभिवृद्धि करता है बल्कि टंकित पृष्ठों की सहजता

और गति के बढ़ने में भी सहायता देता है। यह हाशिया एक निश्चित दूरी में छोड़ा जाता है। इसका मानक रूप यह है कि प्रत्येक पृष्ठ पर, ऊपर-नीचे एक इंच, बाईं ओर दो इंच और दाईं ओर 'आधा इंच' हाशिया छोड़ा जाए। ध्यान रहे कि नीचे की ओर हाशिया पाद-टिप्पणियों के टंकण के बाद 'एक इंच' बचना चाहिए। प्रत्येक अध्याय का टंकण नए पृष्ठ से किया जाना चाहिए तथा प्रत्येक अध्याय के शीर्षक के ऊपर 'दो इंच' हाशिया छोड़ा जाना चाहिए। प्रत्येक अध्याय की समाप्ति सूचना एक पड़ी लाइन (—) डालकर अथवा तारक चिह्न (*) बनाकर देनी चाहिए। टंकण में प्रत्येक दो पंक्तियों में ड्योढ़ा अंतराल (वन एंड ए हाफ स्पेस) रहना चाहिए। पृथक् रूप में दिए गए उद्धरणों में 'इकहरा अंतराल' रहना चाहिए।

13.3.3 टाइप-रिबन कार्बन–प्रबंध को टंकित करने से पूर्व टाइप-मशीन के टाइप को भली-भाँति साफ कर लेना चाहिए। इससे अक्षरों की छाप स्पष्ट उभरती है। यह भी ध्यान रखना अनिवार्य है कि रिबन नया हो क्योंकि नए रिबन के प्रयोग से सभी अक्षर स्वच्छ और सुवाच्य रूप में टंकित होंगे। इसके लिए तीसरी अनिवार्यता है–उत्तम कार्बन के प्रयोग की। प्रायः Kore's के 'Sileverback' कार्बन को ही इस दृष्टि से सर्वोत्तम माना जाता है। शोधार्थी को ध्यान रखना चाहिए कि यथासंभव एक कार्बन का प्रयोग दो बार ही किया जाए, लेकिन तीन बार से अधिक तो एक कार्बन का प्रयोग किया ही नहीं जाना चाहिए।

13.3.4. टंकण में सावधानी–टंकण में अशुद्धियों के प्रति तो सावधान होना ही चाहिए, लेकिन सबसे अधिक सावधानी पाद-टिप्पणियों के संबंध में बरतनी होती है। टंकणकर्ता को प्रत्येक पृष्ठ पर जहाँ पाद-टिप्पणियाँ हैं, उनके लिए अपेक्षित स्थान की जाँच पहले से ही कर लेनी चाहिए। इस प्रकार उस पृष्ठ पर प्रयुक्त उद्धरण की पाद-टिप्पणी उसी पृष्ठ पर आ सकेगी। अतः टंकण में यह ध्यान हर समय रखना चाहिए कि प्रथम पाद-टिप्पणी अगले पृष्ठ पर न जाए। इसी प्रकार किसी भी पृष्ठ पर प्रथम पाद-टिप्पणी के लिए 'वही' का प्रयोग नहीं किया जाना चाहिए। इसके अतिरिक्त टंकण में काट-छाँट या रबड़ प्रयोग अधिक नहीं होना चाहिए। यदि किसी पृष्ठ पर अधिक काट-छाँट हो गई है तो उस पृष्ठ को नए सिरे से टंकित करना चाहिए। टंकण में हाशिए का भी आद्यंत खयाल रखना चाहिए।

13.3.5 शुद्धीकरण–शुद्धीकरण से अभिप्राय है टंकण के उपरांत प्रबंध में वर्तनी-संबंधी अशुद्धियों का रह जाना अथवा किसी अंश का टंकित होने से रह जाना। इसके लिए शोधार्थी को चाहिए कि वह प्रबंध की अंकित प्रति को सावधानी से पढ़े। उसमें लाल स्याही से वर्तनी–अर्धविराम, पूर्णविराम–संबंधी अशुद्धियों को ठीक करता चले। इसके पढ़ने में यदि उसे कहीं कोई स्थल छूटा हुआ प्रतीत हो तो तुरंत अपने मूल प्रबंध से मिलान करके, इसका निराकरण करे। यदि कोई स्थल वास्तव में ही छूट गया है तो उस पूरे पृष्ठ को छूटे हुए अंश सहित पुनः दो पृष्ठों में टंकित करवाकर उन दोनों पृष्ठों का पृष्ठांकन एक ही करे, यथा–25, 25अ। यदि छूटा हुआ अंश कुछ ही शब्दों का है तो उसे यथास्थल यों ही लिख लें। इस प्रकार अंतिम प्रति पर लाल स्याही से किए गए शुद्धिकरण को शेष प्रतियों में काली स्याही से ठीक कर लें। प्रूफ संशोधन के लिए (दे. 13.6)।

13.3.6 पृष्ठांकन–टंकण करते समय प्रत्येक पृष्ठ पर बाईं ओर काली पेंसिल से पृष्ठ-संख्या डाल दी जाती है। पूरे प्रबंध के टंकित हो जाने पर बाईं ओर की इसी संख्या के आधार पर मशीन द्वारा अरबी अंकों में पृष्ठांकन किया जाना चाहिए। यदि गलती से दो

पृष्ठों पर एक ही संख्या अंकित हो जाए तो उनमें से दूसरे पर संख्या के साथ 'अ' लिख देना चाहिए।

इसी दौरान शीर्षक-पृष्ठ को प्रेस में छपवा लेना चाहिए। अब प्रबंध जिल्द के लिए तैयार समझना चाहिए।

13.4 जिल्द—पृष्ठांकन हो जाने पर प्रबंध की आद्यंत व्यवस्था को देखते हुए उसे व्यवस्थित कर लेना चाहिए। इसके बाद किसी बढ़िया जिल्दसाज को प्रबंध जिल्द के लिए दे देना चाहिए। जिल्द के लिए उत्तम प्रकार के गत्ते का प्रयोग किया जाना चाहिए जिसके ऊपर अपनी रुचि के रंग का रैक्सीन लगवाना चाहिए। इसके ऊपर जिल्द-आवरण (जैकेट) लगाया जाता है। यदि जिल्द-आवरण प्रबंध के शीर्षक-पृष्ठ के रूप में छपा होता है। इस प्रकार जिल्द बँध जाने के बाद जिल्द के ऊपर पॉलीथीन का एक और आवरण चढ़ाया जाना चाहिए। इसका लाभ यह रहता है कि प्रबंध हाथ लगाने या इधर-उधर भेजे जाने में मैला नहीं होता।

इसके पश्चात् यथानियम निर्देशक तथा विभागाध्यक्ष की स्वीकृति प्राप्त करके संबद्ध विभाग में प्रबंध को परीक्षार्थ प्रस्तुत किया जाना चाहिए।

13.5 प्रबंध हेतु शोधार्थी का परख-अभ्यास

1. क्या प्रबंध उतना उत्तम बन पड़ा है जितना कि आप स्वयं को सक्षम मानते हैं ?
   (क) व्याकरण—औचित्य है ?
   (ख) वाक्य, संरचनागत वैविध्य एवं सहीपन है ?
   (ग) वर्तनी और पंक्चुएशन की शुद्धता है ?
   (घ) अनुच्छेदगत अंतर्संगति और प्रवाह है ?
   (ङ) विषयगत संक्रमण प्रवाह है ?
   (च) भूमिका—स्पष्टता और रोचकता है ?
   (छ) निष्कर्ष की तर्कसंगता है ?
   (ज) प्रबंध द्वारा स्थापना सिद्ध होती है ?
2. क्या प्रारूप ठीक है ?
   (क) शीर्षक-पृष्ठ है ?
   (ख) अंतराल, हाशिया और पृष्ठांकन का सहीपन है ?
   (ग) टीप एवं संदर्भ-ग्रंथ सूची का सही रूप है ?
   (घ) प्रबंध समवेत रूप में प्रभावशाली है ?
3. क्या शीर्षक रोचक एवं संगत है ?
4. क्या वाक्यगत रूपरेखा पर्याप्त है ?
   (क) क्या प्रबंध की आंतरिक संपदा व्यक्त होती है ?
   (ख) क्या रूप की दृष्टि से सही है ?
5. क्या आपने उद्धरण-प्रयोग कुशलतापूर्वक किया है ?
   (क) सहज प्रयोग किया है।
   (ख) स्रोत उल्लेख किया है।

6. क्या आपका स्रोत-उपयोग संगत एवं कुशल कहा जा सकता है ?
   (क) सामान्यीकरण तथ्यपोषित है ?
   (ख) स्रोत सामग्री आपके शब्दों में पुनर्योजित हुई है ?
   (ग) स्रोत सामग्री स्थापना से संबद्ध की गई है ?
7. क्या अपेक्षित स्थलों पर पाद-टिप्पणियाँ जुटाई गई हैं ?
   (क) प्रत्यक्ष उद्धरणों के लिए
   (ख) अन्य विद्वानों के अभिमतों के लिए
   (ग) अन्वयीकृत सामग्री के लिए
   (घ) सूचनाओं के लिए
8. क्या आपकी संदर्भ-ग्रंथ सूची पूर्ण एवं सही है ?
   (क) टीपगत सभी स्रोतों सहित
   (ख) वस्तुतः प्रयुक्त स्रोतों सहित
   (ग) अकारादि क्रम में, लेखक के उलटाए गए नाम सहित
9. क्या आप अपने प्रबंध को अंतिम रूप में देखकर यह कह सकते हैं कि यह आपका अपना और अपने शब्दों में लिखा गया प्रबंध है ?

13.6.1 हिंदी संकेताक्षर सूची

अ.	अध्याय, अभ्यास
अनु.	अनुवादक, अनूदित, अनुवाद
इ.	इत्यादि
उ.	उदाहरण
ख.	खंड
ति. न.	तिथि नहीं (प्रकाशन-वर्ष नहीं)
तु.	तुलना कीजिए
दे.	देखिए
प., पा.	पत्र, पांडुलिपि
प्रका.	प्रकाशन
प्र. व.	प्रकाशन-वर्ष
प.	पृष्ठ, पृष्ठों
पु.	पुस्तक, पुस्तकें
पु. समी.	पुस्तक समीक्षा
वही	उसी ग्रंथ से
संक.	र्ता, संकलित
संपा.	संपादक
सं.	संवत्

संस्क.	संस्करण

13.6.2 अंग्रेजी संकेताक्षर सूची

anon.	anonymous
art.	article (s)
bk (bks)	Book (s)
Ch (chs.)	Chapter (s)
Col. (cols)	Column (s)
Comp.	Compiler, Compiled, Compiled by
ed. (eds)	editor (s), edition (s), edited by
ed. cit.	edito citata : "the edition cited".
e. g.	exempli gratia : "for example".
et al.	et alii : "and others".
ex, (exs.)	example (s)
f. (ff.)	and the following page (s)
fig.	figure (s)
ibid.	ididem : "in the same place".
i. e.	ed est : "that is".
l. (ll.)	line (s)
Ms. (Mss.)	Manuscript (s)
n. (nn.)	note (s)
n.d.	no date
no. (s)	number (s)
op. cit.	Opere Citato : "in the work cited".
p. (pp.)	page (s)
rev.	reviewed by, revised, revision.
sec. (s)	section (s)
trans.	translation, translator, translated by
V.	Vide : "see".
Vol. (s)	Volume (s)

पुस्तकालय उपयोग

14.0 पुस्तकालय–पुस्तकालयीय सहायता के बिना शोधार्थी का कार्य नितांत असंभव है। प्रश्न यह है कि शोधार्थी किस प्रकार विश्वविद्यालय का अधिकतम और सुचारु उपयोग कर सकता है ? निश्चय ही, इसके लिए शोधार्थी को पुस्तकालय के नियमों एवं अधिनियमों की सूक्ष्म जानकारी होनी चाहिए। इस जानकारी के अभाव में तो वह पुस्तकालय में एक भी पुस्तक प्राप्त नहीं कर सकेगा, जबकि उसके लिए विभिन्न विद्या-शाखाओं के विभिन्न पक्षों और शोध-रूप में प्रकाशित अनेक लेखों इत्यादि के साथ-साथ छोटे-बड़े अनेक संदर्भ-ग्रंथों को बार-बार देखना अनिवार्य होता है। यह सही है कि पुस्तकालयाध्यक्ष और अन्य पुस्तकालय कर्मचारी शोधार्थी की सहायता कर सकते हैं; लेकिन कोई भी शोधार्थी प्रत्येक कदम पर स्वयं पुस्तकालय और उसकी योजना से परिचित हुए बिना सहायता मात्र से आगे नहीं बढ़ सकता। अतः शोधार्थी के लिए सबसे पहले पुस्तकालय के नियमों एवं अधिनियमों का परिचय प्राप्त करना अनिवार्य है। इसी परिचय के द्वारा शोधार्थी पुस्तकालय के पूर्ण अंतरंग का साक्षात्कार और उसका सही उपयोग कर सकता है।

14.1 पुस्तकालय के नियमों का पर्यवेक्षण–किसी भी पुस्तकालय का संचालन मनमाने ढंग से नहीं किया जा सकता। पुस्तकालय की व्यवस्था के कुछ सार्वभौम नियम हैं। इन नियमों और इनसे संबद्ध अधिनियमों का निर्माण पुस्तकालय के अधिकतम कुशल उपयोग की दृष्टि से हुआ है। हम प्रायः देखते हैं कि किस प्रकार लोगों का हाथ वांछित पुस्तक पर ही सीधे जाता है। इसका कारण यह है कि ऐसे लोग पुस्तकालय के नियमों से पूर्णतः परिचित हैं। इन्हीं नियमों के परिचय के अधीन ही तो पुस्तकालय अधिकारी अपने स्थान पर बैठे-बैठे ही यह बता देते हैं कि अमुक पुस्तक अलमारी के अमुक खाने में इतने नंबर पर मिलेगी अथवा अमुक पत्रिका का अमुक अंक वहाँ है या नहीं है। अतः शोधार्थी के लिए इन नियमों को भली-भाँति जान लेना आवश्यक है। इन नियमों का विवरण नवागत व्यक्तियों के लिए तैयार की गई एक पुस्तिका (हैंडबुक) में रहता है। जिन पुस्तकालयों में इस प्रकार की पुस्तिकाएँ उपलब्ध नहीं हैं, वहाँ पर इन नियमों से संबंधित निर्देशिकाएँ या सूचनाएँ मिल जाती हैं। अतः शोधार्थी को पुस्तकालय के उत्तम उपयोग हेतु ऐसी पुस्तिका या निर्देशिका का ही सही-सही पारायण करना चाहिए। पुस्तकालय उपयोग, शोधार्थी का विशेषाधिकार है और प्रत्येक विशेषाधिकार में कर्त्तव्य निहित रहते हैं। इन कर्त्तव्यों में शोधार्थी को जहाँ पुस्तकों की खोज इत्यादि से संबंधित जानकारी का होना अनिवार्य है, वहीं पर संबद्ध पुस्तकालय के अन्य नियमों का परिचय एवं पालन भी अपेक्षित रहता है (दे. 14.9.1)।

14.2 पुस्तकालय की प्रत्यक्ष सुविधाओं का परिचय–वर्तमान काल में शिक्षा-क्षेत्र में पुस्तकालय की महती भूमिका रहती है। अध्ययन और शोध की दृष्टि से पुस्तकालयों का सर्वाधिक महत्त्वपूर्ण योगदान प्रकाशित सामग्री जुटाने में ही दिखाई पड़ता है। इस सामग्री को हम मोटे तौर पर तीन भागों में बाँट सकते हैं : (1) सर्वसामान्य ग्रंथ, जिन्हें एक निश्चित अवधि के लिए ऋण-रूप में प्राप्त किया जा सकता है; (2) संदर्भ-ग्रंथ जिनका उपयोग केवल

पुस्तकालय में ही किया जा सकता है; (3) पत्र-पत्रिकाएँ, जिन्हें पुराना होने पर ऋण-रूप में प्राप्त किया जा सकता है।

14.2.1 **सर्वसामान्य पुस्तकें**–पुस्तकालय में अलमारियाँ या रैक्स एक निश्चित क्रम में आयोजित रहते हैं। अधिकतर पुस्तकालयों में ये अलमारियाँ अथवा रैक्स बंद रहते हैं और पाठक अथवा शोधार्थी को अभिप्रेत पुस्तक पुस्तकालयाध्यक्ष अथवा संबद्ध पुस्तकालय सहकारी से पुस्तक काल नं. इत्यादि (दे. 14.9.3) बताकर प्राप्त करनी पड़ती है। आजकल पुस्तकालयों में पुस्तकों को ताले में रखने की प्रथा प्रायः समाप्त होती जा रही है। इसलिए अलमारियाँ इत्यादि खुली रहती हैं। कोई भी छात्र एवं शोधार्थी सीधे ही स्वतः अभिप्रेत पुस्तक प्राप्त कर सकता है।

14.2.2 **संदर्भ-ग्रंथ**–पुस्तकालय में तद्हेतु निश्चित किए गए संदर्भ-कक्ष अथवा अध्ययन-कक्ष के खुले शेल्फों में क्रमायोजित रहते हैं। इनका उपयोग वहीं पर किया जा सकता है और इन्हें पुस्तकालय से बाहर नहीं ले जाया जा सकता।

14.2.3 **पत्र-पत्रिकाएँ**–सद्यः प्रकाशित पत्र-पत्रिकाओं को पुस्तकालय के अध्ययन-कक्ष में रखा जाता है। उनके विगत अंकों को छमाही अथवा वार्षिक खंडों के रूप में जिल्द बँधवाकर पत्र-पत्रिका-कक्ष में रख दिया जाता है। शोधार्थी को इन विगत अंकों में से जिस अंक की आवश्यकता हो, वह उसे वहीं पुस्तकालय में देख सकता है अथवा ऋण पर ग्रहण कर सकता है। इसके लिए उसे पत्र-पत्रिका-कक्ष में जाकर संबद्ध जिल्द को खोजना होगा।

इन तीन प्रकार के ग्रंथ-संग्रह के अतिरिक्त पुस्तकालय में कई अन्य विशिष्ट प्रकार के संग्रह भी होते हैं जो शोधार्थी के लिए अत्यंत मूल्यवान कहे जा सकते हैं। इस संग्रहों में दो प्रकार के संग्रह विशेष महत्त्वपूर्ण होते हैं : (1) प्राचीन ग्रंथ एवं पांडुलिपियाँ तथा (2) विरल और अप्राप्य ग्रंथों की 'फिल्म-फाइलें'। इस कोटि के संग्रह सभी पुस्तकालयों में उपलब्ध नहीं होते। इससे शोधार्थी को हताश नहीं होना चाहिए। सभी पुस्तकालयों में अंतर्पुस्तकालय ऋण नियम होते हैं जिनके अधीन संबद्ध पुस्तकालय अन्य पुस्तकालय से ऐसे संग्रहों को शोधार्थी के लिए उपलब्ध करा सकता है। कभी-कभी शोधार्थी स्वयं ऐसे पुस्तकालय का उपयोग कर सकता है जहाँ पर ऐसे विरल संग्रह अथवा फिल्म-फाइलें उपलब्ध होती हैं।

शोधार्थी अपने विषय की अनुरूपता में (देखें, 14.9.6) यह पड़ताल कर सकता है कि उस संबद्ध पुस्तकालय में उसके लिए उपयोगी सभी सामग्री उपलब्ध है अथवा नहीं। यदि कुछ विरल सामग्री उसे अपने पुस्तकालय में उपलब्ध नहीं होती तो वह पुस्तकालय के माध्यम से ऋण आधार पर अन्यत्र से अपेक्षित सामग्री मँगवा सकता है। पुस्तकालय की अन्य सुविधाओं के लिए 14.9.2 देखिए।

14.3 **पुस्तकों का श्रेणीकरण परिचय**–पुस्तकालय में पुस्तकों अथवा पुस्तक-खंडों की सहज खोज के लिए, पुस्तकों का विषय आधार पर श्रेणीकरण किया जाता है। विषयानुरूपता में ही पुस्तकों को अलमारियों में क्रमायोजित किया जाता है। शोधार्थी विषय से संबद्ध अलमारी में अभिप्रेत पुस्तक को प्राप्त कर सकता है। प्रायः एक विषय में किए गए अंतर्विद्यावर्ती स्तर पर किए गए कार्य संबंधी पुस्तकें एक ही अलमारी में मिल सकती हैं। समान विषयों पर पुस्तकों के समूहीकरण के लिए कई पद्धतियाँ हैं : (1) दि लाइब्रेरी ऑफ

कांग्रेस क्लासिफिकेशन और (2) दि ड्युई डेसिमल क्लासिफिकेशन।

14.3.1 दि लाइब्रेरी ऑफ कांग्रेस क्लासिफिकेशन–इस पद्धति का प्रयोग बहुत बड़े पुस्तकालयों में किया जाता है। ड्युई डेसिमल पद्धति की तुलना में यह पद्धति अधिक उपयोगी है क्योंकि इसके अधीन बहुत-सी पुस्तकों को एक साथ एक ही श्रेणी नंबर के अधीन (बहुत से दशमलवों के उपयोग से बचते हुए) श्रेणीकृत किया जा सकता है। वर्णमाला अक्षरों के आधार पर क्रमानुसार इस पद्धति में विषयों के 'कोड' निश्चित कर दिए गए हैं जो इस प्रकार हैं–

A General Works
B Philosophy, Religion
C History, Auxiliary Science
D Foreign History and Topography
E-F American History
G Geography, Anthropology
H Social Sciences
J Political Science
K Law
L Education
M Music
N Fine Arts
P Language and Literature
Q Science
R Medicine
S Agriculture
T Technology
U Military Science
V Naval Science
Z Bibliography, Library Science

प्रत्येक पुस्तक के निश्चित श्रेणीकरण के लिए उपर्युक्त श्रेणियों को इससे आगे अक्षरों और अंकों में विभाजित किया जाता है।

14.3.2 ड्युई डेसिमल क्लासिफिकेशन–अधिकतर पुस्तकालयों में इसी पद्धति का उपयोग किया जाता है। कभी-कभी पुस्तकालय अपनी आवश्यकता की अनुरूपता में इस पद्धति में थोड़ा-बहुत फेरबदल भी कर लेते हैं। जैसाकि डेसिमल (दशमलव) शब्द से ही पता चलता है, यह पद्धति अंकों के दस आधार पर खुले विभाजन के रूप पर प्रतिष्ठित है। निम्न अंक कोड से इसका पता चल जाता है–

000 General Works
100 Philosophy
200 Religion
300 Social Sciences
400 Linguistics
500 Pure Sciences
600 Applied Science
700 Arts and Recreation
800 Literature
900 History

इनमें से प्रत्येक प्रमुख विभाजन को आगे और छोटे दस भागों में विभाजित किया जाता है जिन्हें फिर और छोटे दस-दस अनुभागों में विभाजित किया जाता है। इससे आगे के भागों को अनिश्चित रूप में दशमलव लगाकर विभाजित किया जाता है। उदाहरण के लिए साहित्य, प्रमुख विभाजन के आधार पर '800' के अंतर्गत आता है। इसका आगे विभाजन इस प्रकार होगा–

800 General Literature

810 American Literature

811 American Poetry

811.3 American Poetry—middle 19th Century (1830-61)

इस प्रकार का वर्गीकरण एवं विभाजन प्रत्येक पुस्तकालय अपनी अपेक्षाओं की अनुरूपता में करता है। यह आवश्यक नहीं कि सभी पुस्तकालयों में 810 'अमरीकी साहित्य' के लिए ही होगा। यह 'भारतीय साहित्य' अथवा 'हिंदी साहित्य' के लिए भी हो सकता है।

14.4 काल नंबर–श्रेणीकृत होने पर पुस्तक को विषय की अनुरूपता में एक नंबर-विशेष दे दिया जाता है। इसके साथ ही पुस्तक को एक अतिरिक्त नंबर भी दिया जाता है जिसे उसका 'कोड नंबर' कहा जाता है। यही कोड नंबर एक पुस्तक को पुस्तकालय की शेष सभी पुस्तकों से भिन्न अस्मिता प्रदान करता है। पुस्तक के श्रेणी नंबर के नीचे जो दूसरा कोड नंबर दिया जाता है वह लेखक नंबर (आथर नंबर) होता है क्योंकि इसका आधार लेखक के जाति-नाम का प्रथमाक्षर या पहले दो अक्षर होते हैं। इन अक्षरों के साथ ही 'कटर टेबल ऑफ आथर नंबर्स' नामक मानक कोड से लेकर एक नंबर और जोड़ दिया जाता है। इस प्रकार 'श्रेणी नंबर' और 'लेखक नंबर' समवेत रूप में पुस्तक का 'काल नंबर' कहलाता है। यही वह कोडचिह्न है जिसके आधार पर पुस्तकालय से पुस्तक सहज ही प्राप्त की जा सकती है। उदाहरण के लिए किसी पुस्तकालय में हिंदी साहित्य के लिए श्रेणी नम्बर 820 प्रयुक्त हुआ है। शोधार्थी को पुस्तकालय में 'कामायनी' पुस्तक खोजनी है। यह पुस्तक जयशंकर प्रसाद की है। इस पुस्तक का काल नंबर यह मिलता है–

827.11

P4

इसका अर्थ यह हुआ कि 820 श्रेणी में 7वें नंबर पर 'प्रसाद साहित्य' या किसी अन्य व्यक्ति जिसका उप-नाम 'प' से शुरू होता है, रखा गया है। इस क्रम में 'कामायनी' 11वें स्थान पर पुस्तकालय में आई है और 'प' अनुक्रम में 'प्रसाद' चौथे स्थान पर आते हैं। शोधार्थी इस काल नंबर की सहायता से संबद्ध अलमारी में से यह पुस्तक यथास्थान प्राप्त कर सकता है।

यह काल नंबर पुस्तक के शीर्षक पृष्ठ की उलटी ओर मध्य में तथा पुस्तक से संबद्ध केटलॉग कार्ड के बाएँ कोने में ऊपर अंकित मिलेगा।

14.4.1 विशिष्ट काल नंबर–पुस्तकालय के विशिष्ट संग्रह, नियमित श्रेणी नंबर के ऊपर एक विशिष्ट अक्षर या शब्द के द्वारा संकेतित किए जाते हैं, यथा–

Ref	Indian Social History
820.4	912.5
D 5	H 9

पुस्तकालय में जिन पुस्तकों को मुख्य अलमारियों में न रखकर अन्यत्र रखा जाता है, उनके भी श्रेणी नंबर से ऊपर एक अक्षर या शब्द के द्वारा विशिष्ट संकेत दिए जाते हैं, जैसे–

Art Room	Phys. Lab
710.2	541.8
H 1 C 18

कथात्मक साहित्य को संबद्ध पुस्तक के लेखक के जातिनाम के आधार पर अकारादि-क्रम में रखा जाता है। कथात्मक साहित्य का कोई नियमित काल नंबर नहीं होता बल्कि 'फिक्शन' शब्द ही काल नंबर के रूप में प्रयुक्त होता है। कुछ पुस्तकालय लेखक के जाति-नाम के प्रथम अक्षर को 'फिक्शन' शब्द के नीचे लिखते हैं, यथा–

Fiction
V

यहाँ V 'वर्मा' 'वर्द्धन' 'वर्मन' किसी का भी सूचक हो सकता है।

14.5 कार्ड केटलॉग–कार्ड केटलॉग पुस्तकालय में उपलब्ध सभी पुस्तकों के लिए अकारादि-क्रम में नियोजित इंडेक्स होता है। साहित्यिक कृतियों के अतिरिक्त, शेष पुस्तकों के लिए प्रायः तीन कार्ड होते हैं जिन्हें क्रमशः (1) लेखक कार्ड, (2) शीर्षक कार्ड और (3) विषय कार्ड कहा जाता है।

कई विषयों से संबद्ध पुस्तकों के लिए एक अतिरिक्त कार्ड भी होता है और इससे भी आगे एक और कार्ड (4) क्रास रेफरेंस कार्ड भी होता है जिसमें संबद्ध विषयों का संकेत रहता है।

14.5.1 काल नंबर खोज में सहायता--किसी विषय पर सामग्री की खोज के लिए शोधार्थी को कार्ड केटलॉग के सभी कार्डों का उपयोग करना पड़ता है लेकिन इस दृष्टि से सर्वाधिक उपयोगी कार्ड विषय कार्ड ही होते हैं। विषय कार्डों के उपयोग में पर्याप्त सूझ-बूझ की अपेक्षा रहती है क्योंकि पुस्तकालय यथासंभव प्रयास करने पर भी प्रत्येक विषय का इंडेक्स प्रस्तुत नहीं कर पाते। इसीलिए कभी-कभी शोधार्थी भूल से यह समझ बैठता है कि उसके विषय से संबंधित कोई भी पुस्तक, पुस्तकालय में उपलब्ध नहीं है। यदि केटलॉग में विषय की जानकारी नहीं दी गई है तो शोधार्थी को केटलॉग में उल्लिखित अन्य संबद्ध विषयों पर उपलब्ध ग्रंथों को देखना चाहिए। इस प्रकार उसे सामग्री स्वतः मिलती जाएगी, (देखिए, 14.9.5)।

14.5.2 केटलॉग कार्ड में प्रदत्त सूचनाओं की जानकारी–यदि शोधार्थी केटलॉग कार्ड का सही अवलोकन करता है तो वह संबद्ध पुस्तक को देखे बिना भी उसके बारे में पर्याप्त जानकारी प्राप्त कर सकता है। शोध की दृष्टि से निम्नलिखित जानकारी अधिक महत्त्वपूर्ण होती है।

14.5.3 पुस्तक की प्रकाशन तिथि, जिससे यह पता चल सकता है कि पुस्तक संबद्ध विषय पर अधुनातन है या नहीं।

14.5.4 संदर्भ-ग्रंथ सूची, यदि पुस्तक में है तो उससे विषय संबंधी और कई पुस्तकों की जानकारी मिल सकती है।

14.5.5 चित्र, नक्शे और व्याख्याएँ, यदि पुस्तक में हैं तो अध्ययन में उपयोगी हो सकते हैं।

ये सभी तथ्य केटलॉग कार्ड से प्राप्त हो सकते हैं। इनके द्वारा शोधार्थी का कार्य सुगम

होता चलता है।

14.6 अभिप्रेत पुस्तक की प्राप्ति–अभिप्रेत पुस्तक की प्राप्ति के लिए शोधार्थी को चाहिए कि वह केटलॉग कार्ड को भली-भाँति देखे और संबद्ध पुस्तक के काल नंबर, लेखक के पूरे नाम को लिख ले।

यदि पुस्तकालय में पुस्तकें खुली अलमारियों में रखी हैं तो सीधे ही काल नंबर की सहायता से पुस्तक खोज ले। ध्यान रहे कि पुस्तक एक निश्चित क्रम में ही अलमारियों में आयोजित रहती हैं। दशमलव पद्धति के अधीन पुस्तकें दशमलवगत अंतर तक को ध्यान में रखकर आयोजित की जाती हैं। उदाहरण के लिए 812.3, 812.29 के बाद ही रखी मिलेगी।

यदि पुस्तकालय में खुली अलमारियाँ रखने का विधान नहीं है अथवा खुली अलमारी में पुस्तक नहीं मिल रही है तो शोधार्थी को चाहिए कि तुरंत कालस्लिप पर पुस्तक का विवरण लिखकर पुस्तकालय अधिकारी को दे दे। पुस्तक यदि पहले से ऋण पर गई हुई है तो अधिकारी उसे मँगवाकर देगा अन्यथा बंद अलमारी को खोलकर खोजकर देगा।

14.7 पुस्तक के अंगों और अंगगत सूचना की जानकारी–पुस्तक मिल जाने पर शोधार्थी के लिए सर्वाधिक महत्त्वपूर्ण बात यह है कि वह पुस्तक के प्रमुख अंशों को देखकर उसकी अर्थवत्ता और उपयोगिता को समझ सके। इससे उसका पर्याप्त समय बच सकता है। इसके लिए उसे निम्न बातों पर विचार करना चाहिए–

14.7.1 शीर्षक पृष्ठ

(क) शीर्षक–कभी-कभी केटलॉग कार्ड में दिए गए शीर्षक की तुलना में पुस्तक के शीर्षक पृष्ठ पर दिया गया पुस्तक-शीर्षक अधिक बड़ा होता है। ऐसी स्थिति में यदि उप-शीर्षक भी मिल जाता है तो वह विषय-सूची की जानकारी के लिए अधिक उपयोगी होता है।

(ख) लेखक–लेखक के नाम के साथ दी गई उसकी योग्यतापरक उपाधियों का विवरण लेखक के प्रति विश्वसनीयता का संकेत प्रदान करता है। उन्हें ध्यान से देखना चाहिए।

(ग) संपादक, अनुवादक अथवा संग्रहकर्ता–कुछ पुस्तकें किसी लेखक की रचनाओं का संपादन होती हैं और कुछ अन्य भाषाओं से अनुवाद। इसी प्रकार कुछ पुस्तकों में किसी लेखक, लेखकों की रचनाओं के अंशों का संग्रह रहता है। शोधार्थी को संपादक, अनुवादक और संग्रहकर्ता की विश्वसनीयता की परख करते हुए ऐसी पुस्तकों की भूमिकाओं और पाठ्य सामग्री की विश्वसनीयता की भी जाँच करनी चाहिए।

(घ) संस्करण एवं तिथि–शोध की दृष्टि से पुनरावृत्ति एवं नए संस्करण अधिक उपयोगी होते हैं। शोधार्थी को अद्यतन संस्करण की ही खोज करनी चाहिए। संस्करणोल्लेख न मिलने पर प्रकाशन तिथि का इस दृष्टि से जान लिया जाना उपयोगी होता है।

14.7.2 भूमिका अथवा प्रस्तावना–भूमिका या प्रस्तावना इत्यादि को ध्यानपूर्वक पढ़ लेने से शोधार्थी को लेखक के उद्देश्य और विषयगत पकड़ का अनुमान हो सकता है। अतः इस संबंध में उसे जागरूक रहना चाहिए (देखिए, 14.9.4)।

14.7.3 अध्याय अथवा प्रकरण-सूची–अध्याय या प्रकरण-सूची से शोधार्थी को लेखक

के द्वारा विषय के प्रतिपादन के संबंध में पता लग सकता है।

14.7.4 परिशिष्ट–जिस पुस्तक में परिशिष्ट हो उसका अध्ययन शोधार्थी के लिए उपयोगी हो सकता है क्योंकि कई बार ऐसे स्थल जो पुस्तक के कलेवर में विस्तार नहीं पा सकते, उन्हें परिशिष्ट में व्यापक रूप में विवेचित कर दिया जाता है।

14.7.5 संदर्भ-ग्रंथ सूची–संदर्भ-ग्रंथ सूची में पुस्तक के लेखक के उपयोग में आईं पुस्तकों, पत्र-पत्रिकाओं एवं लेखों का पूर्ण विवरण रहता है। इनमें से बहुत-सी पुस्तकें अथवा पत्र-पत्रिकाएँ शोधार्थी के लिए बहुत महत्त्वपूर्ण हो सकती हैं। शोधार्थी को ऐसी उपयोगी पुस्तकों और पत्र-पत्रिकाओं को नोट कर लेना चाहिए।

14.7.6 अनुक्रमणी–किसी पुस्तक की उपयोगिता की परख के लिए सर्वाधिक उपयोगी अंश उस पुस्तक की अनुक्रमणी होती है। अनुक्रमणी में सभी महत्त्वपूर्ण मुद्‌दों और लेखकों को लेकर उनके पुस्तकगत विवेचन-संबंधी पृष्ठों की जानकारी रहती है। शोधार्थी अनुक्रमणी की सहायता से जल्दी ही संबद्ध पृष्ठों को पलटकर पुस्तक की गरिमा से परिचित हो सकता है।

(पुस्तक के अंगों की जानकारी के संबंध में दे. 14.9.5)।

14.8 संदर्भ-कक्ष की सुविधाओं का परिचय–पुस्तकालय के संदर्भ-कक्ष में ऐसी बहुत-सी पुस्तकें रहती हैं जो सामान्य एवं विशिष्ट ज्ञान की दिशा में अपरिहार्य कही जा सकती हैं। इसलिए शोधार्थी का संदर्भ-ग्रंथों से परिचय अत्यंत उपयोगी सिद्ध होता है क्योंकि शोध का कोई भी विषय संदर्भ-कक्ष से ही वास्तविक श्रीगणेश कर पाता है। संदर्भ-कक्ष में ऐसे ग्रंथ रहते हैं जिनकी सहायता से विषय-चयन अथवा कम-से-कम विषय-निर्धारण आसान हो जाता है (दे. 14.9.6)। शोधार्थी को मोटे तौर पर पहले से ही इसका कुछ पता होता है। और अधिक जानकारी के लिए उसे संदर्भ-कक्ष में जाकर ग्रंथों को समझना चाहिए।

अभ्यास

14.9.1 पुस्तकालय : नियम एवं अधिनियम

नाम..तिथि..

निर्देशक..................................पाठ्य क्षेत्र, अनुभाग..

निम्नलिखित सूचनाएँ भरिए

1. पुस्तकालय कितने घंटे खुलता है ?..
2. शनिवार को पुस्तकालय कितने घंटे खुलता है ?...................................
   रविवार को ?..
3. अधिकतर पुस्तकें कितने दिन के लिए ली जा सकती हैं ?.........................
   ....
4. कितनी अवधि तक पुस्तकें लगातार पुनः ली जा सकती हैं ?.......................
   ....

5. समय पर पुस्तकें न लौटाने पर........................प्रतिदिन.....................जुर्माना।
6. क्या आरक्षित पुस्तकें ली जा सकती हैं ?..
कितनी अवधि तक ?...
7. क्या सद्यः पत्रिकाएँ मिल सकती हैं ?..
कितने समय तक ?...
8. क्या पुरानी पत्रिकाओं के सजिल्द खंड मिल सकते हैं ?.................................
कितनी अवधि तक ?...
9. यदि पुस्तक पहले से ऋण पर है तो क्या वह प्रतीक्षा सूची में नाम लिखवाने पर आरक्षित हो सकती है ?...
10. क्या पुस्तकालय में अध्ययन की अनुमति है ?.......................................

14.9.2 पुस्तकालयीय सुविधाएँ

नाम...तिथि..
निर्देशक...पाठ्य क्षेत्र, अनुभाग...

इस अभ्यास की पूर्ति के लिए अधिकतर सूचनाएँ नवागत शोधार्थी के लिए पुस्तकालय से मिलनेवाली पुस्तिका में सुलभ होती हैं।

शोधार्थी को संबद्ध पुस्तकालय में जो सुविधाएँ प्राप्त हों उनको नीचे दिए गए सही वर्गों में टिक (√) लगाकर निर्धारित कीजिए।

1. खुली अलमारियाँ
2. पत्र-पत्रिका कक्ष
3. संदर्भ-ग्रंथ कक्ष
4. विरल-ग्रंथ कक्ष
5. कला कक्ष
6. औपचारिक अध्ययन कक्ष
7. अन्य विशिष्ट कक्ष (उल्लेख कीजिए) ....
....
....
8. विशिष्ट संग्रह (उल्लेख कीजिए) ....
....
....
9. अंतर्पुस्तकालय ऋण-पद्धति
10. टेप रिकॉर्डर
11. माइक्रोफिल्म फाइल एवं प्रोजेक्टर

रिकॉर्ड संग्रह

12. विदेशी भाषाएँ
13. संगीत
14. काव्य

15. नाटक
16. क्या रिकॉर्ड ऋण पर मिलते हैं ?
17. डारमीटरी या घरेलू पुस्तकालय

इसी प्रकार विभागीय और संभागीय, व्यावसायिक, नगरीय, राजकीय इत्यादि पुस्तकालयों और उनकी स्थान-स्थिति संबंधी सूचनाएँ एकत्रित करके भर लेनी चाहिए ताकि यथा आवश्यकता उनका उपयोग किया जा सके।

14.9.3 कार्ड केटलॉग

कार्ड केटलॉग को भली प्रकार देखकर निम्न सूचनाएँ एकत्र कीजिए–

1. लेखक ....
2. ग्रंथ-शीर्षक ....
3. विषय ....

इस संबंध में साहित्येतर विषयों पर पुस्तकों की खोज के समय 'अतिरिक्त विषय कार्ड' और 'क्रॉस रेफरेंस कार्ड' भी देखे जाने चाहिए और इनके साथ ही सबके 'काल नंबर' लिख लेने चाहिए। इसके अतिरिक्त निम्न सूचनाएँ ग्रहण करनी चाहिए।

4. संपादक/अनुवादक/संग्रहकर्ता ....
5. खंड-संख्या ....
6. अनुक्रमणीगत विशेषताएँ ....
7. अन्य विशेषताएँ ....
8. अतिरिक्त शीर्षक ....
9. काल नंबर ....

14.9.4 विषय कार्ड

नीचे कॉलम 'एक' में विषयों का संक्षिप्त रूप दिया जा रहा है और कॉलम 'दो' में विषयों का व्यापक रूप। कॉलम एक के विषयों के बाद रिक्त स्थान छोड़ा जा रहा है जिनमें कॉलम दो में से विषय की संगति बिठाते हुए सही विषय चुनकर भरें।

कॉलम एक	कॉलम दो
1. बंग-भंग....................................	(क) गृह-युद्ध
2. मुक्त छंद का उद्भव..............................	(ख) हिंदी कविता
3. मुद्रास्फीति....................................	(ग) अर्थशास्त्र सिद्धांत
4. सन् 1942 का भारत छोड़ो आंदोलन...........	(घ) कला, इतिहास, आधुनिक
5. क्वांटम सिद्धांत..............................	(ङ) मनोविज्ञान
6. हिंदी रंगमंच..................................	(च) धर्म
7. औपन्यासिक यथार्थ..............................	(छ) आधुनिक साहित्य
8. मूल्य विघटन..................................	(ज) फ्रायडवाद
9. यौन समस्या..................................	(झ) राजनीतिक चिंतन
10. अंतर्राष्ट्रीयता..............................	(ञ) भौतिकी

14.9.5 पुस्तक के अंगों/अंशों का परिचय

किसी भी पुस्तक के विविध अंगों/अंशों से परिचित होने के लिए निम्न सूचनाएँ

दीजिए–

1. पूर्ण शीर्षक ....
2. लेखक ....शैक्षणिक योग्यता ....
3. संस्करण ....
4. प्रकाशक ....
5. प्रकाशन-वर्ष ....
6. भूमिका पढ़कर, लेखक के उद्देश्य का सारांश अपने शब्दों में लिखिए ....
   ....
   ....
7. यदि किसी अन्य व्यक्ति द्वारा संबद्ध पुस्तक की भूमिका लिखी गई है तो उसका सारांश भी इसी प्रकार लिखिए।
8. ध्यान दीजिए कि निम्न स्तंभों में से किनका प्रयोग हुआ है।
   (क) सूची तालिका
   (ख) परिशिष्ट
   (ग) संदर्भ-ग्रंथ सूची–प्रत्येक अध्याय के बाद अथवा पूरी पुस्तक के अंत में
   (घ) अनुक्रमणी

ये सभी सूचनाएँ संदर्भ-ग्रंथ सूची के तैयार करने में अत्यंत उपादेय सिद्ध होती हैं।

14.9.6 सामान्य संदर्भ-ग्रंथ

नीचे कतिपय चुने हुए संदर्भ-ग्रंथों की सूची दी जा रही है। शोधार्थी को इनमें से अपने प्रयोग में आनेवाले संदर्भ-ग्रंथों की संभावना को ध्यान में रखते हुए अपने पुस्तकालय में उपलब्ध ग्रंथों के लिए सामने दिए वर्गों में टिक या सही का निशान लगाना चाहिए।

I. INDEXES

1. Boyd, Anne M. 'United States Govt. Publication'
2. 'International Index to Periodicals'
3. 'The New York Times Index'
4. Reder's Guide to Periodical Literature'

II. ENCYCLOPAEDIAS

5. 'Encyclopaedia Britannica'
6. 'Encyclopaedia of Social Sciences'
7. 'Encyclopaedia Americana'
8. 'Master Plots'

III. UNABRIDGED DICTIONARIES

9. 'A Dictionary of American English'
10. 'Oxford English Dictionary' (O E D)
11. 'Webster's New English Dictionary'

IV. ATLASES AND MAPS

12. 'Hammond's New world Atlas'

13. 'Hammond's Historical Atlas'
14. 'Rand McNally Atlas'
15. 'Shepherd, William R. Historicals' Atlas'

इसी प्रकार 'बायोग्रैफीकल डिक्शनरीज', 'ईयर बुक्स एंड एनुअल्स' और 'बुक्स ऑफं कोटेशंस', के संबंध में भी सूचनाएँ प्राप्त की जा सकती हैं।

इस प्रकार के अभ्यास विषय-विशेष के शोधार्थी के लिए ही नहीं अपितु हर क्षेत्र के शोधार्थी के लिए उपयोगी होते हैं। शोधार्थियों को इन अभ्यासों पर पूर्णतया गौर करना चाहिए।

शोध-संबंधी अन्य पठनीय पुस्तकें और पत्रिकाएँ

1. कृष्णाचार्य, **हिंदी के स्वीकृत शोध-प्रबंध,** (कलकत्ता : आर्यावर्त प्रकाशन गृह, 1964)।
2. खंडेलवाल, रामेश्वरलाल (संपा.), **शोध : तत्त्व और दृष्टि** : (वल्लभ विद्यानगर गुजरात : सरदार पटेल यूनिवर्सिटी, 1968)।
3. खंडेलवाल, रामेश्वरलाल तथा अन्य, **संभावना : शोध तंत्र विशेषांक** (कुरुक्षेत्र : हिंदी विभाग, कुरुक्षेत्र विश्वविद्यालय, 1977)।
4. चतुर्वेदी, रामस्वरूप तथा अन्य, **हिंदी अनुशीलन : शोध विशेषांक** (इलाहाबाद : भारतीय हिंदी परिषद, 1962)।
5. चतुर्वेदी, रामस्वरूप तथा अन्य, **हिंदी अनुशीलन : शोध विशेषांक 2** (इलाहाबाद : भारतीय हिंदी परिषद, 1976)।
6. त्रिपाठी, कमलापति तथा अन्य, **नागरी प्रचारिणी पत्रिका : शोध विशेषांक** (वाराणसी : नागरी प्रचारिणी सभा, सं. 2029 वि.)।
7. प्रसाद, विश्वनाथ, **अनुसंधान के मूल तत्त्व** (आगरा : के. एम. मुंशी विद्यापीठ, 1959)।
8. सत्येंद्र, **अनुसंधान** (वाराणसी : नंदकिशोर एंड ब्रदर्स, 1969)।
9. शर्मा, विनयमोहन, **शोध-प्रविधि** (दिल्ली : नेशनल पब्लिशिंग हाउस, 1973)।
10. शर्मा, सरनामसिंह, **शोध-प्रक्रिया एवं विवरणिका** (दिल्ली : आत्माराम एंड संस, 1964)।
11. सिंह, उदयभानु, **अनुसंधान का विवेचन** (दिल्ली : हिंदी साहित्य संसार, 1959)।
12. सिंह, उदयभानु, **हिंदी के स्वीकृत शोध-प्रबंध,** (दिल्ली : नेशनल पब्लिशिंग हाउस, 1963)।
13. सिंह, विजयपाल, **हिंदी अनुसंधान** (दिल्ली : राजपाल एंड संस, 1978)।
14. सिंहल, शशिभूषण, **साहित्यिक शोध के आयाम** (दिल्ली : आर्य बुक डिपो, 1978)।
15. सिन्हा, सावित्री, विजयेंद्र स्नातक, **अनुसंधान की प्रक्रिया** (दिल्ली : नेशनल पब्लिशिंग हाउस, 1969)।
16. सिन्हा, सावित्री (संपा.), **अनुसंधान का स्वरूप,** (दिल्ली : आत्माराम एंड संस, 1954)।
17. सूरती, उर्वशी, **अनुसंधान का व्यावहारिक स्वरूप,** (मुंबई : हिंदी ग्रंथ रत्नाकर, 1973)।

अनुक्रमणी

●●●